クルマでお遍路

四国八十八ヶ所 札所めぐり

ドライブ巡礼ガイド

四国おへんろ倶楽部 著

メイツ出版

クルマでお遍路 四国八十八ヶ所 札所めぐり ドライブ巡礼ガイド

徳島県【阿波】発心の道場 21

高知県【土佐】修行の道場 51

ご利用の際は事前にご確認ください。

※本書に記載した情報は、すべて平成28年7月現在のものです。各施設の都合により、料金などは変更される場合がありますので、

四国八十八ヶ所札所と高速道路

■四国の主要道路の区間距離と時間

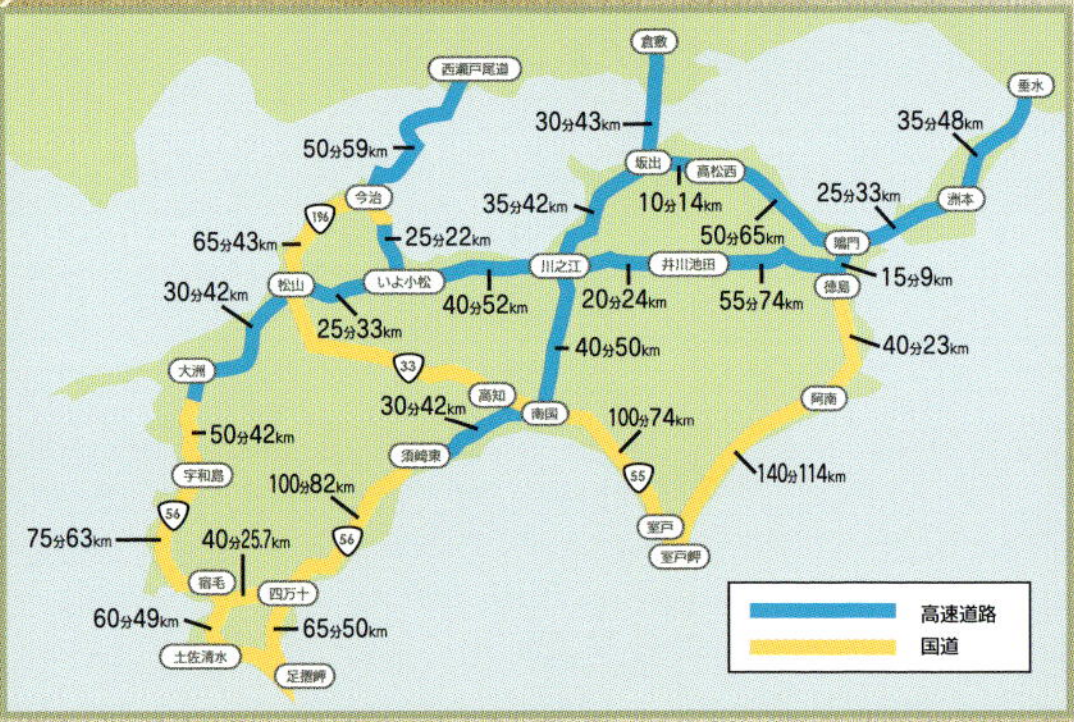

■日本道路交通情報センター

近畿地方高速情報	☎ 050-3369-6768
中国地方高速情報	☎ 050-3369-6769
四国地方高速情報	☎ 050-3369-6770
大　阪　情　報	☎ 050-3369-6627
岡　山　情　報	☎ 050-3369-6633
徳　島　情　報	☎ 050-3369-6636
高　知　情　報	☎ 050-3369-6639
愛　媛　情　報	☎ 050-3369-6638
香　川　情　報	☎ 050-3369-6637

お四国が、呼んでいる

四国八十八ヶ所は今から千二百年前、弘法大師（空海）が苦難の道を経て、人々の心の悟りの場として開かれた霊場です。

徳島県（発心の道場）の一番札所霊山寺から高知県（修行の道場）と愛媛県（菩提の道場）を経由し、香川県（涅槃の道場）の八十八番札所大窪寺まで、千三百キロにもおよぶ修行の道は、仏教の悟りの境地を絵図にした胎蔵界曼荼羅です。

四国霊場を巡拝することを「遍路」といい、巡拝する人も「お遍路さん」と呼ばれています。遍路という言葉は古く、奈良時代に完成した日本書紀に「遍土を巡る」とあります。遍土とは海辺、山間の不便な土地を意味しています。遍路という言葉が使われるようになったのは江戸時代も後期の、庶民が巡拝するようになってからです。

はるばる遠くから難病に苦しむ人、故郷を追われた人、心病める人々がお大師さま(弘法大師・空海)に救いを求めて四国を訪れました。白衣に笈を負い、菅笠をかぶり、金剛杖をついて大師と共に歩む「同行二人」の旅。霊場で一心に祈り、遍路宿では温かいもてなしを受け、道中で優しい言葉をかけてもらう。八十八ヶ所を巡拝するうちに不安が徐々に消え、霊験が現れたといわれます。

現在では、こうした弘法大師信仰にとどまらず、癒しの旅、自分探しの旅、魂を蘇らせる旅、団塊世代の旅として、多くの人に愛されています。

回り終えると、「もう一度、行きたくなる」という四国八十八ヶ所。大自然の素晴らしさに感動し、心ふれ合う出会いに感謝する旅。あなたも「お四国」へ出かけませんか。四国の人は、お遍路さんをお大師さまと慕い、お接待の心でお迎えしています。

旅立つ前に
巡拝に必要な服装と用具

遍路というと白装束姿を思い浮かべますが、必ず白装束を着用する必要はありません。車巡拝の場合は、多くの人が簡略式の装束で巡拝しています。

白衣　びゃくえ

巡礼する時に着用する白い行衣。袖つきと袖なしがある。背中に「南無大師遍照金剛」と御宝号が書かれている。

輪袈裟　わげさ

仏に帰依するという恭順の意があり、修行中であるという決意を表す。礼拝の正装具であり、白衣の上から首に掛けて使用する。

頭陀袋　ずだぶくろ

頭陀とは煩悩や欲望を払い仏道を求める修行のこと。納経帳、数珠、経本、ロウソク、線香などを入れる肩からかけるバッグ。

数珠　じゅず

数珠は心身を清浄にして仏への帰依を表す。真言宗では念珠ともよばれ、二重の数珠が多く使われているが、菩提寺の数珠や腕輪タイプのものでもよい。

金剛杖　こんごうづえ

弘法大師の化身として大切に扱う。杖の上部は五輪塔をかたどり、大日如来の三昧耶形、お姿でもあるので、杖カバーや金襴で巻いて直接握らない。

納経帳 のうきょうちょう

札所でお経を唱え、写経を奉納した後に納経所で墨書きと朱印をいただく帳面。朱印を受ける際は納経帳を開いて差し出し、納経料300円を支払う。満願になった納経帳は一生のお守りであり、棺の中に入れると無事に浄土に行くことができるといわれている。

納経軸 のうきょうじく

御宝印軸ともいい納経帳と同様に、お経を唱え、写経を奉納した後に納経所で墨書きと朱印をいただく。朱印をいただく際は軸は開いて差し出し、納経料500円を支払う。満願になった軸は表装して掛軸とし、仏事を始め家宝として仏間や床の間に飾る。

納め札 おさめふだ

巡拝の証として巡拝年月日、住所、氏名、年齢を記入し本堂や大師堂の納札箱に入れる。巡拝回数により6種類、1回～白札、5回～緑札、8回～赤札、25回～銀札、50回～金札、100回～錦札。必要事項を前日に記入し、お接待や名刺代わり用に余分に数枚用意すると重宝する。

ロウソク・線香 せんこう

ロウソクの明るさが「仏の智慧」を表し、熱が「仏の慈悲」を表す。お香の煙は「仏の食べ物」を意味し、煩悩を消し去り心を清浄にする。読経の前、本堂と大師堂に供える。

経本 きょうほん

四国霊場専用のもので般若心経、十三仏真言、光明真言、八十八ヶ所御本尊御真言等が書かれている。暗記していても経本を見ながら読経する。

杖カバー つえカバー

手で直接金剛杖上部を触れないようにカバーする。他人の杖と取り違えないよう杖カバーに名前や目印をしておく。

持鈴 じれい

お遍路さんが腰につける小型の五鈷鈴で、鈴の音は、行者の煩悩を払い、道中の魔除けとされ、読経やご詠歌の節に合わせて振られる。

菅笠 すげがさ

丸い形の菅笠は宇宙を象徴する大日如来を表しているといわれ、風雨をしのぎ、日除けにもなる。天蓋であり笠をかぶったまま礼拝し、お堂の中でも笠を取らなくてもよい。江戸時代には遍路が旅の途中で死んだ場合、この笠を遺体に被せて棺桶代わりにした。

御影帳 おみえちょう

納経したときにいただく、ご本尊をしるした御札を整理するアルバム。八十八ヶ所の写真、山号、寺名、御詠歌が書かれている。御影を額にする人もいる。

賽銭袋 さいせんぶくろ

賽銭や納経料、駐車料金などを入れる小さな布袋。巾着や自分のお手製でもよい。

旅立つ前に

正式なお参りの仕方

一 山門

山門を入る前に、お参りの身なりを整えて輪袈裟と念珠などを準備します。寺前又は山門にて合掌し、心を整え一礼します。左側を通り、山門をくぐります。

二 手水舎

手と口を清めます。まず右手に柄杓を持ち水を汲み、左手を洗い、持ちかえて右手を洗う。左手に水を溜め口をすすぎます。残りの水で握っていた部分を洗う。柄杓に口を直接つけないようにします。

三 鐘楼

やさしく一回撞きましょう。お大師様・ご本尊様へのご挨拶です。お鐘を撞いてはいけないお寺や時間帯もあります。

四 本堂

灯明は1本、上段から立てます。線香は、3本中央から立てます。納札は、納札箱に入れる。供物料としてお賽銭を納めます。

五 合掌礼拝・読経

四国巡拝佛前勤行次第に従い、お勤めを行う。

①祈願文　②開経偈　③懺悔文　④三帰　⑤三竟　⑥十善戒　⑦発菩提心真言3遍　⑧三摩耶戒真言3遍　⑨般若心経　⑩各霊場の本尊真言　⑪十三仏真言　⑫光明真言3遍　⑬御宝号3遍　⑭廻向文

六 大師堂

線香・ロウソク・お賽銭・納め札、読経します。読経は札所本尊真言と十三仏真言を省き、あとは本堂と同じです。

七 納経所

納経の受付時間は午前7時から午後5時（横峰寺は冬期変更）です。納経帳や納経軸を乾かすためのドライヤーがありますが、お天気の日は自然乾燥が一番です。日光には直接当てないようにしましょう。

八 山門

山門を出ると振り返り、管笠以外の帽子は脱いで境内へ向かい「ありがとうございました」と合掌し、次の札所へ進む。

旅立つ前に

境内や道中での作法

一 境内の通行

山門、石段、参道も全て左側を歩きます。納札箱や賽銭箱は一段高い場所にありますが、左から上がって、時計回りに下りるのが基本です。

二 金剛杖

橋の上では杖をつかないのが約束で、これはお大師さまが十夜ヶ橋の下で宿をとったのが由来。頭部は俗身にふれないよう白布や金襴で巻きます。皆同じ金剛杖なので、名前や目印を付けて間違いのないように気をつけます。

三 お参りの順

灯明をあげ、線香をつけ、納札と賽銭を納め読経します。お勤めをする場合は右か左に寄り、迷惑にならない場所で行います。賽銭箱の前でお祈りすると、後から来られたお遍路さんの妨げになります。

四 賽銭

事前に用意しておきます。投げ入れるのではなく、ご本尊様やお大師様にお受けいただく、感謝の気持ちで賽銭箱に入れます。

五 納札

住所、氏名、願文、巡拝回数などを記入し、納札箱に入れます。遍路同士の名刺代わりとしても交換できます。

六 納経所で御宝印

納経帳はご朱印をいただく頁を開けるようにと言われる札所もあります。閉じたまま渡す場合は、ご朱印をいただく頁に吸取り紙をはさむと納経師の方も開き易いでしょう。

七 トイレ

輪袈裟、納経帳、数珠などは持ち込まないようにします。ご本尊さまやお大師さまを不浄にお連れすることになります。何も書かれてない白衣は大丈夫です。

八 駐車料金

有料と無料があります。無人有料駐車場の場合は、備え付けの箱に料金を入れます。納経所に料金入れが備え付けられていたり、納経料と一緒に支払う札所もあります。

九 お接待

お大師さまへの供養とされるため、有り難く頂戴し、「南無大師遍照金剛」と三回お唱えして、その人の幸せを祈り納札を渡します。お接待は、お断りしないのが決まりです。

十 ゴミ

持ち帰るか道中で適切に処理します。コンビニやスーパーの入口にある分別ゴミ入れに許可を得て捨てましょう。

旅立つ前に

巡り方・プランの立て方

1 プランの立て方と注意点

目安として、全ての札所を１度で巡る通し打ちの場合は、８泊９日ほど必要です。区切り打ちの場合は４泊５日を２度、各県ごとに巡る２泊３日の一国参りを４度など。週末を利用して日帰りや１泊２日を数回繰り返し、半年から１年かけて巡ることもできます。

自宅から高速道路やフェリーを利用して四国へ入るまでの時間、目的地近くの高速ICから最初の札所までの距離や経路も確認しましょう。高速ICを起点にプランを立てるとスムーズに巡れます。NEXCOの「ドラぷら」（http://www.driveplaza.com）を利用すれば、時間、距離、料金を簡単に調べることができます。

2 一日の移動距離と時間

全行程約1300㎞を８泊９日で巡る場合は、一日に150㎞移動することになります。朝７時にスタートし、夕方５時に宿に入るとして、一日の実働は10時間。一日に10ヶ寺参拝すると、参拝時間の合計は５時間。車を運転するのは休憩時間１時間を差し引いて一日４時間程度となります。時速40㎞で移動すれば一日160㎞移動できます。ただし、これらの数字はあくまで平均値。札所間の距離が一定ではなく、駐車場から境内までの距離も違うので、余裕を持たせた計画を立てます。距離を稼ぎたいときは、最寄り札所の参拝を前日に終わらせて、翌朝、早く出発します。

3 宿の選び方

宿泊日の３日前には宿を予約します。行楽シーズンや休日前などは、出発を決めた直後に宿を押さえておく方が無難です。夕方に宿を探して移動を繰り返すのは、車とはいえ精神的にも体力的にもかなり疲れます。

車中泊の場合、道の駅や駐車場のある公園ならトイレも利用できるので安心です。管理者がいる施設なら、車中泊の許可が必要です。札所の駐車場で泊まる場合も必ず寺の許可が必要で、火気厳禁です。

4 費用

遍路用品や納経料、宿泊費は歩き遍路と変わりません。これにガソリン代や駐車料金がかかりますが、通し打ちだと２万円程度。区切り打ちだと自宅から目的地ICまでの往復高速代、ガソリン代が毎回プラスされます。さらにレンタカーだと、レンタカー代が必要。通し打ちだと９日間レンタルで10万円程度みておきましょう。友達、家族や身内など、複数で巡れば一人当たりの費用は安くなります。８泊９日の通し打ちだとマイカー利用で総額15万円程度。車種にもよりますが、レンタカー利用で25万円程度が目安です。

5 出発の時期

一年中、いつでも時期を選ばずスタートできるのが車遍路の魅力です。過ごしやすい春（３月中旬～５月下旬）と秋（９月下旬～12月中旬）がおすすめ。体力的な負担も軽く、行く先々で素晴らしい景観にも出合えます。

標高の高い札所、12番焼山寺・20番鶴林寺・21番太龍寺・44番大寶寺・45番岩屋寺・60番横峰寺・66番雲辺寺では、12月～２月の冬場、気温が氷点下になり道路や参道が凍結する日があります。

四国の平年月別気温

	気温	1月	2月	3月	4月	5月	6月	7月	8月	9月	10月	11月	12月
徳島	最低	2.5	2.5	5.2	10.2	14.7	19.3	23.3	24.1	20.8	15.0	9.5	4.5
	最高	9.8	10.1	13.3	19.1	23.2	26.1	30.1	31.4	27.7	22.5	17.2	12.3
	平均	6.0	6.1	9.2	14.6	18.8	22.4	26.3	27.4	23.9	18.5	13.2	8.3
高知	最低	1.3	2.1	5.5	10.5	14.6	19.1	23.1	23.6	20.4	14.3	8.7	3.3
	最高	11.8	12.4	15.7	20.6	24.1	26.7	30.5	31.6	28.8	24.2	19.1	14.2
	平均	6.1	6.9	10.5	15.5	19.3	22.7	26.4	27.2	24.1	18.8	13.4	8.2
愛媛	最低	2.0	1.9	4.7	9.6	14.1	18.7	23.1	23.8	20.2	14.0	8.8	4.1
	最高	9.7	10.0	13.5	19.0	23.2	26.3	30.5	31.6	27.9	22.8	17.5	12.4
	平均	5.8	6.0	9.1	14.3	18.5	22.3	26.5	27.3	23.7	18.2	13.0	8.2
香川	最低	1.2	1.2	3.7	8.9	13.7	18.8	23.1	23.6	19.8	13.2	7.8	3.0
	最高	9.3	9.6	12.9	19.0	23.6	26.7	30.7	31.7	27.6	22.2	16.8	11.9
	平均	5.3	5.4	8.4	13.9	18.6	22.5	26.6	27.4	23.5	17.7	12.4	7.5

旅立つ前に

出発までに準備するもの

健康と体力

札所の駐車場が境内に隣接しているとは限りません。境内でのお参りと合わせ、札所ごとに最低でも10～15分は歩きます。45番岩屋寺では、駐車場から境内まで、急坂や石段を20分以上登ります。車だからと安心せず、自分の体力や健康を熟知した上で出発することが必要です。体力強化とシューズの履き慣らしも兼ね、出発の2～3週間前から1時間程度のウォーキングを毎日続けてみましょう。平坦な道だけでなく、近所に石段や坂道があれば、ウォーキングコースに組み入れて下さい。

装束と巡拝用品

車遍路でも、白衣、輪袈裟、金剛杖、頭陀袋の4点は揃えましょう。駐車場から境内までのわずかな距離でも、自らの戒めになるからです。巡拝用品は、納経帳、経本、納札、念珠、線香、ロウソク、ライターを用意します。

賽銭・駐車料金

賽銭は本堂や大師堂の賽銭箱だけでなく、自分がお参りした堂宇や境内の仏像、鐘楼などにも納めます。賽銭用の巾着袋を用意し、小銭を出し易くすれば重宝します。

無料の駐車場もありますが、1回につき、200円～400円の料金が必要です。管理人のいない有料駐車場もあるので、百円玉が必要です。

納経料

寺の御宝印を授かる場合は、納経帳300円、白衣200円、納経軸500円を納経所で支払います。お釣のいらないように小銭を用意します。

ガイドブック

寺の縁起や本尊、真言、ご利益などを理解した上で巡拝すると、寺も身近になり、内容の濃い巡拝になります。

その他

- 車の中履き用スリッパ
- ウエストポーチ
- 傘
- ウェットティッシュ
- 筆記用具
- ザック
- 果物ナイフ
- サングラス
- 救急薬（頭痛・腹痛・車酔い・風邪・カットバン・消毒薬）
- 車窓の日除け用品
- ごみ袋
- 水筒
- 箱ティッシュ
- タオル
- クーラーボックス
- ハンガー
- 保険証のコピー

など

冬期

- 膝掛け
- 手袋
- 防寒着
- 帽子

夏期

- クーラーボックス

快適なドライブを楽しむための必需品。湿らせたタオルやジュース、菓子、果物を冷やせるので便利です。

旅立つ前に

車遍路の注意点

整備

出発前にタイヤの空気圧、ウインドウォッシャー液、オイル、バッテリー液をチェック。また、駐車場用に小銭を準備しておきます。スペアキーは必ず1つ車外に用意します。財布など常に身に付けているものに入れておけば、車に鍵を付けたままロックしてしまった時に役立ちます。

駐車場

駐車場から境内までの距離は、多くの札所が徒歩1~3分程度ですが、71番弥谷寺のような急な上り坂と石段が続く札所もあります。また、境内に近い駐車場は有料、参道口の駐車場は無料という札所もあります。駐車料金は管理人に直接支払う駐車場、備え付けの小箱に投入したり、納経所で支払う札所があります。

休憩

眠気に襲われたり、集中力が落ちてきたと思ったら迷わず休憩です。車を安全な場所に移動させ、30分間眠るだけでも随分違います。ストレッチ運動は、気分転換と足腰の疲労回復になります。

安全運転

山間部の道は道幅が狭く、未舗装でガードレールがない場所があります。冬期の山岳地帯や北斜面の道路、日陰、陸橋などは路面凍結によるスリップに注意が必要です。大雨、台風など、天気予報の確認も不可欠。納経所が閉まる夕方5時前になると、急いで走り去る車を見かけます。ゆとりを持って巡拝しましょう。

注意が必要な道路

11番藤井寺～12番焼山寺

11番藤井寺から12番焼山寺までは「遍路ころがし」と呼ばれる最初の難所が待っています。梨ノ木峠越えの道は幅が狭く、離合も困難を極めるので山道の初心者は避けるべき道です。一旦国道192号線に引き返し、県道20号線の新童学寺トンネルを通り県道21号線を経由するのが無難です。

21番太龍寺

21番太龍寺は、ロープウェイを利用しましょう。

20番鶴林寺

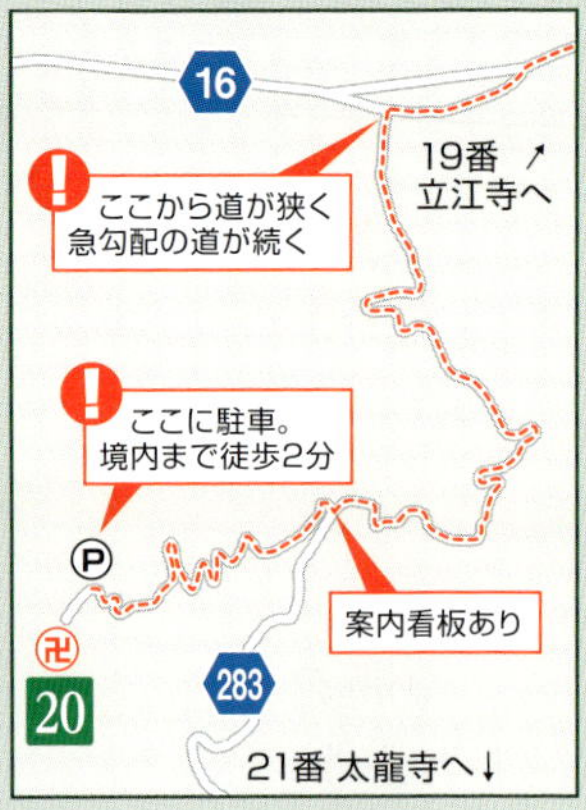

20番鶴林寺までは急勾配の道が続きます。

35番清瀧寺

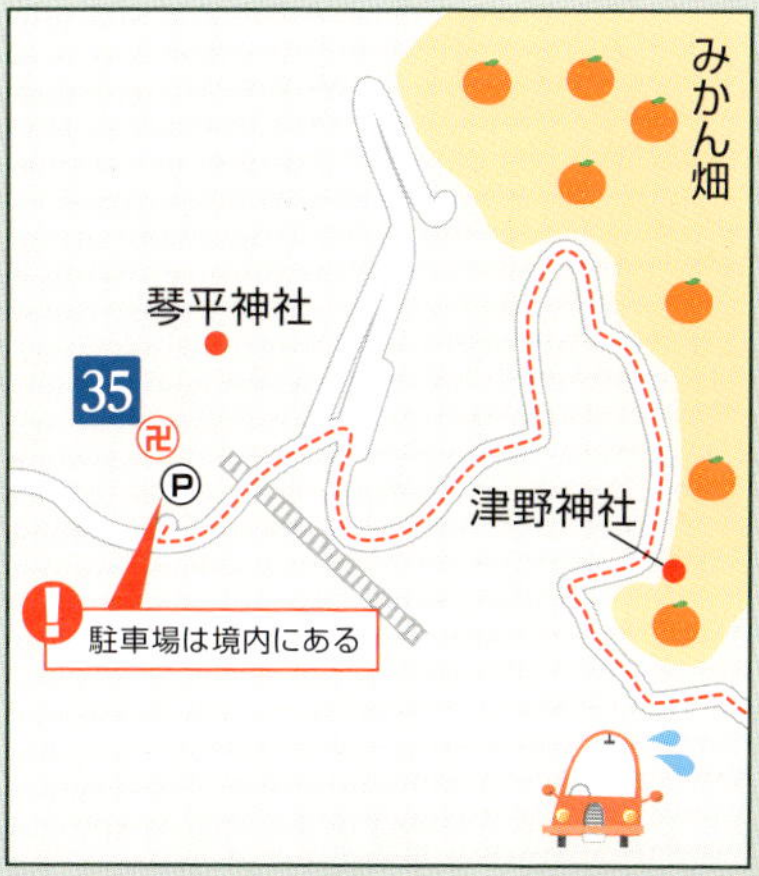

35番清瀧寺手前のみかん畑の中を通る道は狭く、ヘアピンカーブがあり対向車と離合できません。

27番神峯寺

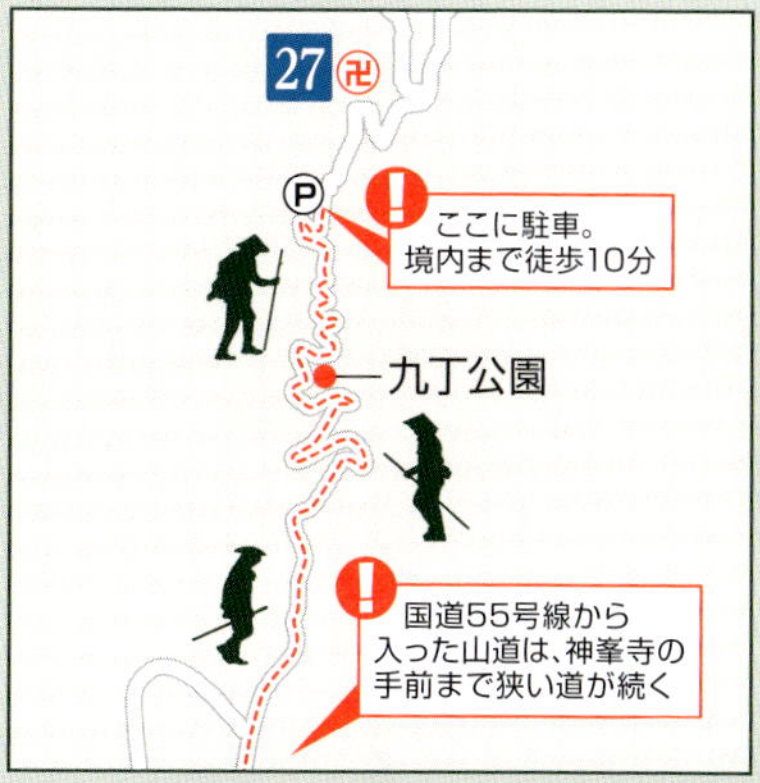

27番神峯寺の手前は急坂と急カーブが続くので対向車線にはみ出さないように。歩きのお遍路さんが道を横切りながら登っています。

43番明石寺～44番大寶寺

43番明石寺から44番大寶寺への道も長く、大洲、内子の山間を通って約78kmあります。

37番岩本寺～38番金剛福寺

37番岩本寺から38番金剛福寺までの約94kmは遍路道の最長区間。国道56号線をひたすら南下。2時間30分程かかりますが、休憩しながら運転しましょう。

45番岩屋寺～46番浄瑠璃寺

45番岩屋寺から46番浄瑠璃寺までは国道33号線の三坂峠を下ると、標識が立っていますが、この道は狭く、山を下りるまで離合ができない場所が多いので対向車が来ると身動きできなくなります。砥部町の総合運動公園内を通り抜ける道がおすすめです。

66番雲辺寺

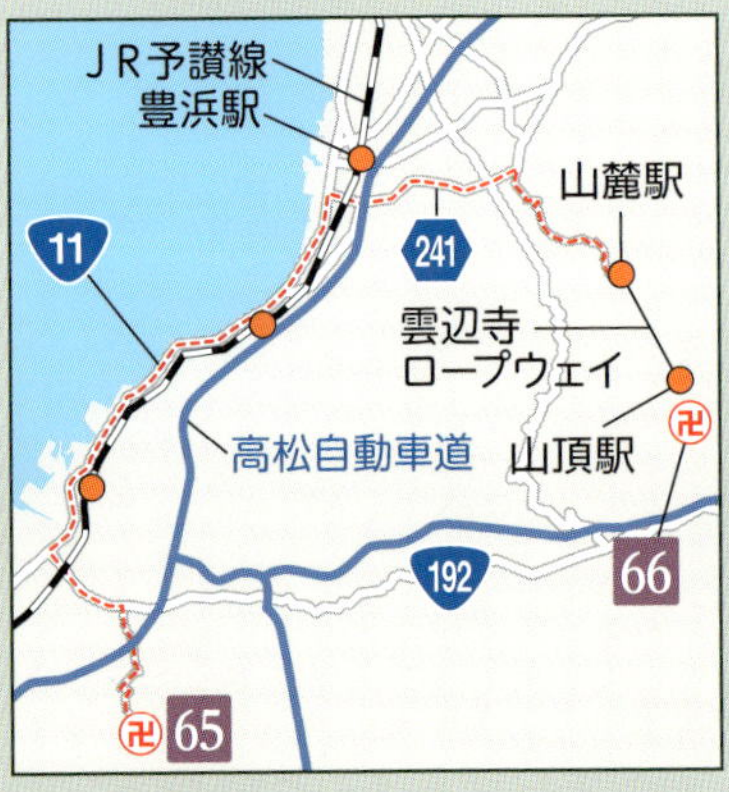

66番雲辺寺へは国道11号線に出て標識に従って進み、ロープウェイを利用しましょう。

60番横峰寺

60番横峰寺は、冬期の積雪や凍結に注意。途中の駐車場に車を置き、せとうちバス上の原乗換所からマイクロバスに乗り換えることもできます（冬期運休）。マイカーで横峰寺駐車場まで上がる場合は、参道走行料と駐車代1,800円が必要です。

お遍路用語

札所 ふだしょ	お遍路で巡る四国八十八ヶ寺のこと。 昔、巡礼者が本尊が安置されている堂宇の柱などに打ちつけた、木製や金属製の納札に由来している。
打つ うつ	札所を巡拝することを「打つ」という。 木製か金属製の納札をお堂の柱などに打ちつけていたが、現在では紙製のお札を納札箱に納める。
順打ち じゅんうち	札所を番号順に時計回りに巡拝すること。 1番からとは限らず、自分の都合に合わせ中途の札所から始めても順打ちという。
通し打ち とおしうち	札所を一度に全て巡拝すること。 かつては一度の巡拝で全ての札所を打つことが主流で、正式な巡礼方法だった。
逆打ち ぎゃくうち	順打ちとは反対に札所を左回りに打っていく巡拝方法。 一回の逆打ちは順打ちの三倍の功徳があり、今も順打ちされている弘法大師に会えるといわれる。 閏年には逆打ちするお遍路さんが多くなる。
打ち抜け うちぬけ	前の札所から来た同じ道を戻らずに、境内の別の道を通り次の札所に向かう。
打ち戻り うちもどり	次の札所へ行くために、通った道を戻ること。 わずかな参道を戻る、数十メートル戻る場合も打ち戻りという。 37番岩本寺から市野瀬を経て38番金剛福寺に至り、再び市野瀬に戻って39番延光寺にむかう足摺七里打ち戻りは有名。
区切り打ち くぎりうち	自分の都合や巡拝バスに合わせ、札所を数ヶ寺に分けて巡拝すること。
一国参り いっこくまいり	阿波国(徳島県二十三ヶ寺)・土佐国(高知県十六ヶ寺)・伊予国(愛媛県二十六ヶ寺)・讃岐国(香川県二十三ヶ寺)の各一国の札所だけを巡拝すること。
日曜遍路 にちようへんろ	日曜日や祝日を利用し、マイカーで日帰り巡礼をすること。 無理なく、気軽に計画できるので観光を兼ね一年がかりで巡拝する家族連れが多い。
打ち納め うちおさめ	予定のコース最後の札所を打ち、最終札所に納札を納めること。 一日の終わりの場合は、打ち留めという。
発願 ほつがん	巡拝を始めようと決心すること。 巡礼を始めた寺がその人にとっての発願寺となる。
結願 けちがん	満願と同じ意味で、すべての四国霊場を巡拝し終えること。 順打ちしなくても「結願」といい、最後に訪れた札所が「結願寺」となる。
遍路ころがし へんろころがし	遍路泣かせの険しい坂道がある難所のこと。 11番藤井寺から12番焼山寺、20番鶴林寺から21番太龍寺、60番横峰寺、66番雲辺寺へ続く遍路道などをいう。
お接待 おせったい	巡拝者に対して地元の人たちが食べ物、飲み物、宿、お金、励ましの言葉などを与える善根の施しをいう。 大師への供養とされるため、断ってはいけない。 間接的に巡礼に参加し、功徳が得られるとされている。 お礼に「南無大師遍照金剛」と三お唱えして、その人の幸せを祈り納札を渡す。

お遍路用語

先達 せんだつ	初心者の巡拝者を案内し、お参りの指導や巡拝のお世話をする遍路経験者。 八十八ヶ所の歴史や札所の由来などを熟知し、四国八十八ヶ所霊場会本部で資格を得ている。
善根宿 ぜんこんやど	見ず知らずのお遍路さんを無償で自宅に泊め食事などを提供すること。 巡拝者は、その家の仏壇を拝し納札を置く。
同行二人 どうぎょうににん	今も四国を巡拝している弘法大師と巡拝者が常に一緒であり、ご加護を受けながら巡拝していることを表わす。
本尊 ほんぞん	寺院の象徴とされ、崇拝の中心とされる本堂に安置された仏像。 納経の際は本尊それぞれの真言を唱える。 四国八十八ヶ寺では、薬師如来が二十四ヶ寺で一番多い。
本堂 ほんどう	寺の中心となる堂で、寺の本尊が安置されている。 75番善通寺では金堂と呼ぶ。 参拝の際、賽銭と納札や写経を納め、読経する。
大師堂 だいしどう	真言宗の宗祖・弘法大師が祀られているお堂で、大師像が安置されている。 本堂と同様、納札を納め、読経する。
納経所 のうきょうしょ	お経を納めた印として墨書・朱印をもらう所。 お守りや遍路用品を販売している納経所もある。 受付は午前七時～午後五時。
納経 のうきょう	写経した経典をお寺に納めること。 納経の印として、専用の納経帳や軸に墨書・朱印をいただくこと。
朱印 しゅいん	札所をお参りした証しとして、納経帳・納経軸・白衣に受ける朱色の印。 朱印は札所本尊の分身とされているため、そのご利益があるとされる。
重ね印 かさねいん	一度ご朱印を受けた納経帳に、二回目以降の巡拝納経時に重ねてご朱印を受けること。 何度もご朱印を受けた納経帳は真赤で、厚く重なっている。 五十回以上で、全体が朱色に染まってくる。
山門 さんもん	寺の入り口となる門。 金剛力士像が安置されている場合は、仁王門。 梵鐘が吊るされた鐘楼門など門の種類もお寺によって様々。
御影 おみえ	札所本尊の尊像を白い紙に刷ったもの。 札所本尊が秘仏で直接拝せないため、その代わりに納経所で朱印を受けると一枚授与される。
標石 しるしいし	遍路道に立てられている道案内の石柱。 次の札所までの距離や方向が刻まれている。 道程を丁という単位で刻んだ丁地蔵や四角の柱状の道標や自然石をそのまま使ったものもある。
ご詠歌 ごえいか	四国八十八ヶ所各札所にあり、和讃、和歌などに節をつけたもの。
通夜堂 つやどう	お遍路さんのために、札所が無料で素泊まりをさせる場所。 数は少ないが、シャワーや煮炊きできる札所もある。 火気厳禁の札所が多い。 必ずお寺の許可を得る。
宿坊 しゅくぼう	お寺にある宿泊施設。 早朝や夕刻のお勤めに参加し、住職の法話を聞くことができる。 団体専用の宿坊もある。
お砂踏み おすなふみ	巡礼用に各札所本尊の軸や札所の砂を集め、その砂を踏みながら礼拝すること。 40番観自在寺、75番善通寺、76番金倉寺などで体験できる。

徳島県【阿波】
発心の道場

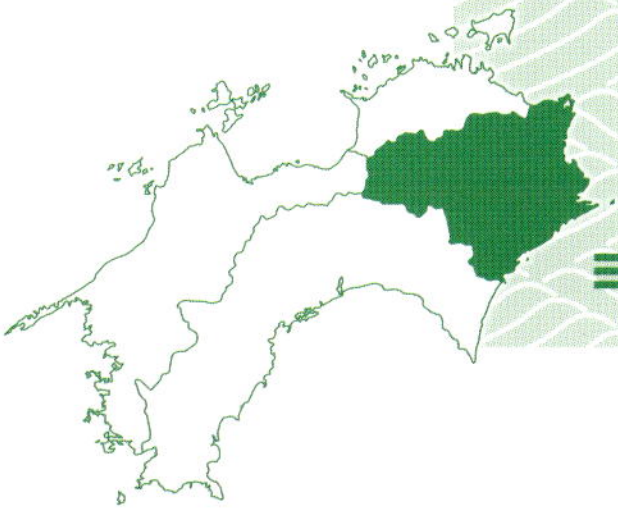

阿波　発心の道場。
八十八の霊場を巡り歩く先へ
白衣のように白く眩しい
発願の心をたずさえて…

大師と同行二人
巡礼の旅の始まりです。

徳島県
徳島自動車道
脇町IC
土成IC
板野IC
藍住IC
鳴門Jct
鳴門IC
鳴門北IC
徳島IC
板野町
鳴門市
藍住町
北島町
徳島阿波おどり空港
上板町
阿波市
石井町
徳島市
吉野川市
美馬市
JR徳島線
吉野川市
小松島港
小松島市
名西郡
佐那河内村
神山町
名東郡
勝浦町
阿南市
上勝町
橘港
那賀町
那賀郡
美波町
海部郡
牟岐町
海陽町
1
2
3
4
5
6
7
8
9
10
11
12
13
14
15
16
17
18
19
20
21
22
23
11
318
193
192
55
438
195

徳島県【阿波】発心の道場

- 1 霊山寺 P31
  - 1.2km
- 2 極楽寺 P32
  - 2.7km
- 3 金泉寺 P33
  - 6.5km
- 4 大日寺 P33
  - 2km
- 5 地蔵寺 P34
  - 5km
- 6 安楽寺 P35
  - 1km
- 7 十楽寺 P36
  - 4.2km
- 8 熊谷寺 P36
  - 2.5km
- 9 法輪寺 P37
  - 4km
- 10 切幡寺 P38
  - 12km
- 11 藤井寺 P39
  - 41km
- 12 焼山寺 P40
  - 27km
- 13 大日寺 P41
  - 3km
- 14 常楽寺 P42
  - 1km
- 15 國分寺 P43
  - 2km
- 16 観音寺 P43
  - 3.5km
- 17 井戸寺 P44
  - 20km
- 18 恩山寺 P45
  - 5km
- 19 立江寺 P46
  - 14km
- 20 鶴林寺 P47
  - 10km
- 21 太龍寺 P48
  - 12km
- 22 平等寺 P48
  - 22km
- 23 薬王寺 P49
  - 24番札所 最御崎寺まで 75km

A
41
1 霊山寺 P31
ドイツ村公園
板東
小学校
高松自動車道
12
板野町
2 極楽寺 P32
4番大日寺へ↑
板野IC
225
奥宮神社
1
住宅地があり
道がやや狭い
鳴門市
JR高徳線
3 金泉寺 P33
阿波川端駅
板東谷川
右レーンはIC入口
板野町役場
板野駅
旧吉野川
板野高校
藍住町

4 大日寺 P33
あすたむらんど
徳島
B
磯尾谷川
黒谷川
山神社
3番 金泉寺へ→
上板SA
黒谷
老人憩の家
徳島自動車道
5 地蔵寺 P34
板野西小学校
大きな交差点
板野西部
消防組合
消防署
12
34
6番 安楽寺へ↓

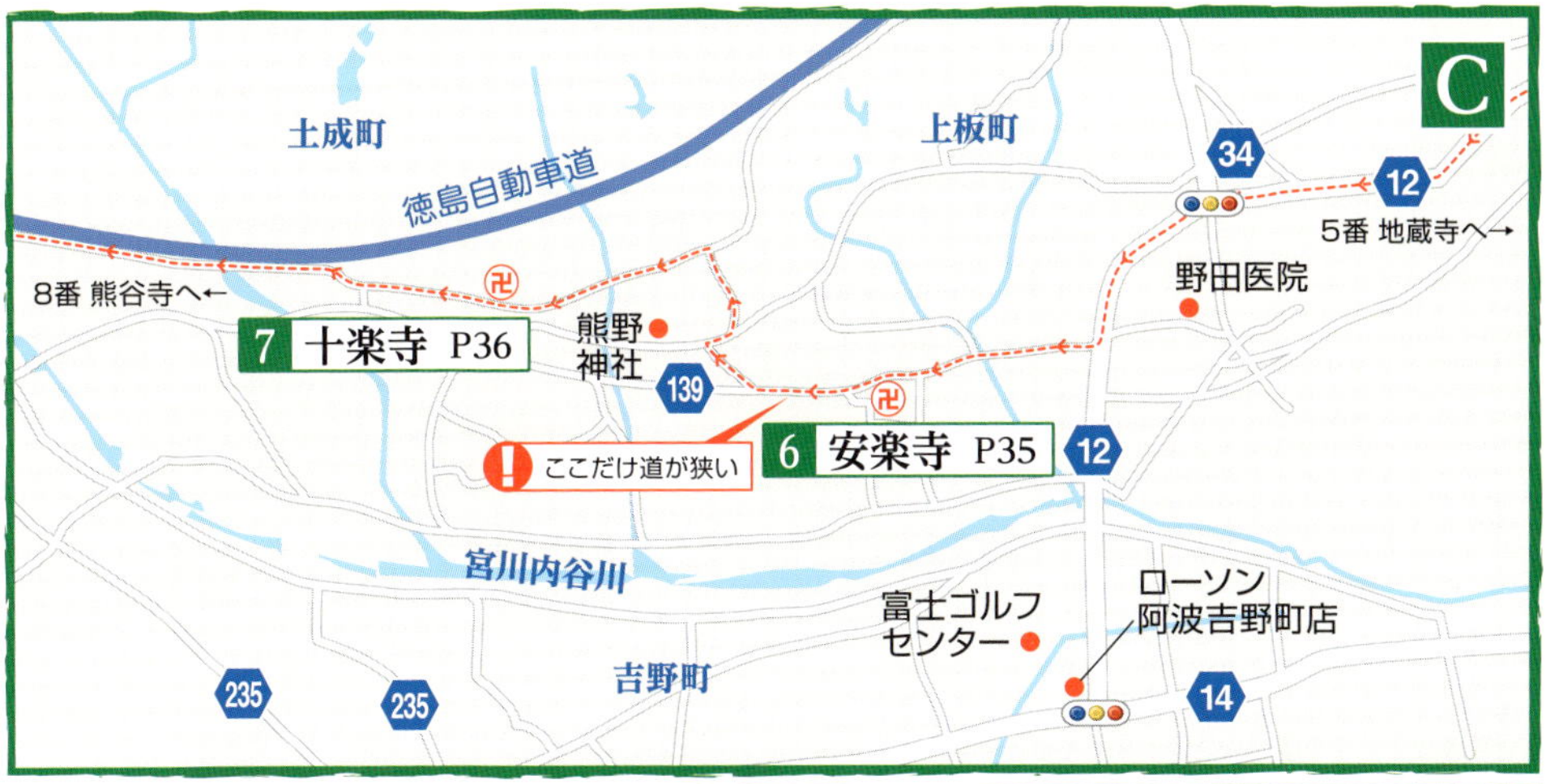
C
土成町
上板町
徳島自動車道
34
12
5番 地蔵寺へ→
8番 熊谷寺へ←
野田医院
7 十楽寺 P36
熊野
神社
139
6 安楽寺 P35
12
ここだけ道が狭い
宮川内谷川
富士ゴルフ
センター
ローソン
阿波吉野町店
吉野町
235
235
14

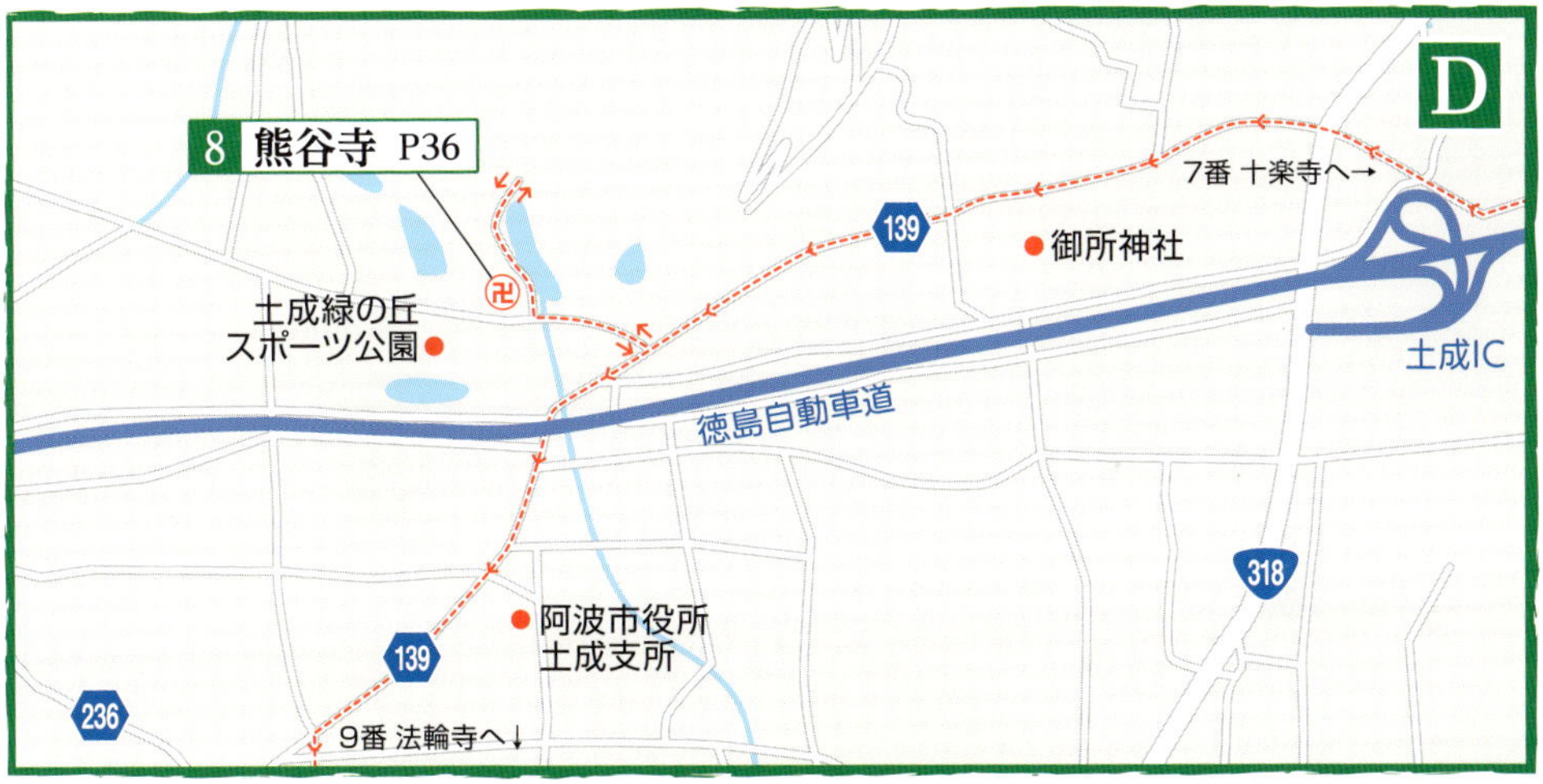
D
8 熊谷寺 P36
7番 十楽寺へ→
139
御所神社
土成緑の丘
スポーツ公園
土成IC
徳島自動車道
318
阿波市役所
土成支所
139
236
9番 法輪寺へ↓

E
Jクラシック
ゴルフクラブ
8番 熊谷寺へ↑
徳島自動車道
土成
小学校
土成町
10 切幡寺 P38
139
9 法輪寺 P37
古い町並を
抜ける狭い道
切幡トンネル
住宅地の細道
236
139
12
市場中学校
237
阿波農業高校
137
九頭宇谷川
125
市場町
12
11番 藤井寺へ↓

F
鴨島第一中学校
鴨島駅
鴨島公民館
JR徳島線
318
155
239
徳島トヨペット
鴨島店
DCMダイキ
鴨島店
キョーエイ
セレブ鴨島店
10番 切幡寺へ←
12番 焼山寺へ→
TSUTAYA
鴨島店
吉野川市役所
238
31
240
240
飯尾敷地
小学校
鴨島温泉
鴨の湯
鴨島呉郷団地
242
道が狭い
11 藤井寺 P39

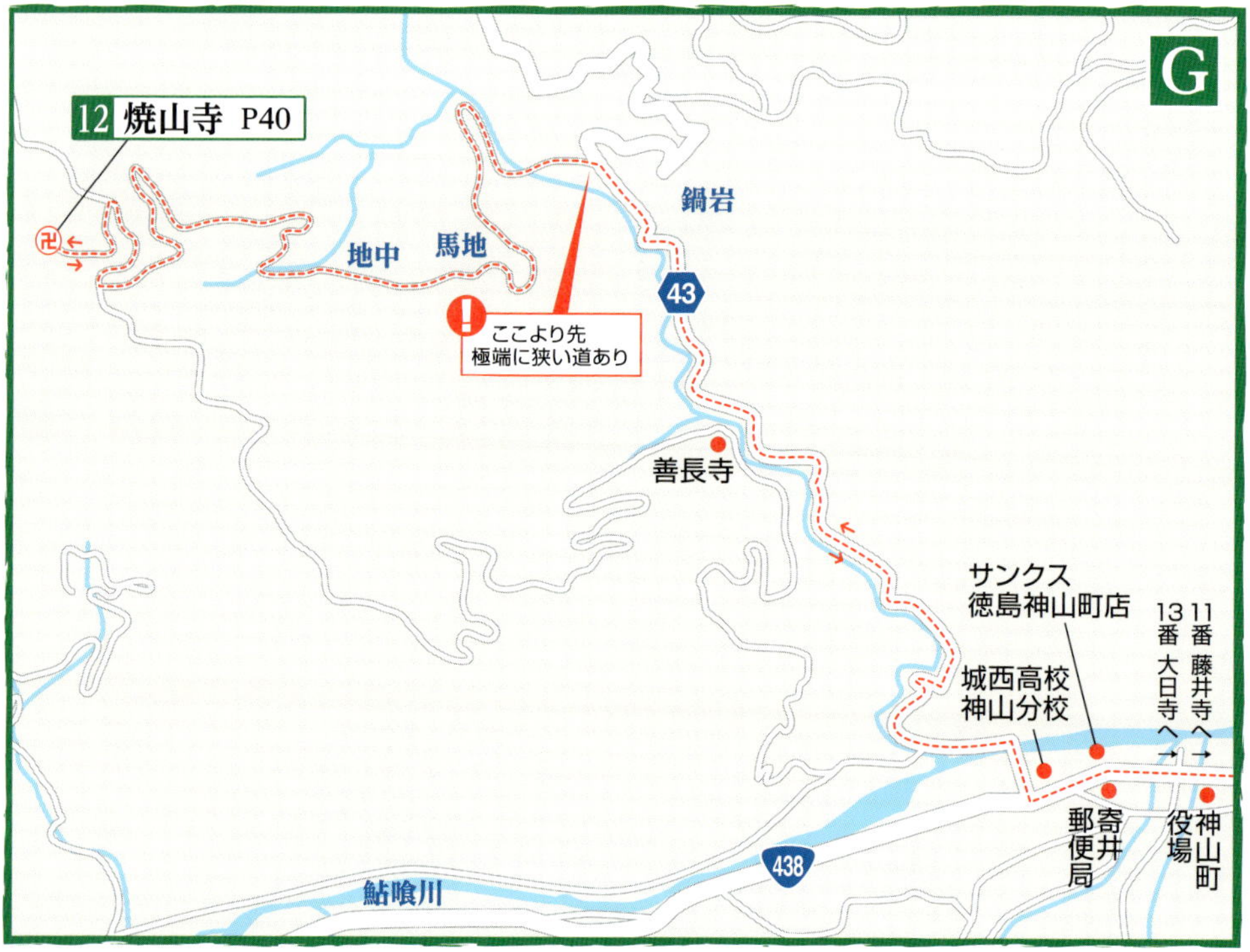
G
12 焼山寺 P40
鍋岩
地中
馬地
43
ここより先
極端に狭い道あり
善長寺
サンクス
徳島神山町店
城西高校
神山分校
11番 藤井寺へ→
13番 大日寺へ→
寄井郵便局
神山町役場
438
鮎喰川

H
徳島市立考古資料館
阿波史跡公園
八倉比売神社
16番 観音寺へ↑
徳島市
207
192
15 國分寺 P43
123
住宅地の細道
14 常楽寺 P42
若宮神社
入田町
207
浄邦寺
鮎喰川
一宮橋
12番 焼山寺へ←
21
13 大日寺 P41
一宮小学校
208
一宮神社
持正院
上八万中学校
207
一宮町
城西台団地
しらさぎ台
ニュータウン

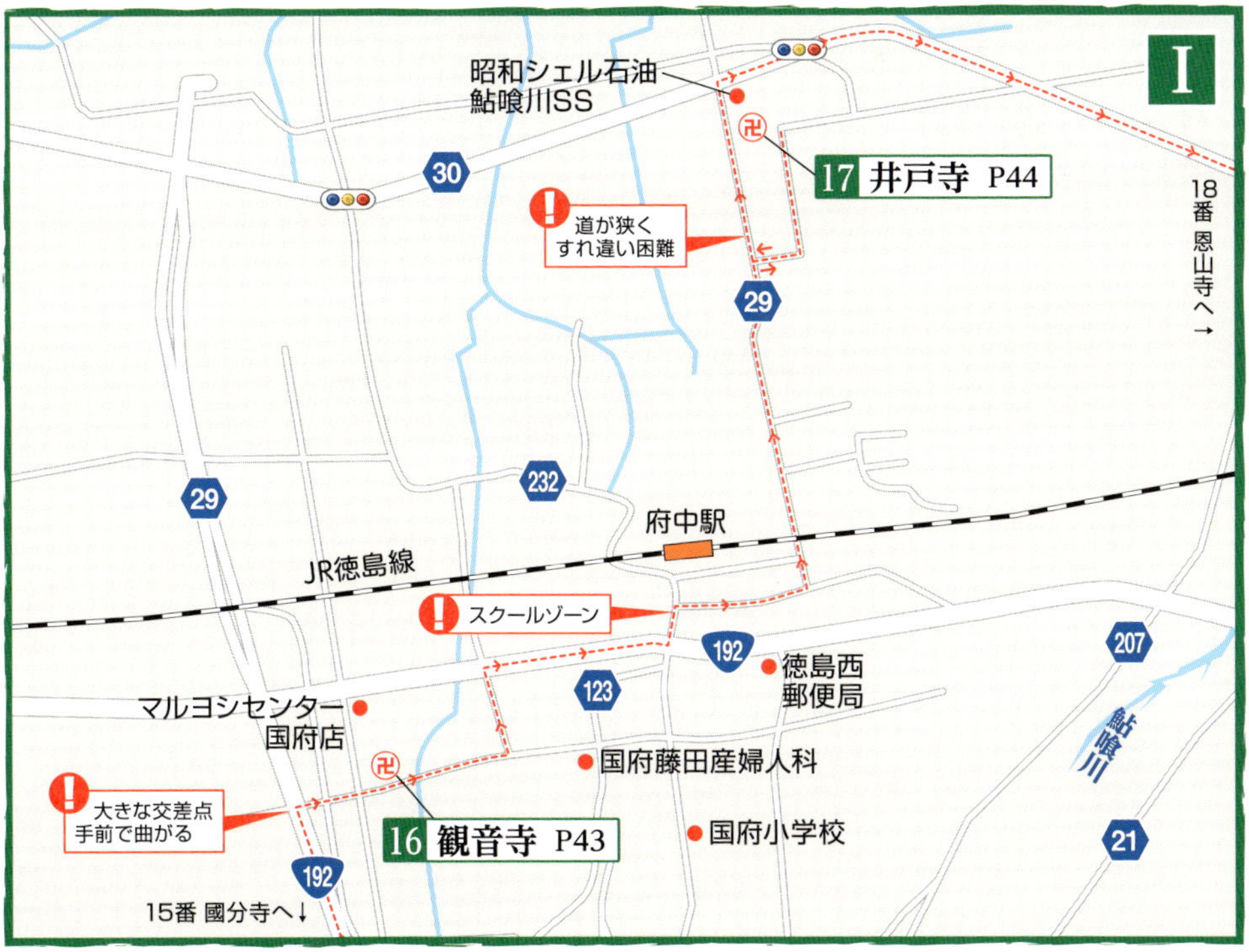
I
昭和シェル石油
鮎喰川SS
17 井戸寺 P44
30
道が狭く
すれ違い困難
18番 恩山寺へ→
29
29
232
府中駅
JR徳島線
スクールゾーン
192
207
徳島西
郵便局
123
マルヨシセンター
国府店
国府藤田産婦人科
鮎喰川
大きな交差点
手前で曲がる
16 観音寺 P43
国府小学校
21
192
15番 國分寺へ↓

J
17番 井戸寺へ↑
南小松島駅
小松島市役所
小松島高校
小松島
中学校
33
136
136
216
小松島警察署
ひかり保育園
JR牟岐線（阿波室戸シーサイドライン）
かなり道が狭い
55
18 恩山寺 P45
136
芝田
幼稚園
芝田
小学校
217
19番 立江寺へ↓

K
18番 恩山寺へ↑
120
218
阿波赤石駅
JR牟岐線（阿波室戸シーサイドライン）
赤石トンネル
小松島市立
体育館
141
55
28
立江川
130
141
小松島市
旧国道55号線
136
立江駅
立江小学校
171
19 立江寺 P46
136
28
28
128
20番 鶴林寺へ↓

L
19番 立江寺へ↑
勝浦川
16
横瀬小学校
勝浦中学校
勝浦町
役場
小松島西高校
勝浦校
16
ここから道が狭い
283
20 鶴林寺 P47
勝浦町
十八女橋
蛭子神社
282
19
那賀川
マイクロバス注意
阿南市
21 太龍寺 P48
太龍寺駅
太竜寺山
283
太龍寺ロープウェイ
氷柱観音
道の駅
鷲の里
山麓駅
195
195
中山川
鷲敷中学校
那賀町
役場
わじきこども園
鷲敷ライン
那賀町鷲敷野外活動センター
22番 平等寺へ↓

M
21番 太龍寺へ←
山口小学校
北谷
195
284
桑野川
JAアグリあなん
スタジアム
阿南市
284
道が狭い
22 平等寺 P48
大西製材
新野高校
JR牟岐線
(阿波室戸
シーサイド
ライン)
新野郵便局
新野小学校
23番 薬王寺へ↓
新野駅

N
22番 平等寺へ↑
日和佐川
日和佐
中学校
294
JR牟岐線(阿波室戸シーサイドライン)
美波町役場
25
55
大浜海岸
豊田屋
大浜公園
23 薬王寺 P49
25
道の駅
日和佐
日和佐城
日和佐駅
展望台
24番 最御崎寺へ↓

本堂内陣にて出立前の受戒（要予約）を受ける事ができる

第1番

竺和山《じくわざん》　一乗院《いちじょういん》

霊山寺《りょうぜんじ》

地図 P24-A

天平年間（729～749）、聖武天皇の勅願により行基菩薩が開基した寺。その後弘仁6年（815）、弘法大師が大日如来の胎蔵界四重円壇のマンダラ道場を求め、四国の東北から右回りに八十八の煩悩の数にちなんで霊場を開くため来錫された時、空中に光明輝く諸仏を感得。大師は、釈迦如来がインドの鷲峰山で行なう説法の情景と似ていると感じとり、インド（天竺）の霊山を日本（和国）に移す意味で「竺和山・霊山寺」と名付けた。この時、持仏の釈迦誕生仏を本尊前に収め、八十八ヶ所霊場第一番と定める。

往時は阿波三大坊の一つとされ、荘厳な伽藍を誇った。しかし、天正年間（1573～1592）長宗我部元親軍の攻撃で堂塔は炎上。その後、阿波藩主・蜂須賀光隆公により再建されるが、明治二十四年（1891）に、本堂と多宝塔以外を残し再び焼失する。

600年近い歴史を持つ多宝塔

仁王門を入ってすぐ、手水舎の左にある縁結び観音は、男女の縁だけでなく、健康との縁、幸せとの縁、仕事との縁など、様々な結びがあるという。境内の左に鐘楼、その横に建つ多宝塔には五智如来が祀られている。右手に鯉が泳いでいる泉水池、その斜め奥に大師堂がある。参道の正面、階段を上がった所には、堂々とした本堂が建つ。本尊の釈迦如来が安置され、天井には龍と宇宙が描かれている。

納経所は本堂横と駐車場にあり、札所巡りに必要な遍路用具を全て揃えられる。出立前の受戒（要予約）を受ける事ができる。

本尊　釈迦如来
真言　のうまく　さんまんだ　ぼだなん　ばく
宗派　高野山真言宗
住所　鳴門市大麻町板東126
電話　088・689・1111
宿坊　休止中

駐車場は県道沿い境内に隣接

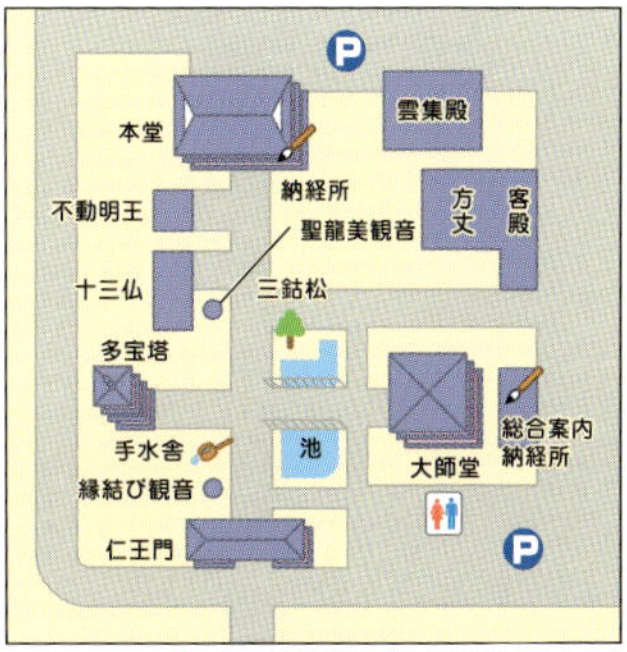

2番極楽寺まで1.2キロ

第2番

日照山《にっしょうざん》 無量寿院《むりょうじゅいん》

極《ごく》楽《らく》寺《じ》

地図 P24-A

満開の桜に彩られる入母屋造りの仁王門

長命杉は鳴門市の天然記念物

行基菩薩の開基と伝えられ、弘法大師が弘仁六年（815）この地で修業の折、『阿弥陀経』を読誦し、秘法を修された。結願の十七日に現れた阿弥陀如来の姿を謹刻され、本尊として八十八ヶ所の第二番札所に定めた。この阿弥陀如来像は、美しい顔容から発する光が遠く鳴門の長原沖まで達したという。漁民たちは、漁の妨げになるので、本堂の前に山を築いて光を遮ったという。山号の「日照山」は、この故事にちなむ。天正年間（1573～1592）長宗我部元親軍の兵火を受けて焼失したが、万治二年（1659）には、徳島三代藩主蜂須賀光隆公により伽藍が再建された。

鮮やかな朱塗りの仁王門をくぐると境内に美しい庭園が広がる。すぐ前に霊験あらたかだと伝わる「願掛け地蔵」を祀る小さなお堂がある。真心を込めてお地蔵さまの真言を唱えながら、願掛けすると共に、自分も努力すると誓わなければならない。参道には、子授招福大師、釈迦如来、水子供養地蔵、平和観音などの像や記念碑が建っている。

弘法大師のお手植えとされる「長命杉」は、樹齢千二百年以上の巨木。幹に触れれば長寿に、またその手で自分の悪いところをさすると平癒すると言われてきた。しかし、長命杉保護のため直接触れず、紅白の紐を通じて霊気を授かる。仏足石前の石段を上がった所に本堂と大師堂が建つ。その間には重かるさん、軽かるさんと呼ばれる「抱き地蔵」がある。この地蔵を抱き、軽いと思ったら願いが叶う。

本尊 阿弥陀如来
真言 おん あみりた ていせい から うん
宗派 高野山真言宗
住所 鳴門市大麻町檜段の上12
電話 088・689・1112
宿坊 1泊2食6480円

駐車場は県道沿い境内に隣接

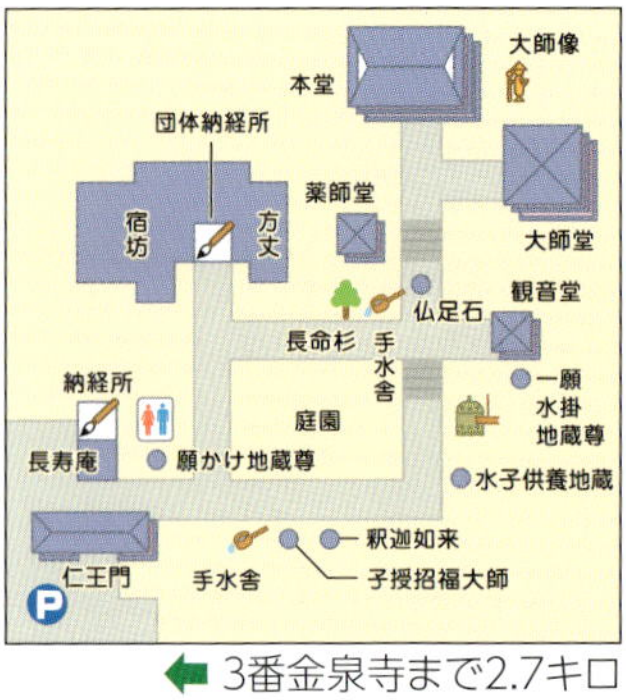

← 3番金泉寺まで2.7キロ

第3番

亀光山《きこうざん》 釈迦院《しゃかいん》

金泉寺《こんせんじ》

地図 P24-A

弁慶の力石が納経所前の庭園にある

聖武天皇の勅願により行基菩薩が寺塔を建立し、金光明寺と命名。弘法大師が水不足で苦しむ村人を見て井戸を掘り、霊水が湧き出てきたので、寺号を金泉寺と改め四国第三番の霊場と定めた。山号の亀光山は、亀山法皇が日本各地から学僧を集めて講演を行い、堂塔や三十三間堂などを建立したことに由来する。源平合戦の時に義経が屋島に進軍中、一夜を明かし勝運祈願を行った。

本尊　釈迦如来
真言　のうまく　さんまんだ　ぼだなん　ばく
宗派　高野山真言宗
住所　板野郡板野町大寺亀山下66
電話　088・672・1087
宿坊　なし

駐車場は境内に隣接

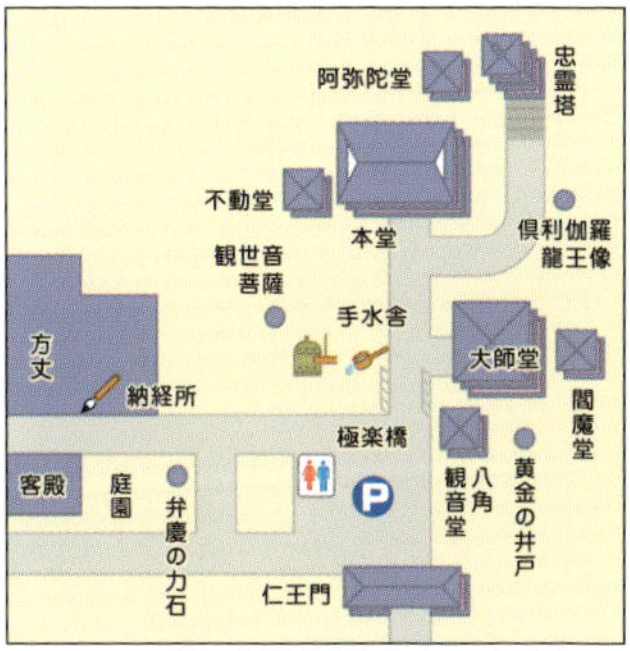

4番大日寺まで6.5キロ

第4番

黒巌山《こくがんざん》 遍照院《へんじょういん》

大日寺《だいにちじ》

地図 P24-B

鐘楼を兼ねた朱塗りの山門

弘法大師が四国巡錫中に開基したと伝えられ、大師の刻んだ本尊の大日如来にちなみ大日寺と号し、第四番札所に定めた。本尊の大日如来は、八十八ヶ所中六ヶ寺しかなく、真言宗では「宇宙の中心、万物の根元とされる人々にあまねく慈悲をもたらす最高の仏」とされている。幽玄な山裾に立ち、本堂と大師堂をつなぐ回廊に、江戸時代に寄進された木造観音像三十三躰を安置。

本尊　大日如来
真言　おん　あびらうんけん　ばざら　だとばん
宗派　東寺真言宗
住所　板野郡板野町黒谷字居内28
電話　088・672・1225
宿坊　なし

駐車場から境内まで徒歩1分

5番地蔵寺まで2キロ

第5番

無尽山《むじんざん》　荘厳院《しょうごんいん》

地蔵寺《じぞうじ》

地図 P24-B

阿波藩主・蜂須賀家の帰依により繁栄

仁王門をくぐると樹齢800年の大銀杏がある

　弘仁十二年（821）嵯峨天皇の勅願により弘法大師が開創した霊場。大師自らが刻んだ本尊の勝軍地蔵菩薩は、高さ一寸八分（約五・五㎝）で右手に錫杖、左手には如意宝珠を持ち、甲冑姿で軍馬にまたがるという勇ましい仏様。その後、紀州・熊野権現の導師を務めていた浄函上人が神託により刻んだ延命地蔵菩薩の胎内に大師の勝軍地蔵菩薩を納めた。このため武人の信仰が篤く、源頼朝、義経をはじめ、多くの武将の信仰が支えとなり、数々の寄進で広大な土地を有するようになった。かつては、阿波、讃岐、伊予の三ヶ国に三百の末寺を擁し、塔中二十六ヶ寺を数えたという。しかし、天正年間（1573〜1592）の長宗我部元親軍の兵火で堂塔はことごとく焼失。

　その後、歴代の住職や僧侶、信者たちの尽力により堂宇が整備拡張された。今でも一万二千坪と広大な敷地を持ち、当時の面影を残している。高野山の管長、大覚寺、仁和寺門跡を輩出した名刹でもある。

　仁王門をくぐると、本堂は左側、大師堂は右側に、平成十四年（2002）五月に開眼した、大きな修業大師像も立っている。境内の中央には、樹齢八百年のたらちね銀杏があり、秋ともなれば黄金色の落葉が境内を染める。奥の院の羅漢堂には、極彩色に彩られた大羅漢像が、提灯の光に照らし出されて並ぶ。創建は安永四年（1775）だが大正四年（1915）に焼失し、現在あるのはその後に復興したものである。

本尊	勝軍地蔵菩薩
真言	おん　かかかび　さんまえい　そわか
宗派	真言宗御室派
住所	板野郡板野町羅漢林東5
電話	088・672・4111
宿坊	なし

駐車場は境内に隣接

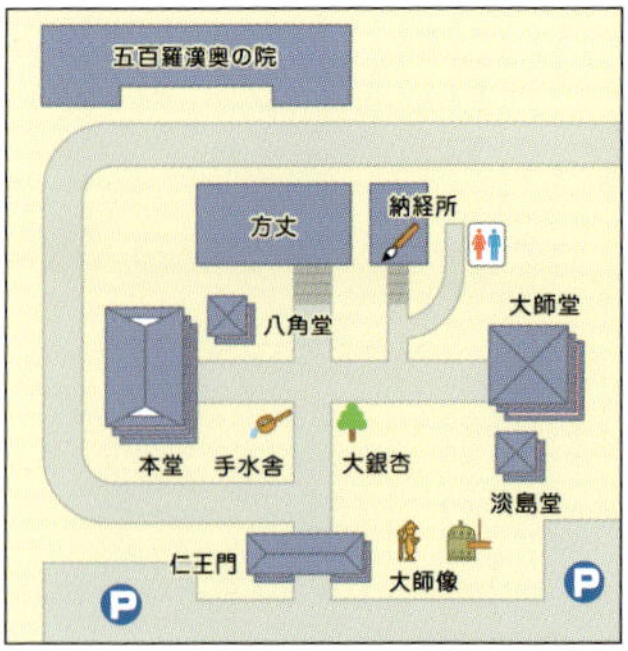

6番安楽寺まで5キロ

鉄筋コンクリート建ての本堂の中に納経所がある

第6番

温泉山《おんせんざん》 瑠璃光院《るりこういん》

安楽寺《あんらくじ》

地図 P25-C

弘仁二年(811)、弘法大師が四国巡錫中にこの地を訪れ、引野が薬師如来と深い因縁で結ばれていると直感され、大師は難病で苦しんでいる人のために温泉の功徳を説かれた。大師は、一刀三札の薬師如来像を刻み、堂宇を建立して尊像を安置し、八十八ヶ所の霊場に定められたと伝わる。安土桃山時代に阿波藩祖・蜂須賀家政公の命で、瑞運寺に改名し、難儀している遍路や旅人のために宿と食事を提供する駅路寺と定めた。しかし、壇信徒に対しては安楽寺とし、二つの名前を使い分けていた。寺には慶長三年(1598)の「駅路寺文書」が残されている。宿坊は四百年もの歴史を有し、現在も旅人の人気が高い。

白と朱色のコントラストが美しい鐘楼門

八十八ヶ所霊場の中で薬師如来を本尊とする寺は多いが、一番札所から順に巡ってくると一番最初に出会うのがこの寺だ。竜宮城の入口のような鐘楼門を入ると、左の池には大師身代わりの「逆松」があり、鮮やかな多宝塔も見える。正面に昭和三十八年(1963)に再建された本堂が建つ。その右に性霊殿と大師堂が並ぶ。本尊の薬師如来像は、四国霊場巡拝中に霊験を授かった愛知県尾西市の水谷繁治・しず夫妻により奉納されたもの。本堂内には、薬師如来を信仰する者を守る十二神将も祀られている。十二支獣の上に座ったり、額に十二支獣を頂く姿で現されている。功徳は病気平癒・身体健全・除病延寿・災難除去・現世利益を授かる。

- **本尊** 薬師如来
- **真言** おん ころころ せんだり まとうぎ そわか
- **宗派** 高野山真言宗
- **住所** 板野郡上板町引野字寺ノ西北8
- **電話** 088・694・2046
- **宿坊** 1泊2食6480円～

駐車場から境内まで徒歩2分

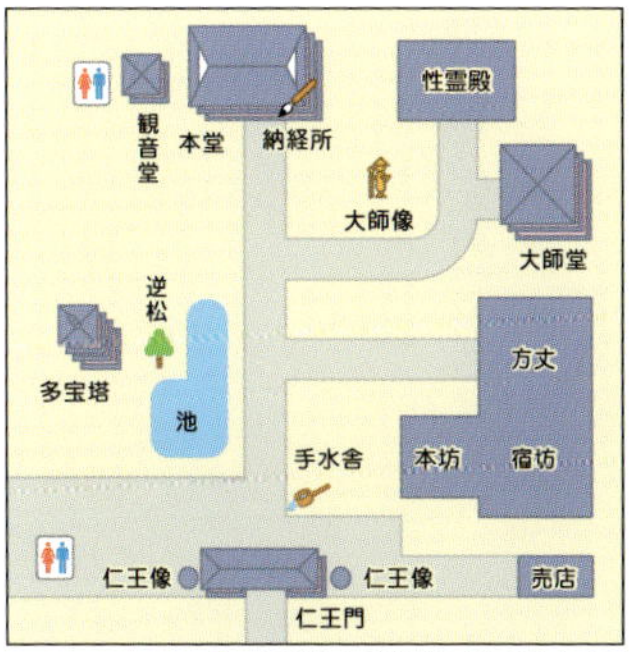

← 7番十楽寺まで1キロ

第7番

光明山《こうみょうざん》 蓮華院《れんげいん》

十楽寺《じゅうらくじ》

地図 P25-C

平成6年（1994）に建立された木造の本堂

弘法大師が大同年間（806～810）当地で修法中に、阿弥陀如来が現れ、霊地であると悟られた。大師は尊像を刻んで堂宇を建立。人間の持つ八つの苦難（生・老・病・死・愛別離・怨憎会・求不得・五陰盛）を阿弥陀如来の慈悲により克服し、十の光明に輝く楽しみが得られるように、光明山十楽寺と号した。治眼疾目救歳地蔵尊は、眼病や盲目に霊験があると伝わる。

本尊 阿弥陀如来
真言 おん あみりた ていせい から うん
宗派 高野山真言宗
住所 阿波市土成町高尾法教田58
電話 088・695・2150
宿坊 1泊2食7100円～

駐車場から境内まで徒歩1分

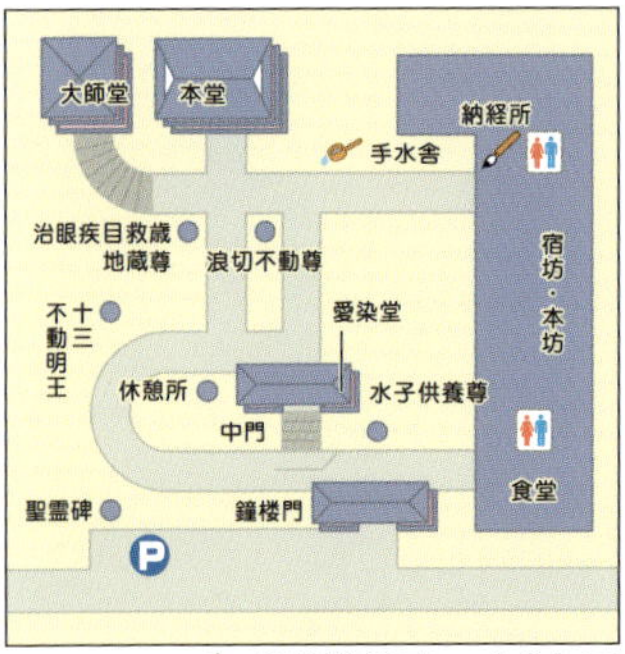

← 8番熊谷寺へ4.2キロ

第8番

普明山《ふみょうざん》 真光院《しんこういん》

熊谷寺《くまだにじ》

地図 P25-D

納経所前に置かれた自転車&リヤカー

弘仁六年（815）に、弘法大師が閼伽ヶ谷にて修行中、紀州熊野権現が出現し「末世衆生を永く済度のため、千手観世音菩薩を当山に安置せよ」と告げ、金の観音像を大師にお授けになった。大師は一宇を建立し、自ら等身の千手観音像を刻み、その胸の中に当の金像を納め本尊とした。四国で最大最古の多宝塔は、三間重層の造りで、瓦葺き屋根の装飾九輪が美しい。

本尊 千手観世音菩薩
真言 おん ばざら たらま きりく
宗派 高野山真言宗
住所 阿波市土成町土成前田185
電話 088・695・2065
宿坊 なし

駐車場は納経所前に隣接

← 9番法輪寺まで2.5キロ

第9番

正覚山《しょうかくざん》 菩提院《ぼだいいん》

法輪寺《ほうりんじ》

度重なる火災から難を免れた鐘楼門

地図
P25-E

寺はもともと境内から離れた阿讃山脈の麓、法地ヶ谷御門堂という所にあった。この寺には昔から仏法を守護する白蛇が棲んでいた。弘仁六年（815）、弘法大師がこの地方を巡錫されていた時、白蛇を見つけた。白蛇は仏の使いであることから、大師は釈迦の涅槃像を刻み、本尊として一寺を建立し白蛇山法林寺と号した。以来、寺は壮大な伽藍を誇っていたが、戦国時代にこの地を襲った長宗我部軍の兵乱の激戦区にあたり、境内は兵火によってすべて焼失。その後土石流の影響もあり、正保年間（1644〜1648）に半里南下した現在地に仁和寺の快眼上人が本尊を移転し、寺名を正覚山法輪寺と改名して復興した。しかし、安政六年（1859）に村人たちが浄瑠璃芝居の稽古をしていた際、残り火から出火し、鐘楼門だけを残して焼失してしまう。現在ある本堂や大師堂などは、明治時代に再建されたものだ。納経所が新しくなり、車椅子で入れるトイレもできた。本堂には健脚祈願のわらじが多数奉納されている。堂内には八十八ヶ所唯一と言われる寝姿の仏像が祀られている。この涅槃釈迦如来像は、釈迦がクシナガラ沙羅双樹の下で入定した際に、北枕に顔は西向き、右脇を下に横に寝ている涅槃の姿を表している。その傍らには、釈迦を慕う弟子たちや動物たちの嘆き悲しむ像が安置されている。御開帳は五年に一度で、最近では平成二十七年十一月二十九日に行われた。

奉納された健康祈願の「足腰お願い草鞋」

本尊 涅槃釈迦如来
真言 のうまく さんまんだ ぼだなん ばく
宗派 高野山真言宗
住所 阿波市土成町土成田中198-2
電話 088・695・2080
宿坊 なし

駐車場から境内まで徒歩1分

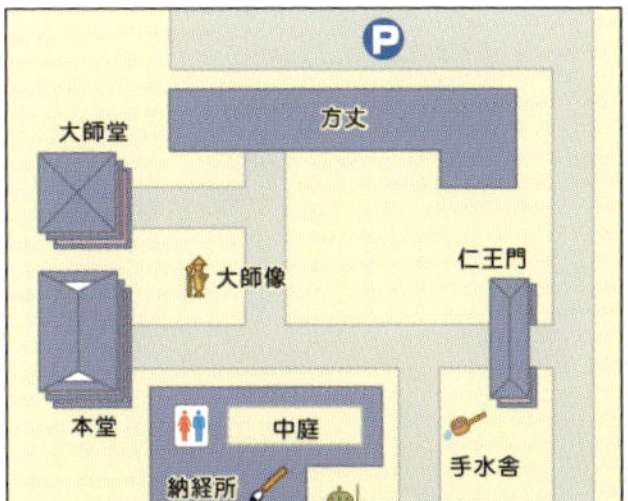

← 10番切幡寺まで4キロ

第10番

得度山《とくどざん》　灌頂院《かんじょういん》

切《きり》幡《はた》寺《じ》

333段の石段を上がり本堂へ

乙女が化身したはたきり観音

地図
P25-E

弘仁四年（813）、この地で習法していた弘法大師は、結願の七日目にほころびた僧衣を繕うために、いくばくかの布を機織りの乙女に所望された。乙女は、織りかけていた布を惜し気もなく切って差し出した。その厚意に感動した大師は、乙女の願いを聞き、千手観音の尊像を刻み、乙女を得度させ更に灌頂を授けた。すると乙女は即身成仏し、身体から七色の光明が放たれ、千手観音菩薩の姿に変わった。そこで大師はこのことを嵯峨天皇に奏請して一寺を建立。乙女を得度させたから得度山、灌頂を授けたので灌頂院、布を切って大師に差し上げたから切幡寺と名付けた。本尊は二躰あり、大師作の千手観音菩薩は南向き、女人即身成仏の千手観音菩薩は北向きに安置した。

国の重要文化財に指定されている大塔は、徳川二代将軍秀忠が大阪の住吉神宮寺に再建寄進したものを、明治維新で神宮寺が廃寺となったため、第四十五世住職天祐上人が当時残っていた西塔を買い取り、明治六年（1873）から十五年かけて移築した。明治四十二年（1909）祝融の災に遭い、全ての伽藍を一夜にして失ったものの、この塔のみは火難を免れた。そのため現在でも元和四年（1618）の再興時のままの姿が残り、歴史的にも日本における重要な建造物になっている。山の中腹にあることから自然環境にも恵まれ、四季折々に様々な表情を見せてくれる。春の季節は梅や桜が咲き乱れ、名所としても名高く、境内からの眺めも素晴らしい。

本尊　千手観世音菩薩
真言　おん　ばざら　たまら　きりく
宗派　高野山真言宗
住所　阿波市市場町切幡字観音129
電話　0883・36・3010
宿坊　なし

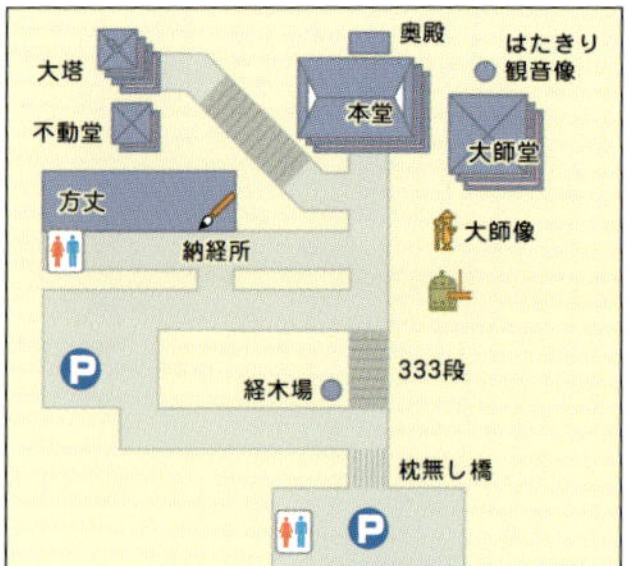

駐車場から境内まで徒歩1分

← 11番藤井寺まで12キロ

第11番

金剛山《こんごうざん》

藤《ふじ》井《い》寺《でら》

万延元年(1860)に再建された大師堂

仁王門をくぐると藤棚が広がる

地図 P26-F

弘仁六年(815)弘法大師四十二歳の時、厄難を祓い、衆生の安寧を願って薬師如来の本像を刻んで堂宇を建立。金剛不壊の護摩壇を八畳岩に築き、金剛不壊の道場として、十七日間の御修法を行ない、境内の堂塔の前に五色の藤を手植えしたとの由来から、金剛山藤井寺の寺号となる。本尊は平安時代の銘が入り、年号が入るものとしては四国霊場最古の仏像で国の重要文化財。その後、真言密教の道場として栄えて、山全体に七堂伽藍が建ち並んで荘厳な美を極める真言大寺院と発展した。天正年間(1573~1592)の兵火で本尊を除く全てを焼失。延宝二年(1674)に阿波藩主が帰依していた臨済宗慈光寺の南山国師が再興し、この時に臨済宗に改めている。天保三年(1832)の火災で再び、本尊以外の伽藍はすべて焼失した。現在の伽藍は、幕末、江戸時代後期に再築される。

本堂天井に三十畳程の大きさで描かれた雲龍は、本堂を全面改修した昭和五十二(1977)年に描かれたもので、地元鴨島町出身の林雲渓の作。睨みをきかせた鋭い眼光は迫力満点だ。大師お手植えと伝わる藤棚の見頃は四月下旬から五月上旬頃で、紫のノダ藤、八重咲きで濃い紫のレンゲ藤に、ピンク、小豆色などの花が見事に咲き競う。境内には白龍弁財天を祀ったお堂がある。八本の手には蔵の鍵や弓、矢など様々な物を持ち、金運や武術の上達、芸事の上達などの願いごとを叶えてくれる。

本尊 薬師如来
真言 おん　ころころ　せんだり　まとうぎ　そわか
宗派 臨済宗妙心寺派
住所 吉野川市鴨島町飯尾1525
電話 0883・24・2384
宿坊 なし

駐車場から境内まで徒歩1分

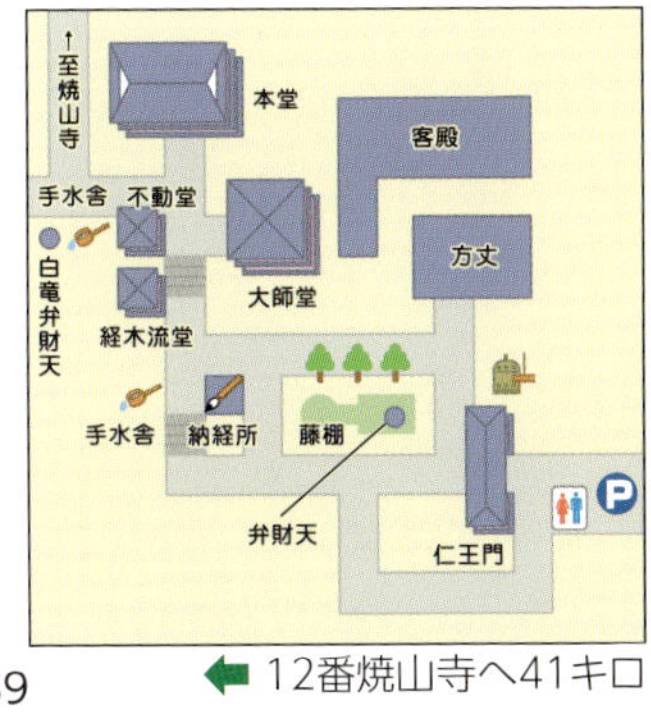

12番焼山寺へ41キロ

第12番

摩廬山《まろざん》 正寿院《しょうじゅいん》

焼山寺《しょうさんじ》

地図 P26-G

文化5年（1808）創建以来、新しく建立された大師堂

四国霊場で二番目に高い場所にある本堂

焼山寺は、大宝年間（701〜704）に役行者・小角が山岳修験のため庵を結び、蔵王権現を祀ったのが始まり。標高九百三十八mの山腹に建つ第十二番焼山寺への山道は、修験道の修行地にふさわしく、昔ながらの遍路道の面影を残し、大師所縁の遺跡も多い。

この山には神通力を持った大蛇が棲んでおり、火を噴き、山を焼いて村人を苦しめていた。弘法大師が修行のため登山したときも、全山火の海になり大蛇が妨害したという。大師が垢離取川で身を清め、印を結び真言を唱えながら山に登ると火は消えていった。しかし、九合目まで登ると、今まで村人を苦しめた大蛇が大師を襲ってきた。その時、光明と共に虚空蔵菩薩が現れ、菩薩の加護により弘法大師が大蛇を岩窟に封じ込めた。その岩窟は、境内から歩いて約三十分の奥の院へ行く途中の道筋に残っている。大師は村人の招福徐災を願い、三面大黒天を謹刻され、岩窟に安置し護摩の秘法を勤修して以来、天変地異が起こらなくなったという。弘法大師が自らが刻んだ虚空蔵菩薩を本尊をとし、寺号を大蛇の火の山にちなみ「焼山寺」と名付けた。山号は梵語で水輪を意味する摩廬から「摩廬山」と定めた。寺より一・六km下れば、お遍路の元祖とされる衛門三郎の遺跡「杖杉庵」。大師を慕い、二十一回目の逆打ちで大師と出会うことが叶い、この場所で仏となった。

本尊 虚空蔵菩薩
真言 のうぼう　あきゃしゃきゃらばや　おんありきゃ　まりぼり　そわか
宗派 高野山真言宗
住所 名西郡神山町下分地中318
電話 088・677・0112
宿坊 1泊2食6000円（冬期休業）

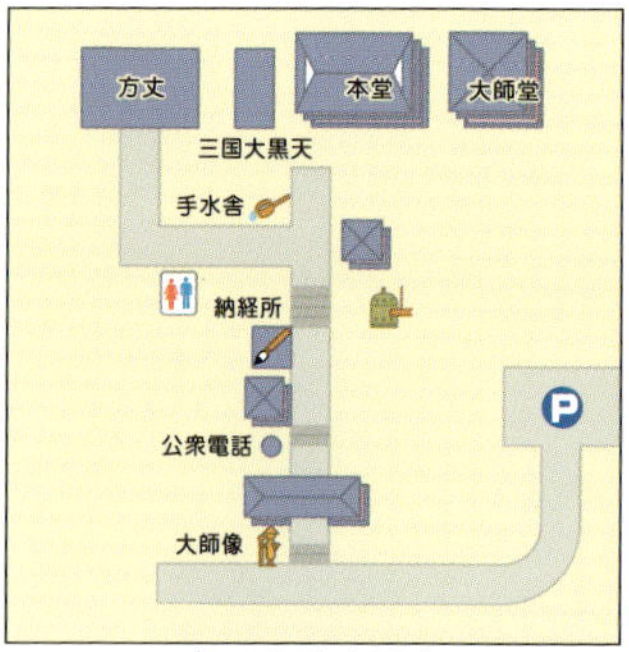

駐車場から境内まで徒歩10分

13番大日寺へ27キロ

第13番

大栗山《おおぐりざん》 華蔵院《けぞういん》

大日寺《だいにちじ》

境内の西側にある本堂、向かい合う東側に大師堂が建つ

平成18年（2006）に復興建築された山門

地図 P27-H

大日寺は、阿波一の宮神社と県道21号をはさんで向い合せに建つ。弘仁六年（815）に弘法大師がこの地に巡錫され「大師ヶ森」に堂を結び、護摩修法をされているとき、紫雲が舞い降りて大日如来が姿を現わしたという。そして「この地は霊地なれば、一宇を建立すべし」と告げられた。そこで大師は、尊影の大日如来を刻み本尊とし、堂宇を建立し霊場に定めた。天正年間（1573〜1592）の兵火により創建時の堂宇はすべて焼失したが、大師が刻んだ大日如来、行基作の本尊・十一面観世音菩薩などの貴重な仏像は難を逃れた。諸国に国の総鎮守である一宮が建てられたとき、その別当寺となり現在の所に移り、門前の一の宮神社を管理した。明治時代の神仏分離令により、一の宮神社にあった十一面観世音菩薩は大日寺の本尊となり、もとの本尊の大日如来は脇侍仏になった。県道から数段の石段を上がり、平成十八年（2006）に完成した山門で手を合わせると、正面に「しあわせ観音」が建っている。合掌する両手の中に小さな観音像があり、蓮を手に持ち微笑んでいた。その名の通り、幸せを願い祈ると、幸福になれるとされ、多くの参拝客に親しまれている。しあわせ観音の裏側には小さな池があり竜王像を取り囲むように七福神像が並ぶ。本堂前に右手を挙げて座っているのは撫で仏のおびんずる様で、願いごとを唱えながら撫でると、願いが叶えられると伝わる。

本尊 十一面観世音菩薩
真言 おん まか きゃろにきゃ そわか
宗派 真言宗大覚寺派
住所 徳島市一宮町西丁263
電話 088・644・0069
宿坊 1泊2食6300円

駐車場から境内まで徒歩3分

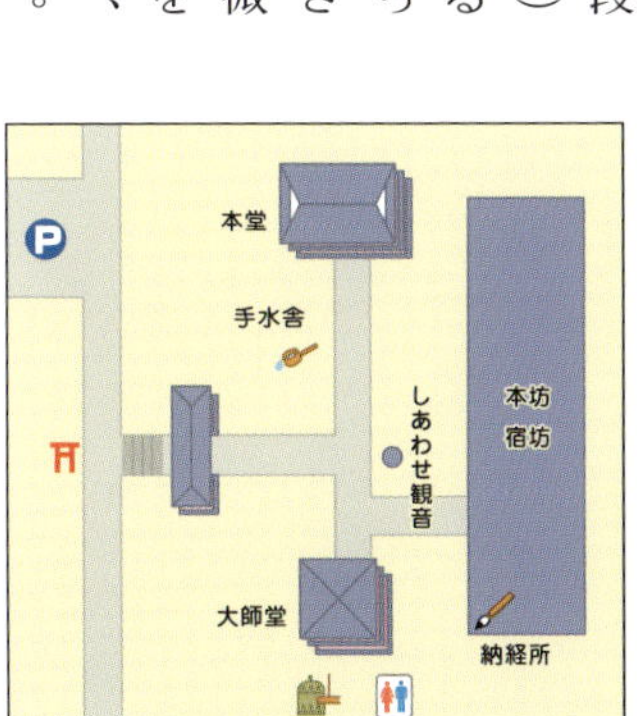

← 14番常楽寺まで3キロ

第14番

盛寿山《せいじゅざん》 延命院《えんめいいん》

常楽寺《じょうらくじ》

自然の大岩盤でできた「流水岩の庭園」に立つ大師堂

「あららぎの霊木」が枝を広げる本堂

地図 P27-H

弘法大師がこの地で弘仁六年(815)、真言秘法を十七日間修すると弥勒菩薩が多くの菩薩を従えて現れ、説法をしたという。大師は直ちに感得し、尊像を霊木に刻んで中堂に安置し、四国霊場第十四番の本尊に定めたと伝わる。四国霊場の中で唯一の弥勒菩薩は、釈迦入滅後、五十六億七千万年後にこの世に現れて衆生を救済するといわれる未来仏。

本堂に覆い被さるように枝を広げている、高さ十mの巨木がある。別名「あららぎの霊木」と呼ばれ、大師が挿し木して育ったと伝わる霊木だ。糖尿病や眼病に霊験を発揮するとされ、見上げる木の股に「あららぎ大師」が祀られる。

大岩盤が露出した「流水岩の庭園」の一番奥に本堂、その右手に愛染堂と大師堂が建つ。伽藍は大師の弟子である真然僧正、祈親法師らによって整備され、室町時代には細川家の祈願所として栄えた。しかし、天正年間(1573~1592)、土佐の長宗我部軍の兵火で焼失。万治二年(1659)、阿波の藩主・蜂須賀光隆氏によって再興され、溜池築造のため文化十五年(1818)に現在地に移されたという。奥の院慈眼寺には、生木地蔵という地蔵尊が祀られている。越中国高岡の田中喜八という遍路が境内で通夜した際、「本堂前の桧に地蔵尊を勧請せよ。祈願するものには必ず一願をかなへしめん」との大師の夢告があり、桧に地蔵尊を彫刻をして安置したといわれる。

本尊 弥勒菩薩

真言 おん まい たれいや そわか

宗派 高野山真言宗

住所 徳島市国府町延命606

電話 088・642・0471

宿坊 なし

駐車場から境内まで徒歩2分

← 15番國分寺まで1キロ

第15番

薬王山《やくおうざん》　金色院《こんじきいん》

國《こく》分《ぶん》寺《じ》

地図 P27-H

風格ある山門の正面に本堂が建つ

天平十三年（741）聖武天皇の勅命で諸国に造営された国分寺のひとつ。宗派は平安期に法相宗から古義真言宗となり、天正時代に兵火で焼失したが、寛保元年（1741）に阿波藩郡奉行の命により吼山養師和尚が再興し、禅宗・曹洞宗となり山号を薬王山と改めた。山門を入ると、正面に重層入母屋造の本堂が建ち、安土桃山時代を代表する石組庭園に囲まれている。

本尊　薬師如来
真言　おん　ころころ　せんだり　まとうぎ　そわか
宗派　曹洞宗
住所　徳島市国府町矢野718-1
電話　088・642・0525
宿坊　なし

駐車場は山門横に隣接

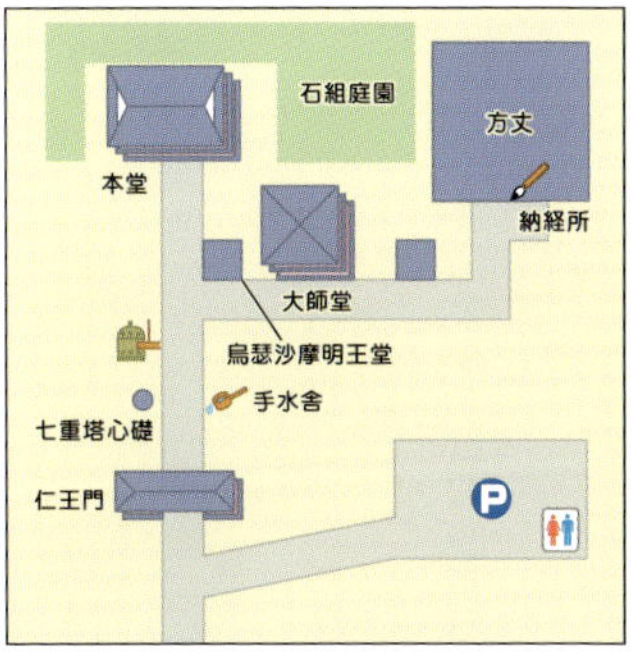

← 16番観音寺まで2キロ

第16番

光耀山《こうようざん》　千手院《せんじゅいん》

観《かん》音《おん》寺《じ》

地図 P27-I

重層の鐘楼門をくぐると、十数歩で本堂

第四十五代聖武天皇の勅願道場として創立。弘仁七年（816）弘法大師巡錫の砌、当山に滞留し、等身大の千手観世音菩薩像を刻み本尊として安置。脇侍に悪魔降伏の不動明王像、鎮護国家の毘沙門天像を一刀三礼の誠を尽くして刻む。その後、長宗我部軍の兵火で灰燼に帰したが、万治二年（1659）に、藩主・蜂須賀公の命により宥応法師が再興した。

本尊　千手観世音菩薩
真言　おん　ばざらたらま　きりく
宗派　高野山真言宗
住所　徳島市国府町観音寺49-2
電話　088・642・2375
宿坊　なし

駐車場は納経所前に隣接

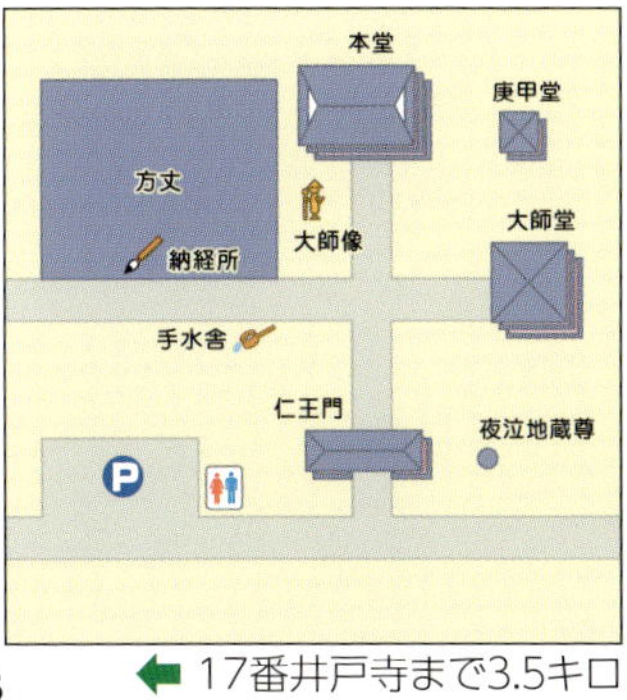

← 17番井戸寺まで3.5キロ

第17番

瑠璃山《るりざん》 真福院《しんぷくいん》

井《い》戸《ど》寺《じ》

地図 P27-I

薬師瑠璃光如来を中心に、諸仏を間近に拝観できる本堂

健康を占う「面影の井戸」がある日限大師堂

天武天皇の勅願道場として、白鳳二年（673）の開基。弘法大師が四国八十八ヶ所開創の砌、当寺に留錫され昼夜斎戒沐浴して、八尺余り（約一・九m）の十一面観音菩薩を刻まれた。貞治元年（1362）と天正十年（1582）にも兵火により再び罹災したが、万治四年（1661）に、蜂須賀光隆公により本堂が再建。内陣中央に聖徳太子の作といわれる主尊の薬師瑠璃光如来座像が安置され、左右に三躰の薬師像、計七躰の薬師如来像が並んでいる。「七仏薬師如来」の寺は全国でも珍しく、男女厄除の守護仏として、七難即滅、七福即生、開運厄除、難病平癒の霊験あらたかという。脇仏の日光、月光菩薩は行基の作とされ、脇侍四天王四躰、十二神将十二躰と共に威光を放っている。朱塗りの仁王門は、阿波藩主蜂須賀重喜公が寄進した大谷別邸の長屋門を譲り受けて移築。両側の仁王像は四国最大級で、仁王像の裏側には大草鞋が飾られている。

六角堂には不動明王を安置。毎月二十八日に護摩を修法し、善男善女が諸難皆除、交通安全のご利益を授かっている。境内の中央に位置する「日限大師」は、寺号の由来でもある伝説の井戸だ。大師が当地方の濁水なるをあわれみ、錫杖にて一夜のうちに清水を湧出させた。大師一夜建立の井戸として有名になり、寺号を井戸寺と改めた。井戸の傍らには、弘法大師が自らの姿を井戸の水面に映して、岩に刻んだという石像がある。

本尊	七仏薬師如来
真言	おん　ころころ　せんだり　まとうぎ　そわか
宗派	真言宗善通寺派
住所	徳島市国府町井戸北屋敷80-1
電話	088・642・1324
宿坊	なし

駐車場は境内に隣接

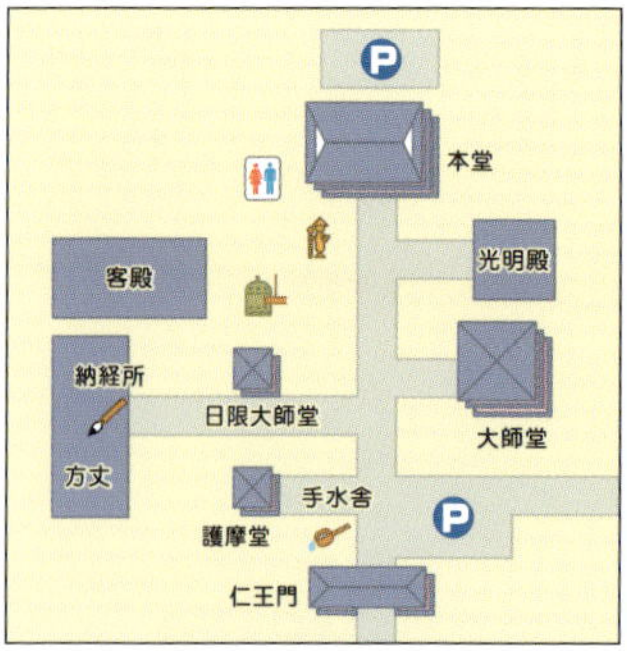

← 18番恩山寺まで20キロ

第18番

母養山《ぼようざん》　宝樹院《ほうじゅいん》

恩《おん》山《ざん》寺《じ》

阿波藩主の庇護を受け、文政年間（1818〜1831）に建立された本堂

大師堂の右横に玉依御前の剃髪堂が並ぶ

聖武天皇の勅願により、行基菩薩が厄除けのために薬師如来を刻み本尊として開基。大日山福生院密厳寺と号し、災厄悪疫を救う女人禁制の道場であった。延暦年間（782〜806）に弘法大師がこの寺へとどまったとき、讃岐から母君の玉依御前が訪ねてきた。だが、寺は女人禁制。「花折り坂」という坂から上には、女性が立ち入ることはできなかった。大師は仁王門の辺りで一七日の秘法を修して女人解禁の祈念を成就し、母君を寺に招き入れて孝養した。やがて母君は剃髪して、その髪を納められたので、寺号を母養山恩山寺と改めた。この時大師が修行したのが、赤い欄干の架かる橋の下であり、そのことを記念して、その後、弘仁五年（814）大師四十一歳の時、自像を刻まれ大殿に安置され、「我が願いは末世薄福の衆生の難厄を除かん」と誓われた。

参道には、平成十四年（2002）に建立した修行大師像が立つ。石段を上がると左手に大師堂があり、弘仁五年（814）、四十一歳の時に大師が自らの像を彫刻された大師像を安置している。人々に福が訪れ、難厄を免れ、参拝者のいかなる罪も消えるようにと、祈願しながら彫られたという。その右の御母公堂には、玉依御前の髪毛が奉納され、「たらちねの　母こそしのぐ恩山寺　大師の利生あらたなりけり」と、御詠歌が掛けられている。門柱側の堂宇に、釈迦十大弟子像と地蔵堂が祀られ、背後には千体仏が安置されている。

地図 P28-J

本尊　薬師如来
真言　おん　ころころ　せんだり　まとうぎ　そわか
宗派　高野山真言宗
住所　小松島市田野町恩山寺谷40
電話　0885・33・1218
宿坊　なし

駐車場から境内まで徒歩2分

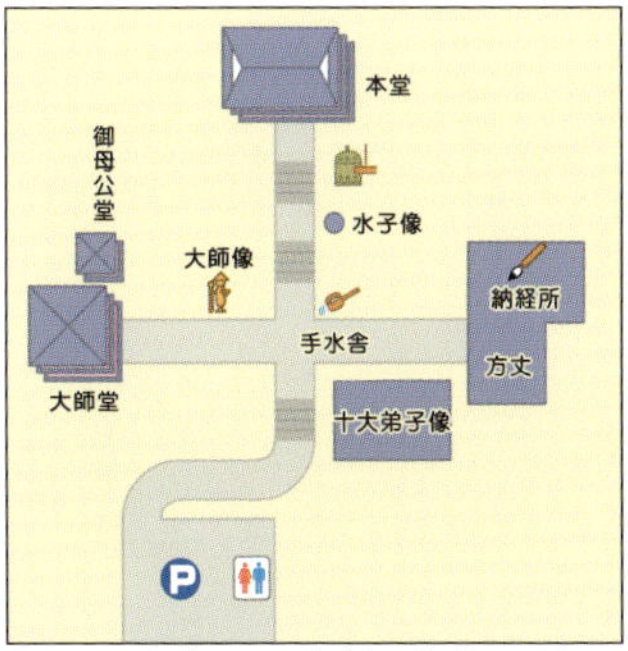

← 19番立江寺まで5キロ

第19番

橋池山《きょうちざん》 摩尼院《まにいん》

立江寺《たつえじ》

地図 P28-K

本堂の天井画には、賓頭盧尊者や寿老人も描かれている

行基菩薩が白鷺に暗示を受けたとされる橋

聖武天皇の天平年間（729〜749）、行基菩薩が光明皇后の安産を祈願し、念持仏として一寸八分（五・五㎝）の黄金の「子安の地蔵さん」を彫造。これを「延命地蔵尊」と命名し、本尊として堂塔を建立した。その後、弘仁六年（815）、弘法大師が当寺を訪れ、小像の本尊では後世になって紛失するおそれがあると、自ら一刀三礼して高さ6尺（一・九m）の延命地蔵菩薩を刻んだ。その胎内に行基菩薩作、黄金の仏像を納め、寺号を立江寺として第十九番霊場に定めた。この当時は、現在地より西へ四百m離れた、現在の奥の院がある場所にあった。天正年間（1573〜1592）に土佐の戦国武将・長宗我部元親が阿波の地を攻めてきた時の兵火で、御本尊のみを残して灰燼となった。その後、阿波初代藩主・蜂須賀家政公の篤い帰依により、現在地に再興。昭和四十九年（1974）十月二十八日未明の祝融の災により、本堂他諸堂を焼失したが、本尊はまたも奇跡的に難をのがれ、昭和五十二年（1977）に復興事業が完成。

仁王門を入ると、毘沙門天堂、子授地蔵尊があり、左側の石段を上がった所に本堂と鐘楼が見える。本堂をはさみ左に観音堂、右には護摩堂と方丈客殿が連なる。大師堂は本堂と向かい合い、修行大師像の横に前住職・庄野琳真師の発願で建立された多宝塔がある。本堂の天井画は東京芸術大学の教授らにより描かれ、花鳥風月などが金色に輝く。

本尊 延命地蔵大菩薩
真言 おん　かかかび　さんまえい　そわか
宗派 高野山真言宗
住所 小松島市立江町若松13
電話 0885・37・1019
宿坊 1泊2食6500円

駐車場から境内まで徒歩1分

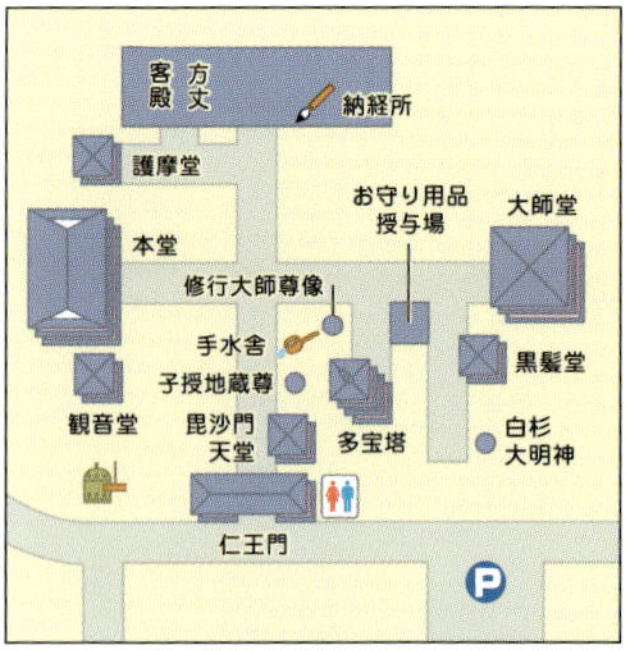

← 20番鶴林寺まで14キロ

第20番

霊鷲山《りょうじゅざん》　宝珠院《ほうじゅいん》

鶴《かく》林《りん》寺《じ》

地図 P29-L

山岳霊場の面影が漂う仁王門

本堂の前に鶴と地蔵菩薩が立つ

　延暦十七年（798）、桓武天皇の勅願により、弘法大師によって開創。大師が鶴ノ嶽で修行中に瑞雲がたなびき、雌雄二羽の白鶴が黄金の地蔵菩薩を守護しながら老杉の梢から舞い降りてきた。この情景を見て歓喜した大師は、一刀三札一木の地蔵菩薩を彫造し、黄金地蔵をその胎内に収め本尊とした。山頂の形容がインドで釈尊が説法をしたと伝えられる鷲峰山に似ていることから山号を霊鷲山、裟羅双樹林の風姿と本尊降臨の由来によって寺号を鶴林寺と名付けた。以来、勅願寺として歴代の天皇の帰依が篤い。源頼朝、義経、蜂須賀家政などの武将たちも深く信仰し、塔頭七ヶ寺、末寺十五ヶ寺をもつ中本寺として威風を保ってきた。二十一番札所の太龍寺と向かい合う位置にあり、太龍寺は金剛界道場、そしてこの鶴林寺は胎蔵界道場と呼ばれている。

　お鶴さんと地元の人々に親しまれるこの寺は、阿波遍路の三大難所のひとつ。山岳霊場の面影が色濃く漂う標高五百五十mの山頂付近に建ち、樹齢八百年以上の老杉や檜の巨木が参道を覆う。本尊が降臨した杉の木は、今でも本堂の左手にあり、信仰の厚い者は白鶴を見ることができると言われている。その杉の霊木の横には、大師自らがお手植になった菩提樹がある。本堂の右手にある三重塔は文政六年（1823）に建立。和・唐折衷様式で、江戸末期における代表的建築物。本堂に向かう石段の近くには徳島県では最古、南北朝時代に建立された十一基の丁石が残る。

本尊　地蔵菩薩
真言　おん　かかかび　さんまえい　そわか
宗派　高野山真言宗
住所　勝浦郡勝浦町生名鷲ヶ尾14
電話　0885・42・3020
宿坊　休業中

駐車場から境内まで徒歩2分

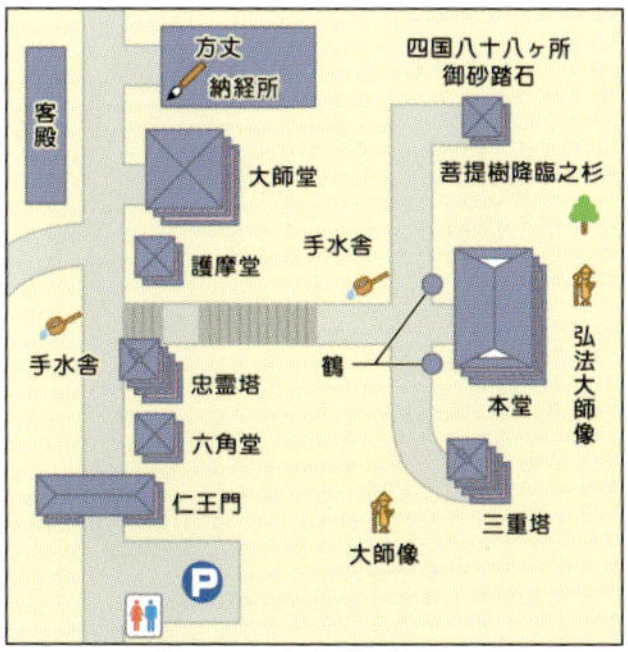

21番太龍寺まで10キロ

第21番

舎心山《しゃしんざん》　常住院《じょうじゅういん》

太龍寺《たいりゅうじ》

地図 P29-L

若き大師が二度修行に訪れている古刹

桓武天皇の勅願により弘法大師が自ら本尊虚空蔵菩薩を刻み本堂に安置し開基。古来より西の高野と呼ばれ、若き日の弘法大師修行の地。大師の著作「三教指帰」に『十九歳の時　阿国太龍獄に登り　虚空蔵求聞持の法を修し…』とあり、舎心ヶ嶽の切り立った岩壁の上に大師の座像がある。持仏堂廊下の天井で、迫力ある龍が睨みをきかせる。

本尊　虚空蔵菩薩
真言　のうぼう　あきゃしゃきゃらばや　おん　ありきゃ　まりぼり　そわか
宗派　高野山真言宗
住所　阿南市加茂町龍山2
電話　0884・62・2021
宿坊　なし

駐車場から境内まで徒歩30分

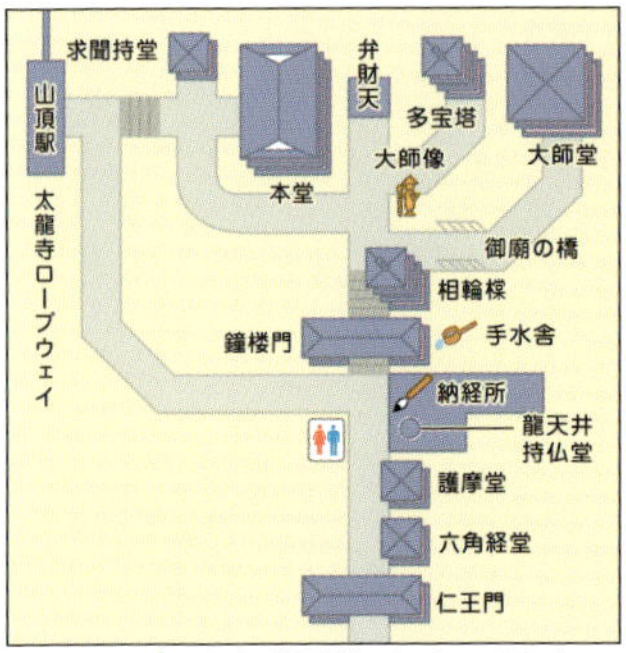

22番平等寺まで12キロ

第22番

白水山《はくすいざん》　医王院《いおういん》

平等寺《びょうどうじ》

地図 P30-M

田園風景の中、鮮やかな幕が山門に映える

弘法大師が弘仁五年（814）厄除け修行で巡錫したとき、空に五色の瑞雲がたなびいて、現れた金色の大日如来の梵字は薬師如来に姿を変え、光明が四方に輝いた。そこで大師が加持水を求めて杖で井戸を掘ると乳白色の霊水が溢れた。大師は、この水で体を清めて百日間の修行の後に薬師如来像を刻み、本像として安置。一切衆生を平等に救済する祈りを込めて開山された。

本尊　薬師如来
真言　おん　ころころ　せんだりまとうぎ　そわか
宗派　高野山真言宗
住所　阿南市新野町秋山177
電話　0884・36・3522
宿坊　なし

駐車場は山門前に隣接

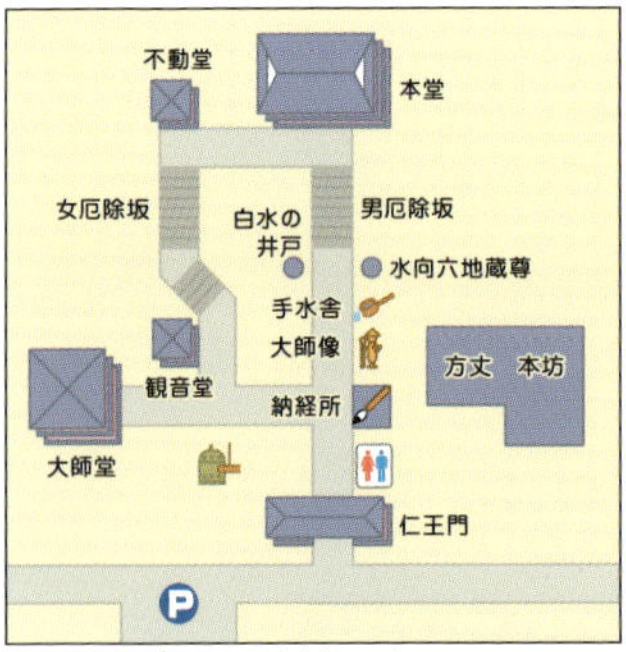

23番薬王寺まで22キロ

第23番

医王山《いおうざん》 無量寿院《むりょうじゅいん》

薬王寺《やくおうじ》

地図 P30-N

歴代の天皇から篤い保護を受けてた薬王寺

随求の鐘を木片で歳の数だけ叩き祈願する

神亀三年（726）、行基菩薩が聖武天皇の勅願を受け、この地に巡錫し一寺を建立。その後、弘仁六年（815）弘法大師が平城天皇から、衆生の厄除け祈願寺を開くようにとの勅命を受け、本尊の厄除薬師如来坐像を刻んで安置し、厄除けの根本祈願寺とした。

この厄除け本尊の功徳を平城天皇、嵯峨天皇、淳和天皇に奏上したところ、歴代の天皇が厄除け祈願をするために勅使を遣わしたという。文治四年（1188）の火災で堂宇を焼失しているが、本尊の薬師如来は光を放ちながら飛び去り、奥の院・玉厨子山に避難した。その後嵯峨天皇が伽藍を再建し、新しい薬師如来像を安置したところ、避難していた薬師如来が再び飛び戻り、新しい像の後ろに座られたという。それからは「後ろ向き薬師」として秘仏にされている。開創以来、幾度かの火災や天正の兵火などで焼失・再建をくり返したが、現在の本堂は明治四十一年（1908）に再建された。

厄除けの寺として全国に名を馳せ、参拝する人が後を絶たない。本堂に向かう最初の石段は、女厄坂といわれる三十三段、次は男厄坂四十二段、本堂右から瑜祇塔までは、男女の還暦厄坂の六十一段からなる。各石段の下には『薬師本願経』を小石に一字ずつ書かれたものが埋められていて、一段ごとに賽銭を置きながら上がっていく。瑜祇経では戒壇めぐりができ、大師の一生を著した「高野大師行状図画」を展示している。

本尊 厄除薬師如来
真言 おん ころころ せんだり まとうぎ そわか
宗派 高野山真言宗
住所 海部郡美波町奥河内字寺前285-1
電話 0884・77・0023
宿坊 1泊2食6980円～

駐車場は山門前に隣接

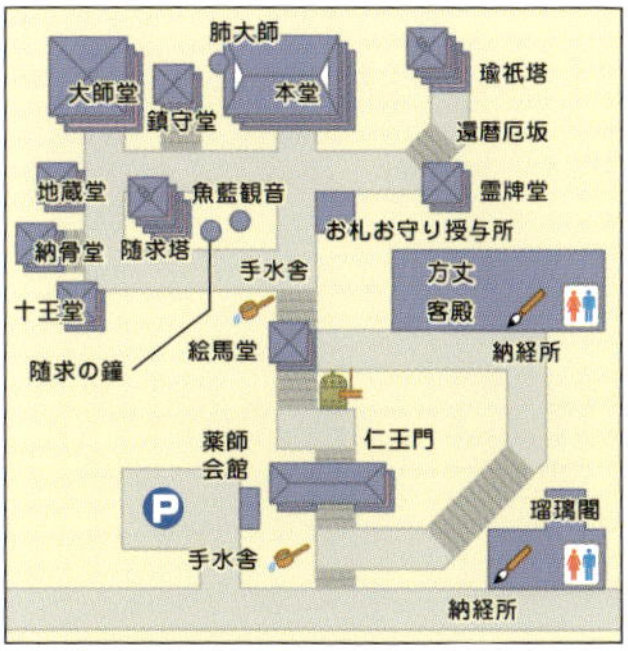

第24番最御崎寺まで75キロ

宿泊先一覧

1番札所 霊山寺	**ルネッサンス リゾート ナルト** TEL 088-687-2580 鳴門市鳴門町土佐泊浦字大毛16-45 1泊2食付22,830円～、208室 鳴門北ICを降り左折すぐ 1番霊山寺へ車で**30分**
	旅館 さぬきや(四国一番館) TEL 088-686-3301 鳴門市撫養町弁財天字三ツ井丁39 1泊2食付8,700円～、15室 鳴門北ICから車で13分 1番霊山寺へ車で**10分**
	一般社団法人 阿波椿(旅館 かどや椿荘) TEL 088-689-0705 鳴門市大麻町板東字西山田8 1泊2食付7,300円、7室 板野ICから車で10分 1番霊山寺へ車で**1分**
	ホテルクレメント徳島 TEL 088-656-3111 徳島市寺島本町西1丁目61 1泊(ダブル)15,444円～、250室 徳島ICから車で20分 1番霊山寺へ車で**40分**
10番札所 切幡寺	**セントラルホテル鴨島** TEL 0883-24-8989 吉野川市鴨島町鴨島471-2 1泊5,700円～、29室 10番切幡寺から車で**20分** 11番藤井寺へ車で**10分**
12番札所 焼山寺	**民宿 明日香** TEL 088-676-1158 名西郡神山町神領本上角68 1泊2食付7,000円～、12室 12番焼山寺から車で**20分** 13番大日寺へ車で**20分**
	神山温泉 ホテル四季の里 TEL 088-676-1117 名西郡神山町神領本上角80-2 1泊2食付12,960円、20室 12番焼山寺から車で**30分** 13番大日寺へ車で**20分**
13番札所 大日寺	**名西旅館・花** TEL 088-644-0025 徳島市一宮町西丁234 1泊2食付7,000円、14室 13番大日寺に**隣接** 14番常楽寺へ車で**10分**
17番札所 井戸寺	**民宿ちば** TEL 0885-33-1508 小松島市田野町恩山寺谷21 1泊2食付7,020円、11室 17番井戸寺から車で**40分** 18番恩山寺へ車で**2分**
19番札所 立江寺	**民宿 金子や** TEL 0885-42-2721 勝浦郡勝浦町生名石垣3-1 1泊2食付6,480円、8室 19番立江寺から車で**25分** 20番鶴林寺へ車で**25分**
	月ヶ谷温泉 月の宿 TEL 0885-46-0203 勝浦郡上勝町福原平間71-1 1泊2食付10,500円～、16室 19番立江寺から車で**45分** 20番鶴林寺へ車で**45分**
22番札所 平等寺	**椿自然園** TEL 0884-33-1127 阿南市椿町瀬井45 1泊2食付11,000円～、6室 22番平等寺から車で**30分** 23番薬王寺へ車で**30分**
	国民の宿 うみがめ荘 TEL 0884-77-1166 海部郡美波町日和佐浦370-4 1泊2食付6,900円～、35室 22番平等寺から車で**35分** 23番薬王寺へ車で**5分**
	民宿 弘陽荘 TEL 0884-77-1006 海部郡美波町奥河内本村70 1泊2食付6,500円、15室 22番平等寺から車で**40分** 23番薬王寺へ車で**5分**
23番札所 薬王寺	**HOTEL RIVIERA ししくい** TEL 0884-76-3300 海部郡海陽町宍喰浦字松原226-1 1泊2食付13,367円～、28室 23番薬王寺から車で**45分** 24番最御崎寺へ車で**50分**

宿泊料金は、大人1人で平日に1室利用した場合の料金(税・サ込)です。季節や曜日による料金変動や、四国遍路に限り割引プランがある宿もあります。予約時にご確認ください。

札所迄の時間は目安です。道路事情や通行道の選択により変わります。

左枠内の寺名は、巡拝当日の打ち留め寺(霊山寺を除く)です。

※情報は、平成28年7月現在のものです。料金など変更になる場合があります。

高知県【土佐】
修行の道場

土佐　修行の道場。
海岸沿いの道を歩く
厳しさと癒しの道のり…

一歩一歩、海辺の道を踏みしめ
きらめく海に無情の喜びを感じる。

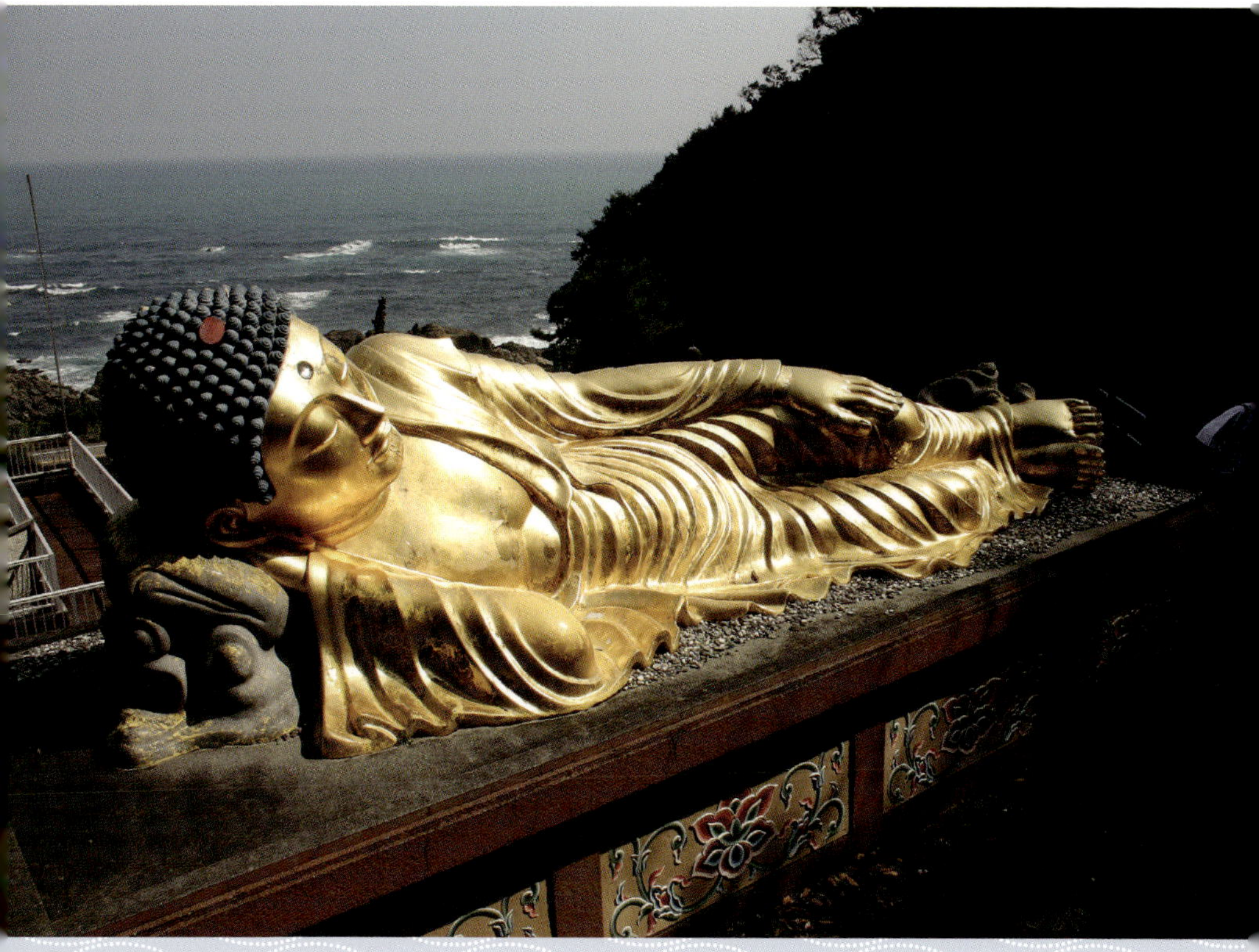

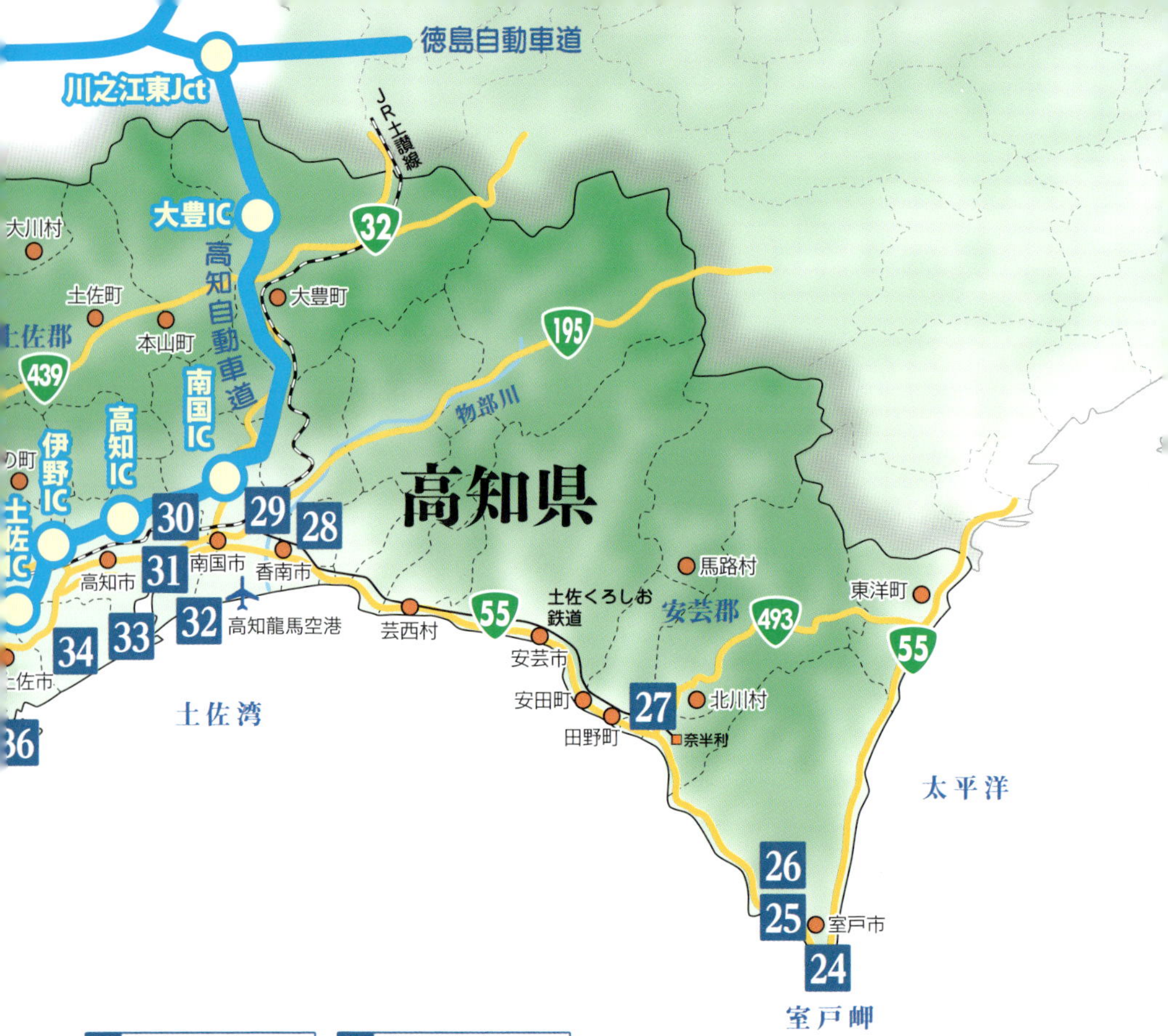

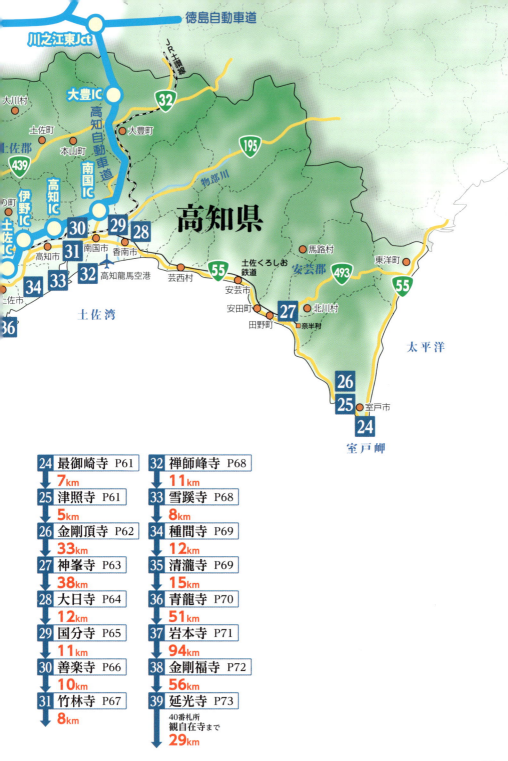

24 最御崎寺 P61
↓ 7km
25 津照寺 P61
↓ 5km
26 金剛頂寺 P62
↓ 33km
27 神峯寺 P63
↓ 38km
28 大日寺 P64
↓ 12km
29 国分寺 P65
↓ 11km
30 善楽寺 P66
↓ 10km
31 竹林寺 P67
↓ 8km
32 禅師峰寺 P68
↓ 11km
33 雪蹊寺 P68
↓ 8km
34 種間寺 P69
↓ 12km
35 清瀧寺 P69
↓ 15km
36 青龍寺 P70
↓ 51km
37 岩本寺 P71
↓ 94km
38 金剛福寺 P72
↓ 56km
39 延光寺 P73
↓ 40番札所 観自在寺まで 29km

高知県【土佐】修行の道場

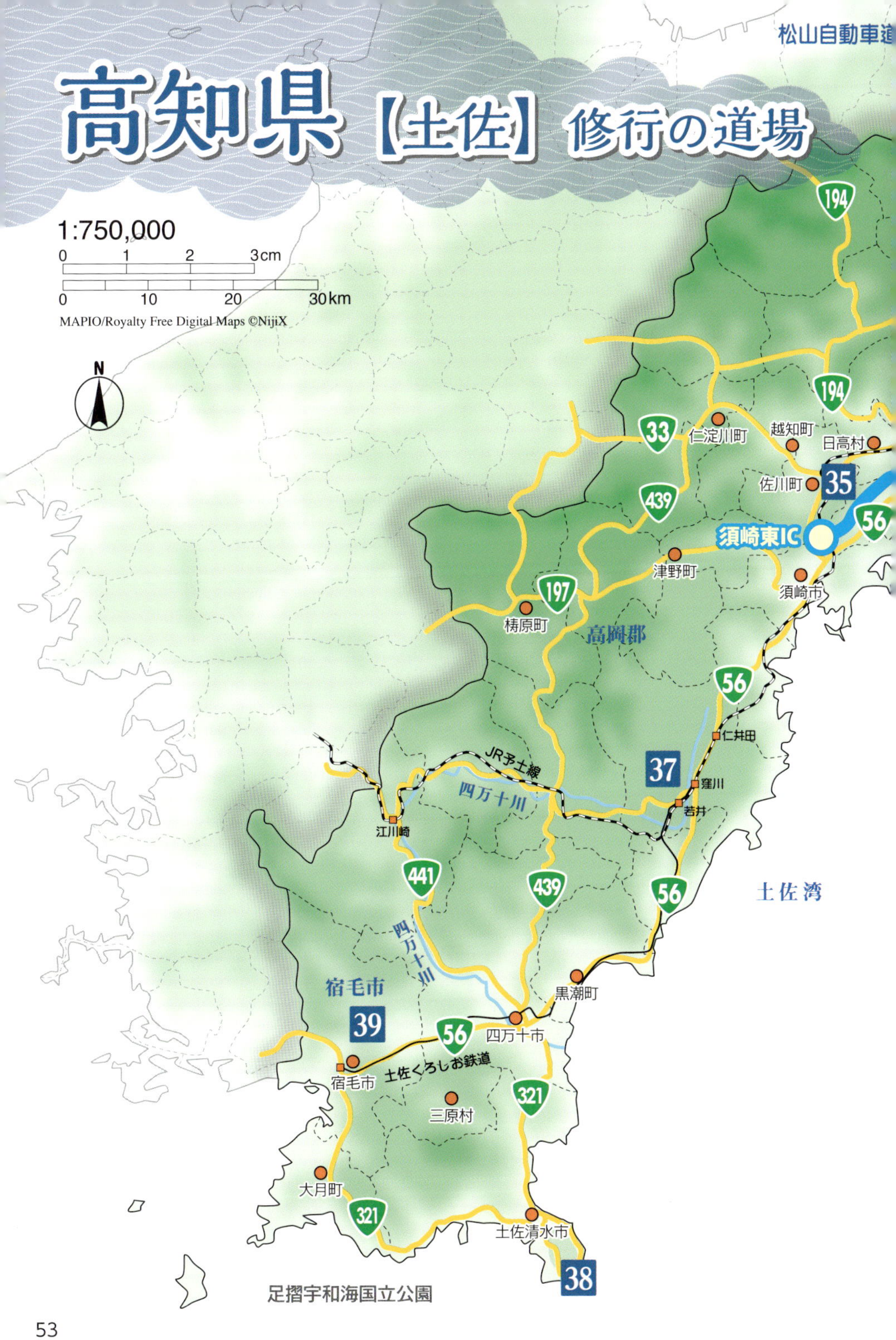

松山自動車道
1:750,000
0 1 2 3cm
0 10 20 30km
MAPIO/Royalty Free Digital Maps ©NijiX
N
194
194
33
仁淀川町
越知町
日高村
35
佐川町
439
須崎東IC
56
津野町
197
須崎市
梼原町
高岡郡
56
仁井田
JR予土線
37
窪川
四万十川
若井
江川崎
441
439
56
土佐湾
四万十川
黒潮町
宿毛市
39
56
四万十市
宿毛市
土佐くろしお鉄道
321
三原村
大月町
321
土佐清水市
38
足摺宇和海国立公園

A
25番 津照寺へ↑
23番 薬王寺へ↑
ホテル明星
室戸青年大師像
室戸市
室戸スカイライン
55
55
御厨人窟（御蔵洞）
203
最御崎寺へんろセンター
ジオパーク夢路灯
岬観光ホテル
24 最御崎寺 P61
室戸岬灯台
中岡慎太郎像
室戸岬

B
26番 金剛頂寺へ↑
55
室戸市
室戸小学校
202
安芸土木事務所室戸事務所
室戸郵便局
中道寺
室津川
室戸市役所
室戸市立市民図書館
有光歯科医院
55
25 津照寺 P61
サンシャインオーシャン店
室戸スーパーマーケット本店
シーホースガーデン
日吉神社
道がやや狭く、境内前は駐車できない
左斜めに進入
24番 最御崎寺へ↓
平安神社

C
26 金剛頂寺 P62
道が一部狭い
はらみたや
向江
集会所
元小学校
室戸
自動車整備
久保酒店
岐神社
元簡易
郵便局
久保商店
元保育所
室戸病院
民宿
うらしま
田中勝匡
酒店
25番 津照寺へ→
55
55
27番 神峯寺へ↓

D
27 神峯寺 P63
道が狭く急坂で
きついカーブが続く
九丁公園
急に道が狭くなったり
ガードレールがない所も
安田町
12
安田川
28番 大日寺へ←
竹道建設
作業所
安田川
ふれあい広場
土佐くろしお鉄道
ごめん・なはり線
唐浜駅
安田駅
ドライブイン
つつば
55
安田中学校
安田町
役場
26番 金剛頂寺へ↓

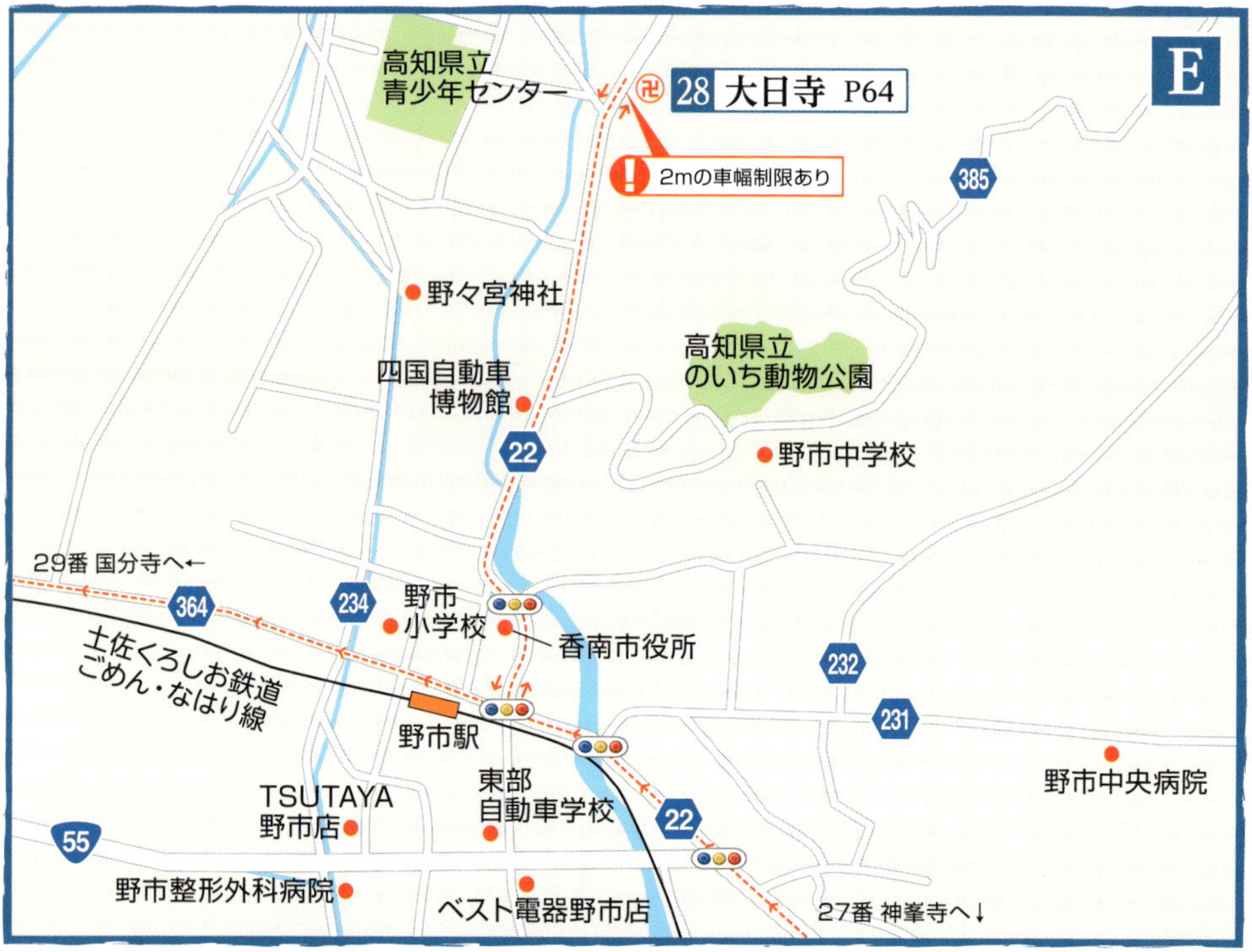
E
28 大日寺 P64
高知県立
青少年センター
2mの車幅制限あり
385
野々宮神社
高知県立
のいち動物公園
四国自動車
博物館
22
野市中学校
29番 国分寺へ←
364
234
野市
小学校
香南市役所
土佐くろしお鉄道
ごめん・なはり線
232
231
野市駅
野市中央病院
TSUTAYA
野市店
東部
自動車学校
22
55
野市整形外科病院
ベスト電器野市店
27番 神峯寺へ↓

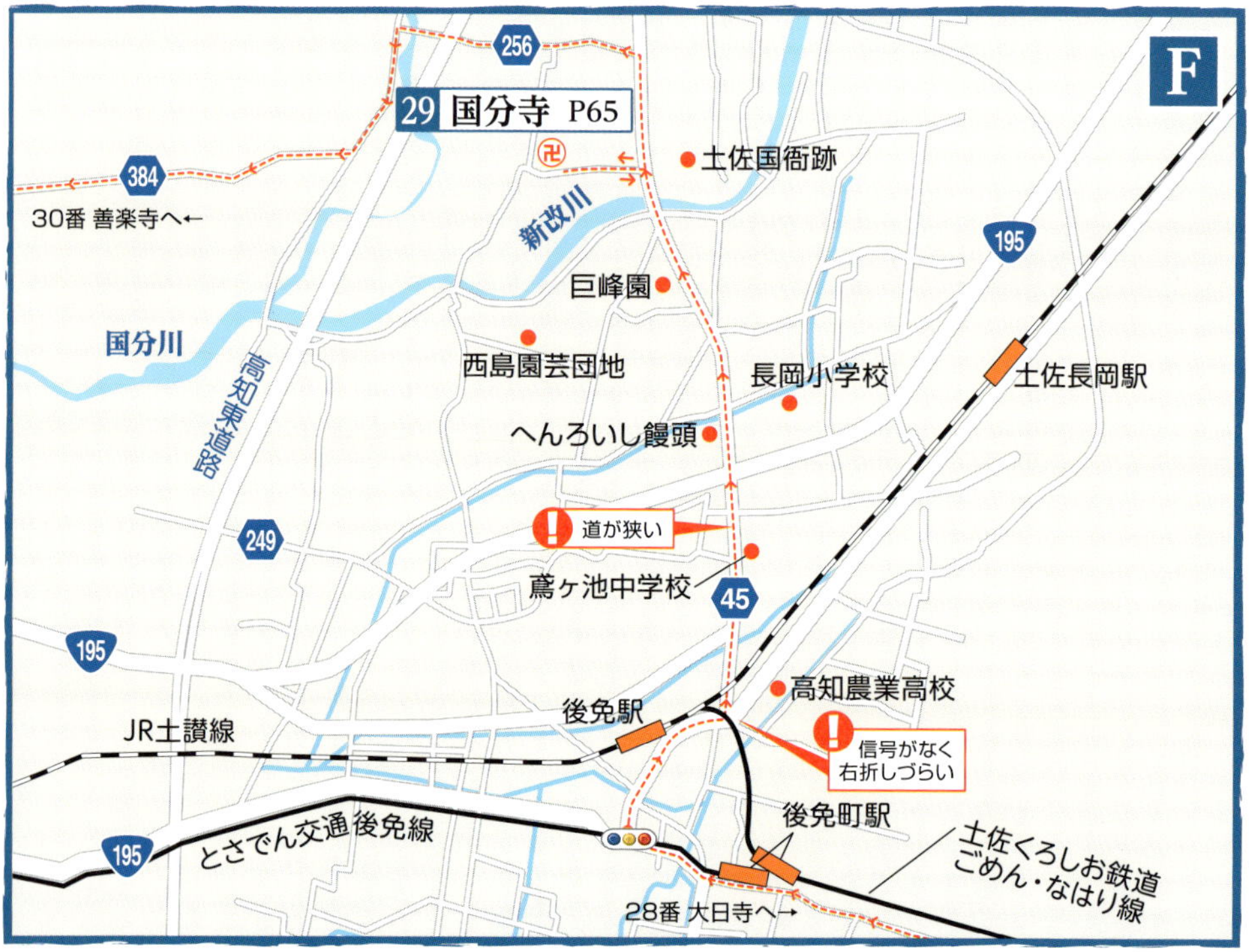
F
256
29 国分寺 P65
土佐国衙跡
384
30番 善楽寺へ←
新改川
195
巨峰園
国分川
西島園芸団地
高知東道路
長岡小学校
土佐長岡駅
へんろいし饅頭
道が狭い
249
鳶ヶ池中学校
45
195
高知農業高校
後免駅
JR土讃線
信号がなく
右折しづらい
後免町駅
とさでん交通後免線
土佐くろしお鉄道
ごめん・なはり線
195
28番 大日寺へ→

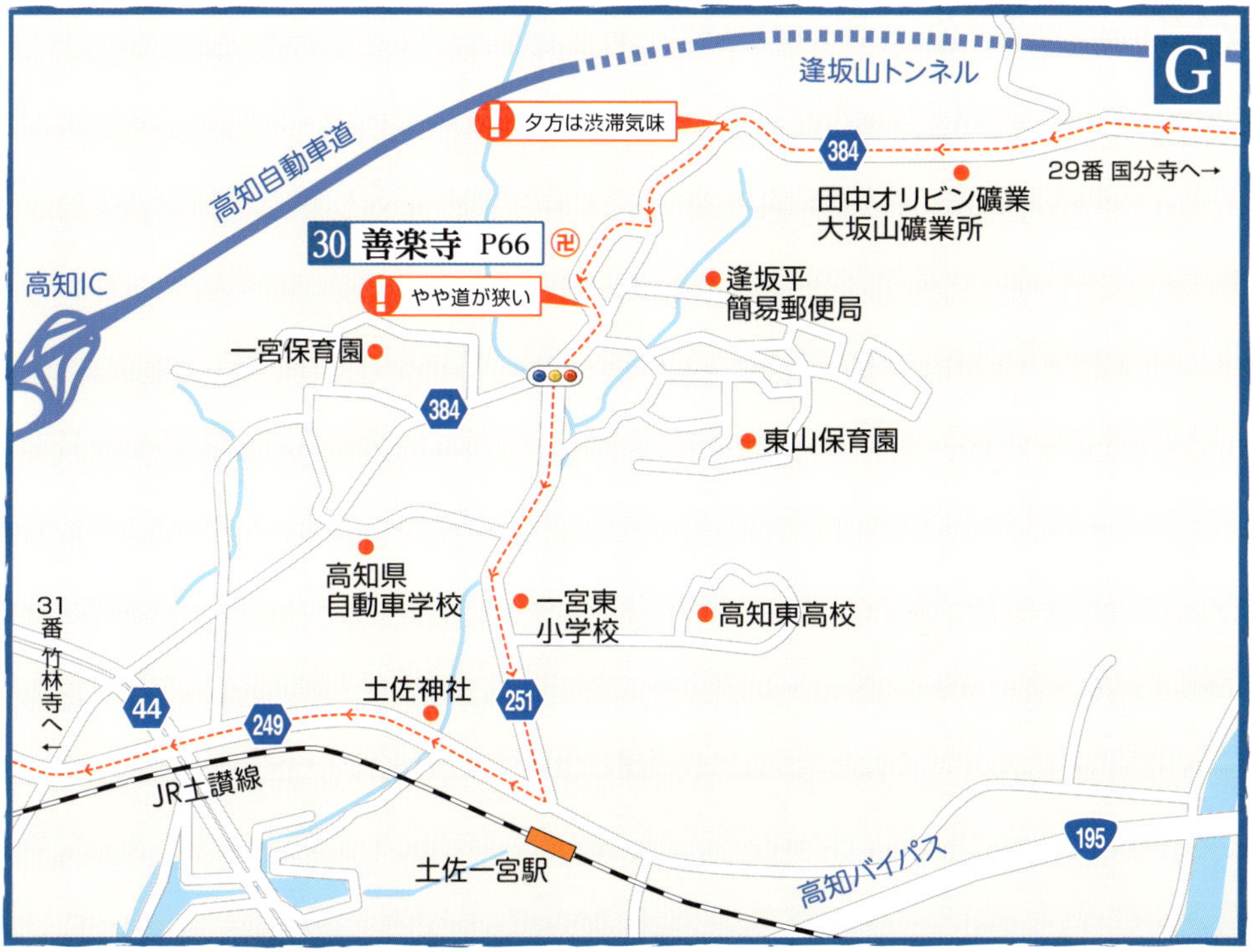
G
逢坂山トンネル
高知自動車道
夕方は渋滞気味
384
29番 国分寺へ→
田中オリビン礦業
大坂山礦業所
30 善楽寺 P66
高知IC
やや道が狭い
逢坂平
簡易郵便局
一宮保育園
384
東山保育園
高知県
自動車学校
一宮東
小学校
高知東高校
31番 竹林寺へ←
44
249
土佐神社
251
JR土讃線
195
土佐一宮駅
高知バイパス

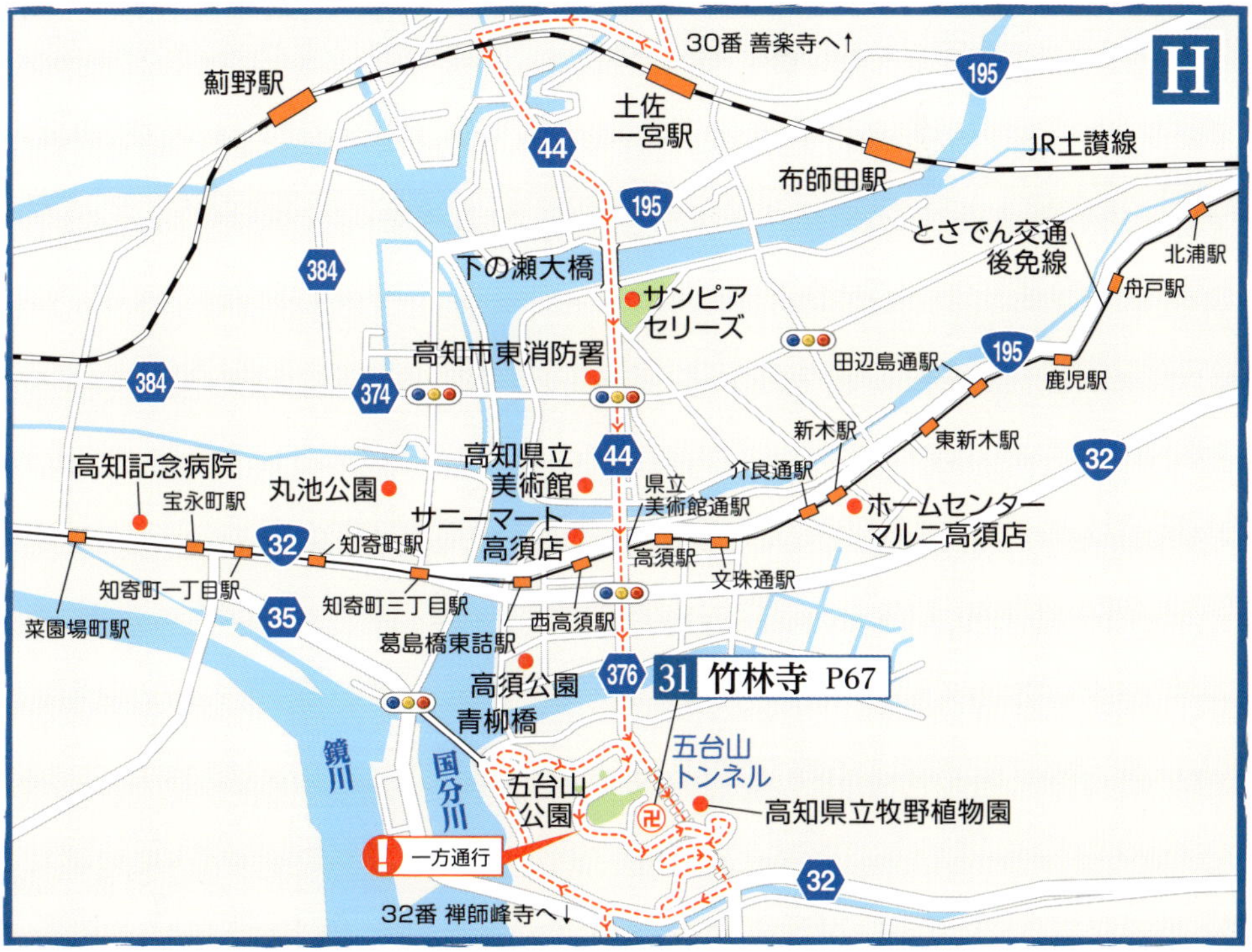
H
30番 善楽寺へ↑
薊野駅
土佐
一宮駅
195
44
布師田駅
JR土讃線
195
384
下の瀬大橋
とさでん交通
後免線
北浦駅
舟戸駅
サンピア
セリーズ
高知市東消防署
田辺島通駅
195
鹿児駅
384
374
44
新木駅
東新木駅
32
高知記念病院
宝永町駅
丸池公園
高知県立
美術館
県立
美術館通駅
介良通駅
ホームセンター
マルニ高須店
サニーマート
高須店
32
知寄町駅
高須駅
文珠通駅
知寄町一丁目駅
知寄町三丁目駅
西高須駅
35
菜園場町駅
葛島橋東詰駅
高須公園
376
31 竹林寺 P67
青柳橋
五台山
トンネル
鏡川
国分川
五台山
公園
高知県立牧野植物園
一方通行
32
32番 禅師峰寺へ↓

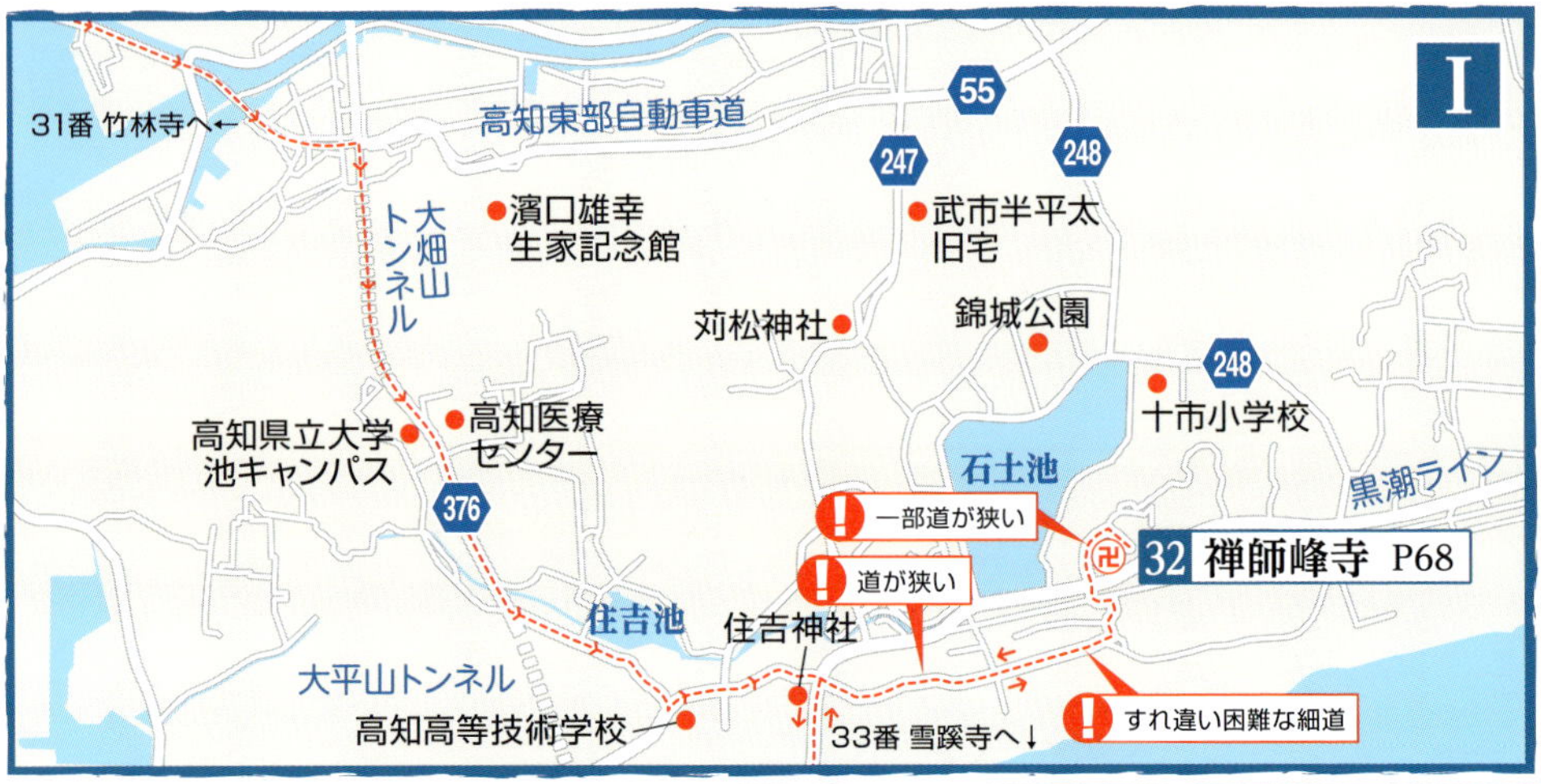
I
31番 竹林寺へ←
高知東部自動車道
55
247
248
大畑山トンネル
濱口雄幸
生家記念館
武市半平太
旧宅
苅松神社
錦城公園
248
十市小学校
高知県立大学
池キャンパス
高知医療
センター
石土池
黒潮ライン
376
一部道が狭い
32 禅師峰寺 P68
道が狭い
住吉池
住吉神社
大平山トンネル
高知高等技術学校
33番 雪蹊寺へ↓
すれ違い困難な細道

J
高知県医師会
看護専門学校
32番 禅師峰寺へ↑
日本サンゴセンター
34
278
厳島神社
長浜
御畳瀬
小学校
33 雪蹊寺 P68
種崎
14
長浜病院
浦戸湾
黒潮ライン
浦戸大橋
34番 種間寺へ←
34
ゴルフガーデン
クレッセント桂浜
若宮
八幡宮
南海中学校
桂浜水族館
浦戸小学校
高知桂浜
郵便局
桂浜
34
14
鎮守の森
公園緑地
土佐蒲鉾
土佐湾

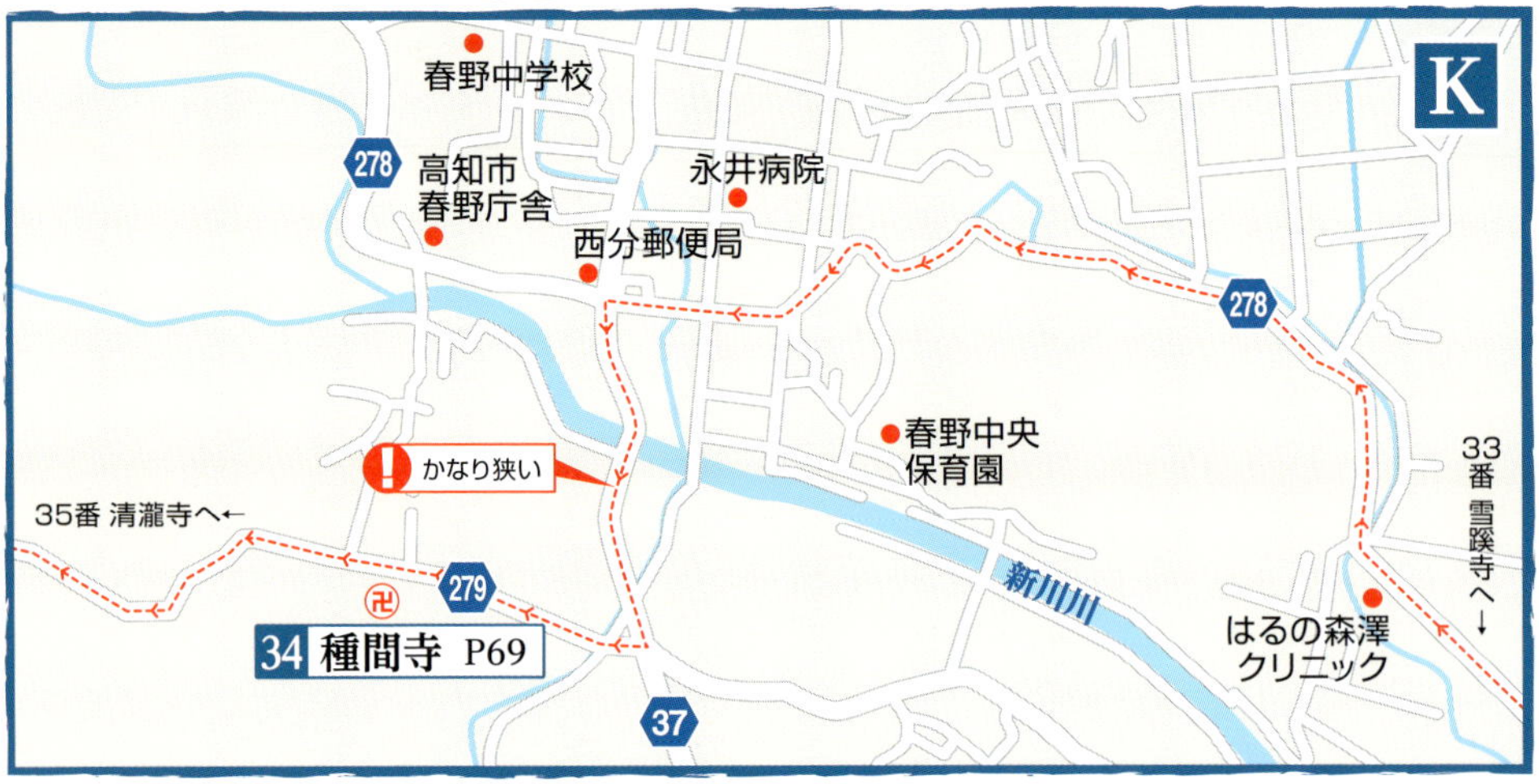
K
春野中学校
278
高知市
春野庁舎
永井病院
西分郵便局
278
春野中央
保育園
かなり狭い
33番 雪蹊寺へ↓
35番 清瀧寺へ←
新川川
279
34 種間寺 P69
はるの森澤
クリニック
37

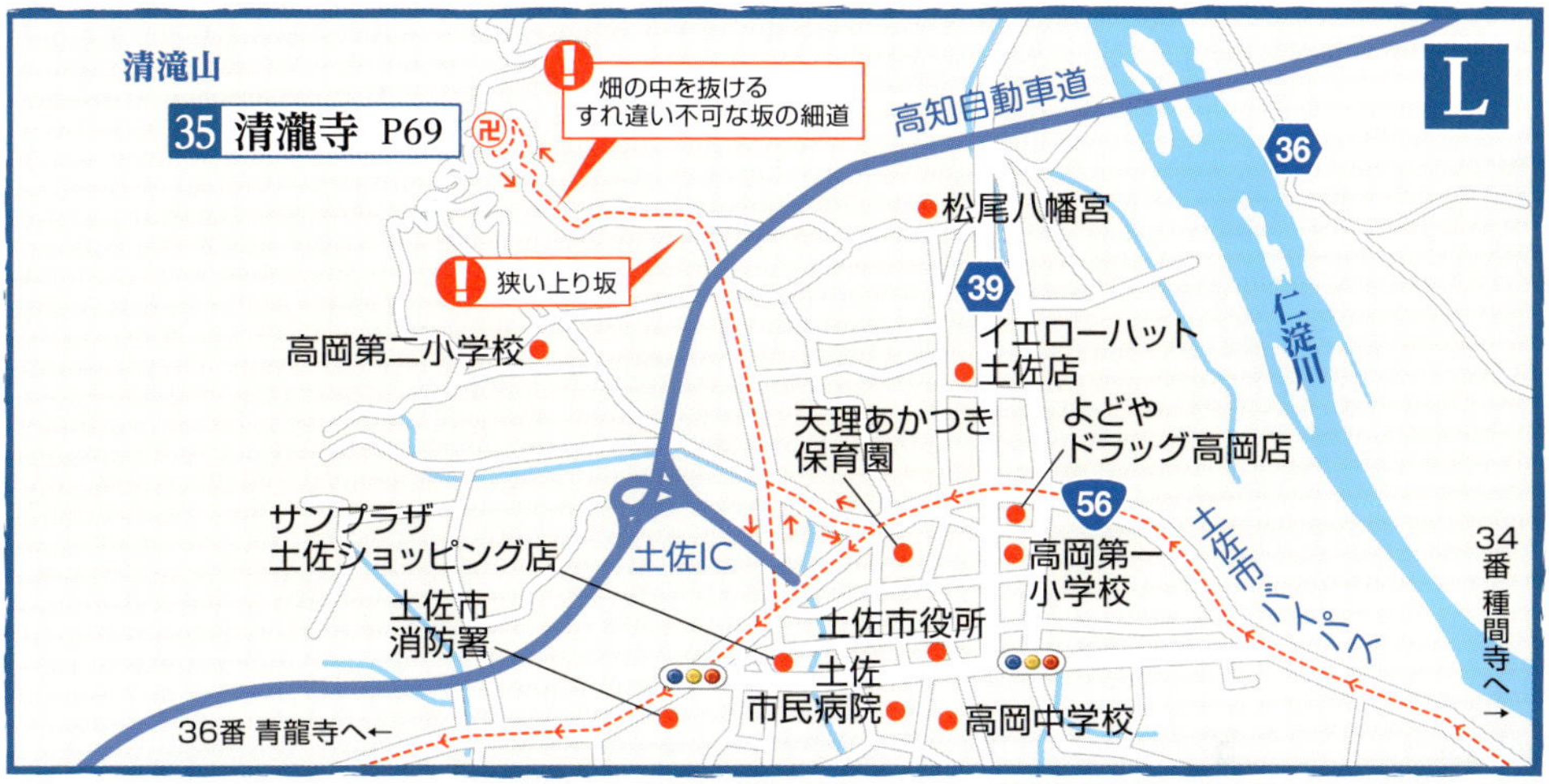
L
清滝山
35 清瀧寺 P69
畑の中を抜ける
すれ違い不可な坂の細道
狭い上り坂
高知自動車道
36
松尾八幡宮
39
仁淀川
高岡第二小学校
イエローハット
土佐店
天理あかつき
保育園
よどや
ドラッグ高岡店
56
土佐市バイパス
サンプラザ
土佐ショッピング店
土佐IC
高岡第一
小学校
34番 種間寺へ→
土佐市
消防署
土佐市役所
土佐
市民病院
高岡中学校
36番 青龍寺へ←

M
37番 岩本寺へ↑
35番 清瀧寺へ↑
高知海洋
高校
宇佐湾
23
宇佐大橋
浦ノ内湾
すれ違い困難な箇所あり
鍋島頭岬
明徳義塾
中学校・高等学校
竜国際キャンパス
47
右に進む
蟹ヶ池
36 青龍寺 P70
太平洋
明徳義塾
中学校・高等学校
堂ノ浦キャンパス
五色の浜
横浪黒潮ライン
土佐湾

N
36番 青龍寺へ↑
四万十町ふるさと未来館
ファミリークリニック
四万十
窪川中学校
窪川高校
JR土讃線
コーナン
ホームストック窪川店
56
ショッピング
センターdays
しまんと
ハマヤ
四万十町
役場
窪川駅
こうなん歯科
19
381
四万十川
出雲神社
四万十町立
図書館
大西病院
矢野
歯科
ブックス56本店
322
土佐くろしお鉄道中村線
サニーマートFC
みやたエイト
窪川店
みかど薬局
325
37 岩本寺 P71
茂串山
パーク
381
38番 金剛福寺へ↓

O
37番 岩本寺へ↑
39番 延光寺へ↑
カーブが多く
アップダウンも激しい
足摺スカイライン
足摺岬
岬屋商店
27
348
足摺テルメ
27
27
38 金剛福寺 P72
白山神社
足摺岬小学校
やや細道
足摺岬灯台
民宿西田

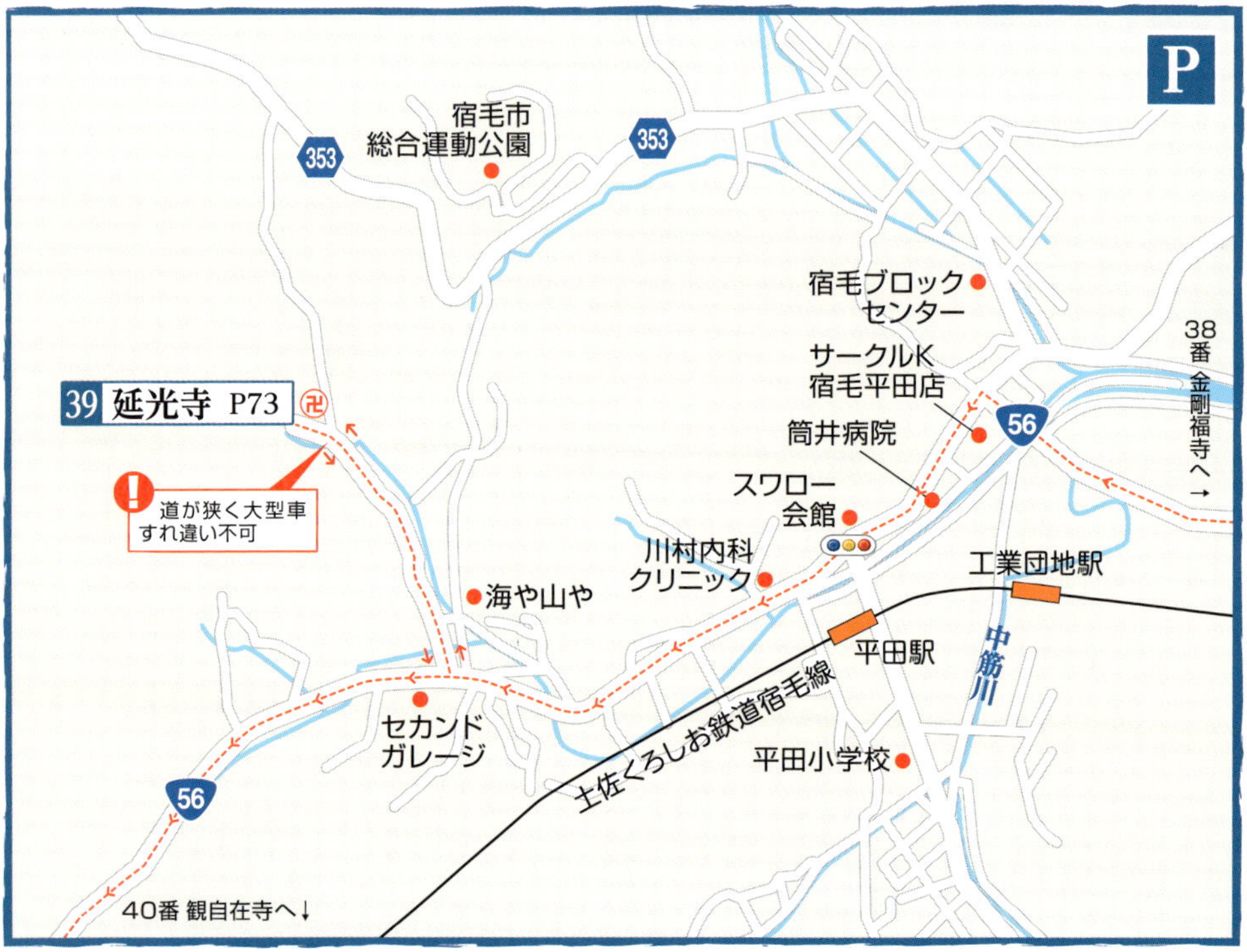
P
宿毛市
総合運動公園
353
353
宿毛ブロック
センター
サークルK
宿毛平田店
38番 金剛福寺へ→
39 延光寺 P73
56
筒井病院
道が狭く大型車
すれ違い不可
スワロー
会館
川村内科
クリニック
工業団地駅
海や山や
平田駅
中筋川
土佐くろしお鉄道宿毛線
セカンド
ガレージ
平田小学校
56
40番 観自在寺へ↓

第24番

室戸山《むろとざん》 明星院《みょうじょういん》

最御崎寺《ほつみさきじ》

地図 P54-A

南国の植物に囲まれた境内に建つ本堂

大同二年(807)唐の修業を終えた弘法大師は、再びこの室戸岬を訪れ、難行苦行を重ねて虚空蔵求聞持法を修し、虚空蔵菩薩像を刻み本尊とした。嵯峨天皇以来、皇室の勅願所となり、足利幕府からも土佐の安国寺として尊崇され、藩主などの保護を得て寺運は隆盛。室戸岬の突端近くに、若き日の弘法大師が修業した「御厨人窟」がある。

本尊 虚空蔵菩薩
真言 のうぼう あきゃしゃ きゃらばや おん ありきゃ まりぼり そわか
宗派 真言宗豊山派
住所 室戸市室戸岬町4058-1
電話 0887・23・0024
宿坊 1泊2食6500円

駐車場から境内まで徒歩5分

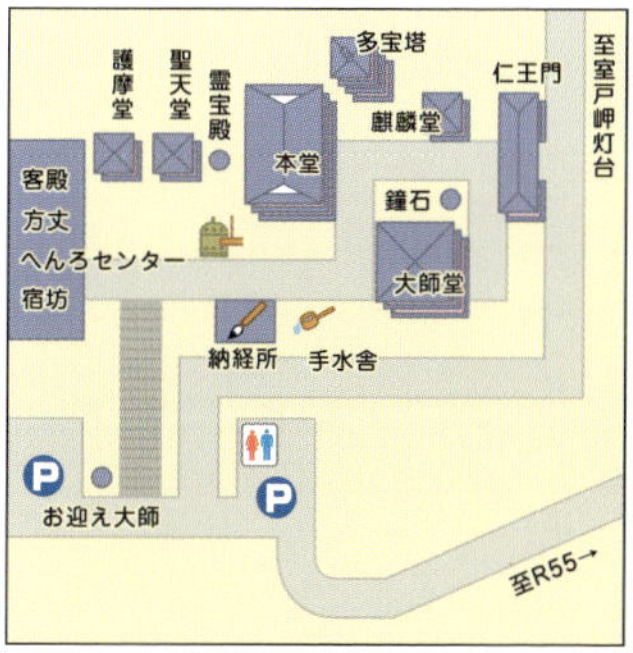

← 25番津照寺まで7キロ

第25番

宝珠山《ほうしゅざん》 真言院《しんごんいん》

津照寺《しんしょうじ》

地図 P54-B

石段の途中にある鐘楼門では鐘が打てる

大同二年(807)弘法大師により開基。大師が修行中に、山の形が地蔵菩薩の持つ宝珠に似ている所から霊地として感得。漁民の安全と豊漁を祈り、延命地蔵菩薩を刻み安置。本尊は楫取地蔵とも呼ばれ地元の信仰を集める。戦国時代に土佐国を支配した長宗我部氏が、江戸時代には藩主・山内氏が深く帰依した。急な百二十五段の石段の途中にある朱塗りの鐘楼門が目印。

本尊 延命地蔵菩薩(楫取地蔵)
真言 おん かかかび さんまえい そわか
宗派 真言宗豊山派
住所 室戸市室津2652-イ
電話 0887・23・0025
宿坊 なし

駐車場から境内まで徒歩3分

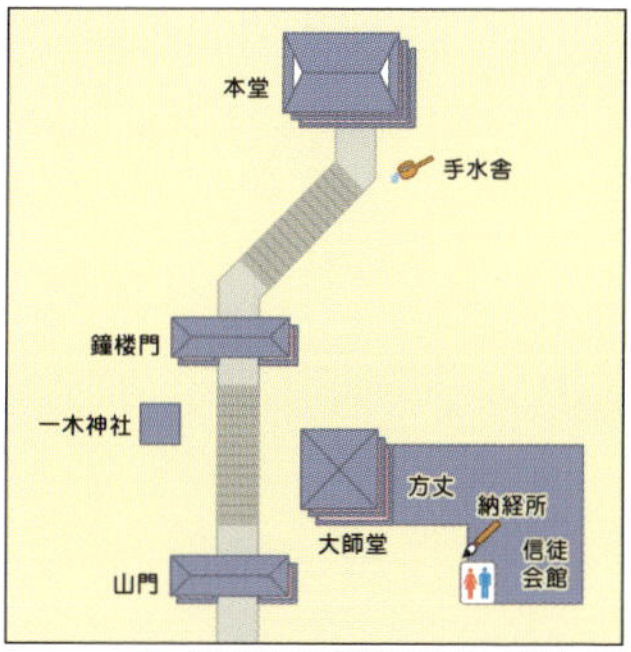

← 26番金剛頂寺まで5キロ

ヤッコソウという植物が自生する境内に建つ本堂

第26番

龍頭山《りゅうずざん》　光明院《こうみょういん》

金剛頂寺《こんごうちょうじ》

地図 P55-C

　大同二年(807)、平城天皇の勅願により弘法大師が開基し、密教道場として七堂伽藍が建立された。山門の正面に立つ本堂には、大師が一刀三礼をつくして刻んだ薬師如来が安置されている。この尊像は大師が堂を構えると同時に自ら本堂の扉を開けて堂内に入り、厨子に鎮座したと伝わる。その当時は金剛定寺と呼ばれていたが、嵯峨天皇が金剛頂寺とした勅額を奉納されたことから寺号を改めた。次の淳和天皇も勅願所として尊信したが、文明十一年(1479)、火災のために堂宇を焼失する。しかし、すぐに再興し、文明十八年(1486)に金堂が建立された際には、根来寺学匠道瑜阿闍梨が来寺して、盛大な曼陀羅供養が行われた。長宗我部氏や山内氏など代々の土佐藩主からも篤い信仰を集め、立派な伽藍が整えられる。

　しかし、明治三十二年(1899)には再度の火災に遭い再び全焼。現在の堂宇はそれ以降に再建されたものだ。また、寺内には寄生植物ヤッコソウも自生しておりこれは県の天然記念物に指定されている。霊宝館は、正倉院様式として昭和三十五年(1960)に建てられた。弘法大師が背負って歩かれたという「旅檀具」や「木造阿弥陀如来座像」「浮彫真言八祖像」などの重要文化財が数多く収蔵されている。

　山門左手にある大師堂は鎌倉時代に「天狗問答」という伝説があった場所に立つ。横にある一粒万倍の釜は、大師が三合三勺の米を入れて炊いたところ、万倍にも増えたと伝わる。

大師ゆかりの一粒万倍の釜

本尊　薬師如来
真言　おん　ころころ　せんだり　まとうぎ　そわか
宗派　真言宗豊山派
住所　室戸市元乙523
電話　0887・23・0026
宿坊　1泊2食5800円

駐車場から境内まで徒歩3分

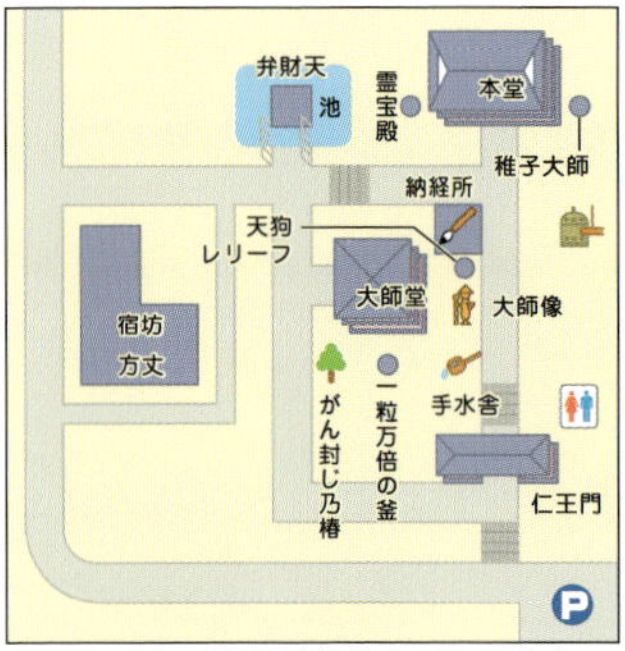

← 27番神峯寺まで33キロ

第27番

竹林山《ちくりんざん》 地蔵院《じぞういん》

神峯寺《こうのみねじ》

地図 P55-D

鬱蒼とした樹木を背景にたたずむ本堂

遍路の疲れを癒してくれる美しい庭園

神功皇后が三韓征伐の戦勝を祈願することを目的に、天照大神を主祭神とし、その他の諸神をこの地に祀ったのが起源といわれる。その後、行基菩薩が十一面観音像を刻んで本尊とし、神仏を合祀した。大同四年（809）には弘法大師が平城天皇の勅命により来錫、諸堂を整え四国第二十七番の霊場と定めた。明治時代には神仏分離令で、天照大神と大山祇神社を祀る神峯神社だけが残り、本尊の十一面観音は金剛頂寺へ遷座されて廃寺となる。しかし、十三年後の明治十七年（1884）に、もと僧坊跡に御堂を再建し本尊を金剛頂寺より移した。

真っ縦と呼ばれる急勾配の神峯山山頂付近に位置する神峯寺は、三菱財閥創始者である岩崎弥太郎の母親が、息子の開運を祈願。安芸市にある自宅から往復四十kmの道を歩いて、二十一日間日参したという。

寺内の景観の美しさでは、四国霊場でも有数といわれる神峯寺。急坂で疲れた遍路の喉を潤してくれるのは、鐘楼の裏手に湧く神峯の水。この水は病気平癒に霊験あらたかという言い伝えがあり、ペットボトルに清水を入れて持ち帰る遍路も多い。鐘楼から本堂までは、約百五十段の石段を上る。石段の両脇には樹齢数百年の古木と綺麗に手入れされた美しい日本庭園が整備されている。とりわけ早春の梅、初夏のツツジは美しい。不動明王像やみちびき大師が迎えてくれ、石段を上り切った左手に本堂がある。大師堂は少し離れた場所に建つ。

本尊	十一面観世音菩薩
真言	おん　まか　きゃろにきゃ　そわか
宗派	真言宗豊山派
住所	安芸郡安田町唐浜2594
電話	0887・38・5495
宿坊	なし

駐車場から境内まで徒歩10分

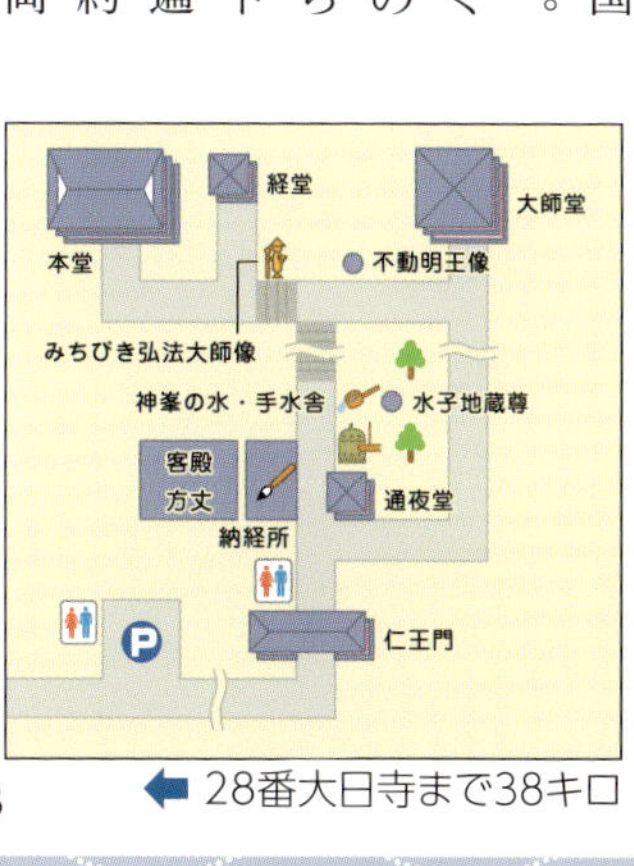

← 28番大日寺まで38キロ

第28番

法界山《ほうかいざん》　高照院《こうしょういん》

大《だい》日《にち》寺《じ》

地図 P56-E

檜と松を使い、木組みだけで再建された本堂

高知県の名水40選にも選ばれた御加持水

　聖武天皇の勅願により行基菩薩が本尊の大日如来を刻み開基した。尊像は、四尺八寸二分（約一・四六m）、中四国地方では最大級の仏像だ。脇仏は智証大師作の聖観音立像で、共に国の重要文化財に指定。その後、間もなく荒廃したが、弘仁六年（815）弘法大師によって再興された。慶長年間からは土佐藩の祈願所となり、戦国時代には長宗我部元親氏、藩政時代には山内忠義公の尊崇を受け、土佐藩の祈願所として七堂伽藍が立ち並び壮観を極めた。明治四年（1871）廃仏毀釈の難にあい、廃寺となるが地元の人たちは本堂を大日堂として守り続け、明治十七年（1884）に再興。

　門前には遍路用品販売店もあり、軒先に白衣や菅笠が吊り下げられている。石段の途中に山門があり、南無大師遍照金剛と書かれた赤い幟が両端に立ち並ぶ。境内には、早春に咲く山茱萸の黄色い花、三月彼岸の頃のしだれ桜、十月中旬からの十月桜、万両など四季折々の花木が楽しめる。境内正面にある本堂から少し離れた場所にある奥の院には、弘法大師が爪で彫ったとされる薬師如来・爪彫薬師の霊木がある。大師が彫った楠は明治時代に倒れてしまったため、その木を安置したもの。これは目、耳、口、鼻など首から上の病気にご利益があると伝えられている。このご利益を受けて病気が平癒した人は、穴の開いた石を奉納するのが習わしだ。奥の院では、岩から大師の御加持水が湧出し、ペットボトルに入れて、持ち帰る遍路もいる。

本尊　大日如来
真言　おん　ばざら　だとばん
宗派　真言宗智山派
住所　香南市野市町母代寺476
電話　0887・56・0638
宿坊　なし

駐車場から境内まで徒歩2分

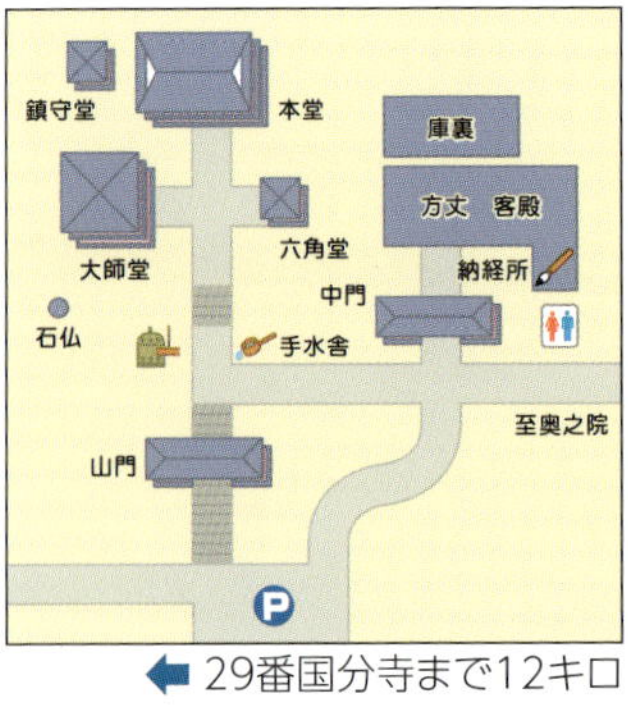

← 29番国分寺まで12キロ

第29番

摩尼山《まにざん》 宝蔵院《ほうぞういん》

国分寺《こくぶんじ》

地図 P56-F

老杉などの木立に囲まれた境内に建つ本堂

ひとこと地蔵は禁酒の霊験あらたか

「諸国で最もよい土地を選んで建てよ」という四十五代聖武天皇の勅願により、天平十三年（741）に行基菩薩が創建した寺。天皇自らが金光明最勝王経を書写して納め、天下泰平、五穀豊穣、万民豊楽を願う祈願所とし、金光明四天王護国之寺の勅額を授けられた。弘仁六年（815）に弘法大使が毘沙門天像を彫像して奥の院に安置。その際に本堂で真言八祖相承「星供の秘法」を勤修して四国霊場に定めた。

寺から1km離れた場所に、『土佐日記』の作者・紀貫之の邸跡がある。貫之は延長八年（930）国司として土佐国に赴任。国府には四年間滞在し、土佐の政治・文化の中心となった。歴代天皇からの信仰が篤く、長宗我部氏や土佐藩主・山内氏からも寺領が与えられ、代々伽藍の維持が図られた。

明暦元年（1655）、土佐二代藩主・山内忠義公が寄贈した豪壮な仁王門を入ると、杉木立に挟まれた石畳が本堂まで続く。杉苔が美しい庭園で、創建当時の塔心礎を主石として整備されているという。大正十一年（1922）には境内地全域が史跡として国の文化財指定を受けた。正面に建つ本尊の千手観世音菩薩を祀った本堂は、永禄元年（1558）に長宗我部国親・元親親子により再建された。椹を使った柿葺きの天平様式を思わせる単層寄棟造りが特徴的な建物だ。内部の海老紅梁は土佐で最も古いとされており、室町時代の作風が見られ、国の重要文化財の指定を受けた。

本尊 千手観世音菩薩
真言 おん　ばざら　たらま　きりく
宗派 真言宗智山派
住所 南国市国分546
電話 088・862・0055
宿坊 なし

駐車場から境内まで徒歩3分

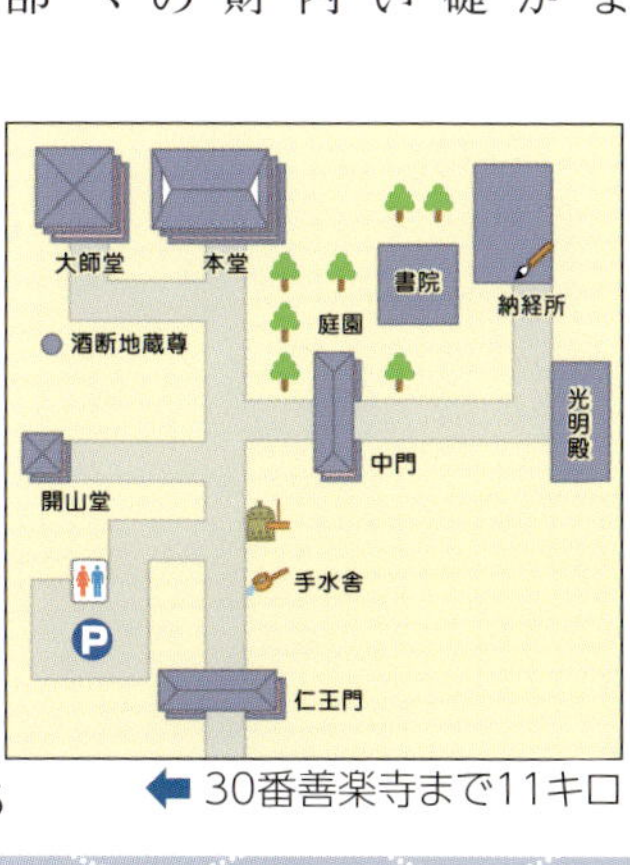

← 30番善楽寺まで11キロ

第30番

百《ど》々《ど》山《ざん》　東明院《とうみょういん》

善《ぜん》楽《らく》寺《じ》

本堂の前には不動明王の石仏、左は大師堂

子安地蔵堂に掛けられた可愛い地蔵絵馬

地図 P57-G

　善楽寺は土佐国一宮の別当寺として、大同年間（８０６～８１０）に弘法大師によって開創された。土佐神社の別当寺には、神仏習合の寺院として善楽寺と共に神宮寺という寺もあり、土佐の豪族であった長宗我部元親公の帰依厚く法灯を維持してきた。もともとはこの神宮寺が四国霊場の第三十番札所だったという。だが、明治の初めに神仏分離・廃仏毀釈のあおりを受けて、神宮寺と善楽寺は相次いで廃寺になってしまう。この時、本堂の阿弥陀如来像、大師像、寺宝などが第二十九番札所国分寺へ預けられた。そして明治九年（１８７６）、神宮寺と善楽寺より一足早く復興した安楽寺に本尊が移され、公許を経て第三十番札所として安楽寺が代行業務を始めた。

　しかし、昭和四年（１９２９）には一宮在住の信者らの手により旧別当寺院跡に善楽寺が再興され、国分寺から大師像、寺宝を迎えた。その後、二ヶ寺で納経ができるなど混迷の時期を迎えたが、平成六年（１９９４）一月元旦を以って善楽寺が第三十番札所、安楽寺は第三十番札所の奥の院と決まった。

　境内の奥にある本堂は昭和五十七年（１９８２）に改築された。その左隣には修行大師像の姿があり、大正時代に建立された大師堂も建っている。境内の梅見地蔵は、文化十三年（１８１６）に造られ、学業成就や目・耳・鼻など、首から上の病の平癒祈願の信仰を集めている。また、境内には「子安地蔵尊」があり、弘法大師作と伝わる地蔵尊が祀られている。

本尊 阿弥陀如来
真言 おん　あみりた　ていせい　から　うん
宗派 真言宗豊山派
住所 高知市一宮しなね2丁目23-11
電話 088・846・4141
宿坊 なし

駐車場は境内に隣接

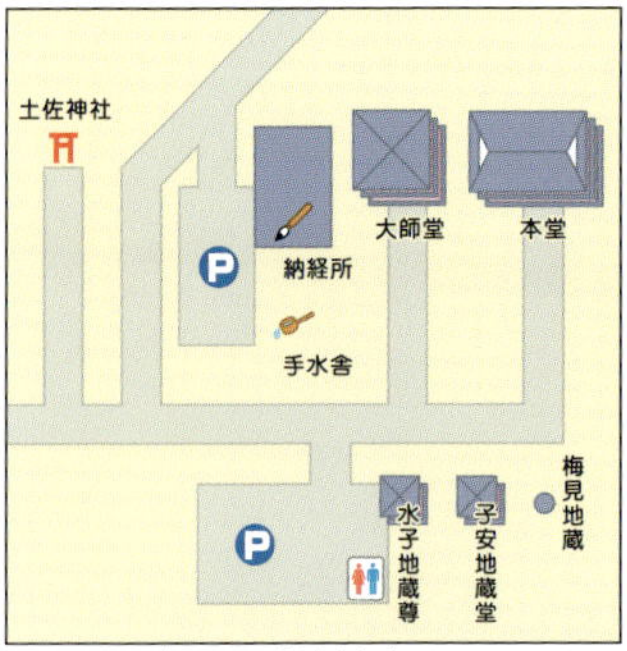

← 31番竹林寺まで10キロ

第31番

五台山《ごだいさん》 金色院《こんじきいん》

竹林寺《ちくりんじ》

地図 P57-H

本堂は江戸時代初期の建立で国の重要文化財

山門から石段を上がると五重塔が見えてくる

聖武天皇が唐の国に渡り、山西省の五台山で文殊菩薩に拝した夢を見られる。天皇は、行基菩薩に五台山の霊地に似た山容を探すように命じた。諸国を歩いた行基は、神亀元年（724）土佐の五台山が天皇の霊夢にふさわしいと感得。本尊の文殊菩薩像を自ら栴壇の木に刻み、堂塔を建立し五台山金色院竹林寺と号した。大同年間（806〜810）には弘法大師が滞在して瑜伽行法を修し、荒廃した堂塔を修復、第三十一番札所に定めた。

本尊の文殊菩薩は、四人の侍者を従えて獅子に乗った「騎獅子文殊」で、五十年に一度しか開帳されない秘仏。本堂と共に国の重要文化財に指定されている。大師堂は、本堂の向かい側にあり、寛永二十一年（1644）に土佐二代藩主・山内忠義公によって造営された。江戸時代には歴代藩主の帰依を受け、祈願寺として寺運は隆盛。堂塔は土佐随一の荘厳を誇り、学山として土佐の地における宗教・文化の中心的役割を担った。

高知県で唯一の五重塔は、昭和五十五年（1980）の建立。総檜造りで鎌倉時代初期の様式に倣っている。境内にはインド・ブッダガヤから勧請された仏舎利を納め、初層内陣には大日如来を奉安。客殿の西部と北部に、禅僧・夢窓疎石の手による池泉観賞式庭園が広がる。疎石は、文保二年（1318）から二年間、五台山の山麓に草庵を結んだ。山畔を利用して造られた北庭、中国の廬山と陽湖を模した西庭がある。宝物館には、国指定重要文化財の仏像十七躰を収蔵。

本尊 文殊菩薩
真言 おん あらはしゃ のう
宗派 真言宗智山派
住所 高知市五台山3577
電話 088・882・3085
宿坊 なし

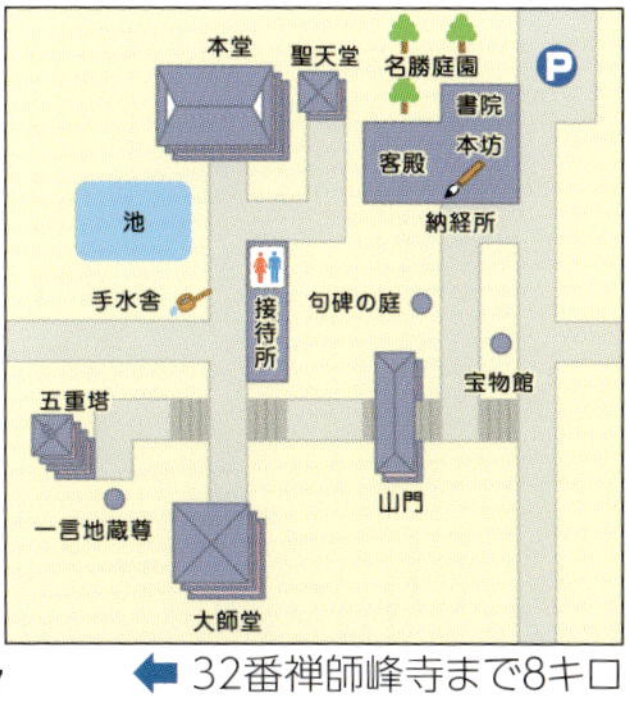

駐車場から境内まで徒歩2分

← 32番禅師峰寺まで8キロ

第32番

八葉山《はちようざん》　求聞持院《ぐもんじいん》

禅師峰寺《ぜんじぶじ》

地図 P58-I

境内から東に手結岬、西に桂浜が見える

神亀年間(724~729)、聖武天皇の勅願で行基菩薩が建立。その後、大同二年(807)には弘法大師も来錫、求聞持法を修し、十一面観世音菩薩を刻み本尊とした。山門から境内にかけて、天竺補陀洛山さながらにゴツゴツした屏風岩が横たわる。仁王門の金剛力士は、鎌倉時代の仏師・定明作で国の定重要文化財に指定。地元の漁師から船魂観音として崇敬されている。

本尊　十一面観世音菩薩
真言　おん　まか　きゃろにきゃ　そわか
宗派　真言宗豊山派
住所　南国市十市3084
電話　088・865・8430
宿坊　なし

駐車場から境内まで徒歩2分

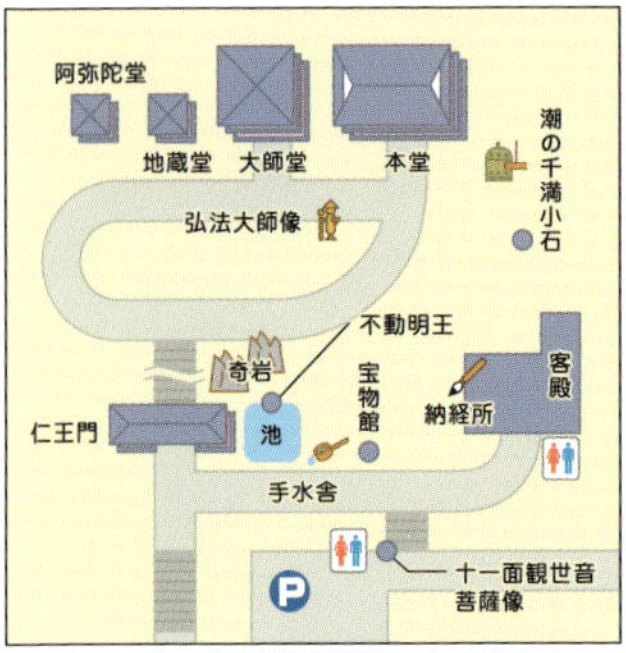

← 33番雪蹊寺まで11キロ

第33番

高福山《こうふくざん》　高福院《こうふくいん》

雪蹊寺《せっけいじ》

地図 P58-J

名僧・山本太幻師にちなみ、眼病平癒の寺

延暦年間(782~806)弘法大師の開基。もとは高福寺といったが、鎌倉時代に運慶・湛慶作の毘沙門天の仏像などが安置されたことから慶運寺と改められる。戦国時代、月法和尚を中興の祖とし臨済宗に改宗され、長宗我部元親氏の菩提寺となり、元親の法号にちなみ雪蹊寺と改称された。運慶晩年の作といわれる本尊の薬師如来は、鎌倉時代の作風を今に伝える名品。

本尊　薬師如来
真言　おん　ころころ　せんだり　まとうぎ　そわか
宗派　臨済宗妙心寺派
住所　高知市長浜857-3
電話　088・837・2233
宿坊　なし

駐車場は境内前に隣接

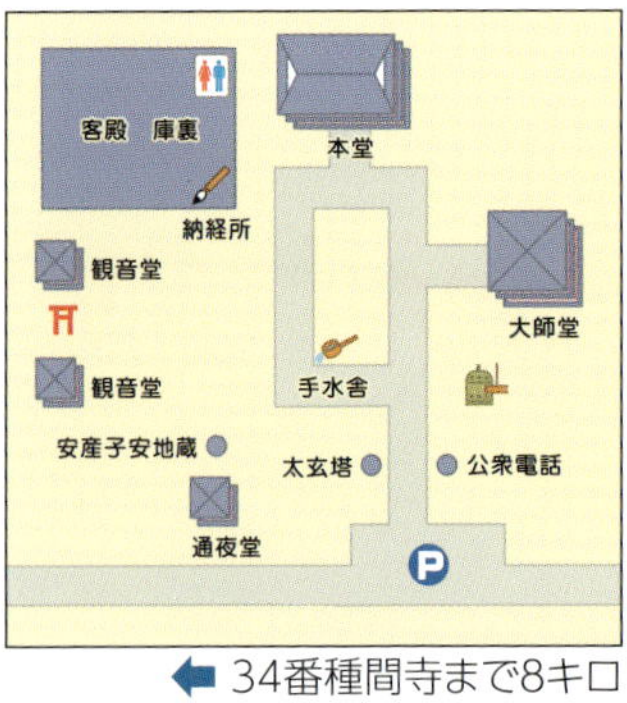

← 34番種間寺まで8キロ

第34番

本尾山《もとおざん》　朱雀院《すざくいん》

種間寺《たねまじ》

山門はなく細長く広がる境内に建つ本堂

地図 P58-K

大阪四天王寺建立のため百済から来日した仏師たちが、帰国の途中暴風雨に遭遇。秋山の郷で難を逃れ、薬師如来を刻み本尾山に祀り海上の安全を祈った。後に、この地を訪れた弘法大師がその薬師如来を本尊として開創。その時、大師が唐から持ち帰った五穀の種を蒔いたので種間寺と号した。観音堂には安産祈願で奉納した「底抜けひしゃく」が多数掛けられている。

本尊　薬師如来
真言　おん　ころころ　せんだり　まとうぎ　そわか
宗派　真言宗豊山派
住所　高知市春野町秋山72
電話　088・894・2234
宿坊　なし

駐車場から境内まで徒歩1分

35番清瀧寺まで12キロ

第35番

醫王山《いおうざん》　鏡池院《きょうちいん》

清瀧寺《きよたきじ》

本堂前に厄除け薬師如来像が立つ

地図 P59-L

養老七年（723）に行基菩薩がこの地で霊気を感得。本尊の薬師如来を刻み開基し、景山密院繹木寺と号した。その後、嵯峨天皇の弘仁年間（810～824）に弘法大師が五穀豊作を祈願して閼伽井権現と龍王権現を勧請し、寺号を醫王山鏡池院清瀧寺と改め、四国霊場と定めた。厄除け祈願の名刹で、境内に高さ十五mの薬師如来像が鎮座。台座の戒壇巡りをすれば、厄除けのご利益を授かる。

本尊　厄除薬師如来
真言　おん　ころころ　せんだり　まとうぎ　そわか
宗派　真言宗豊山派
住所　土佐市高岡町丁568-1
電話　088・852・0316
宿坊　なし

駐車場は境内にある

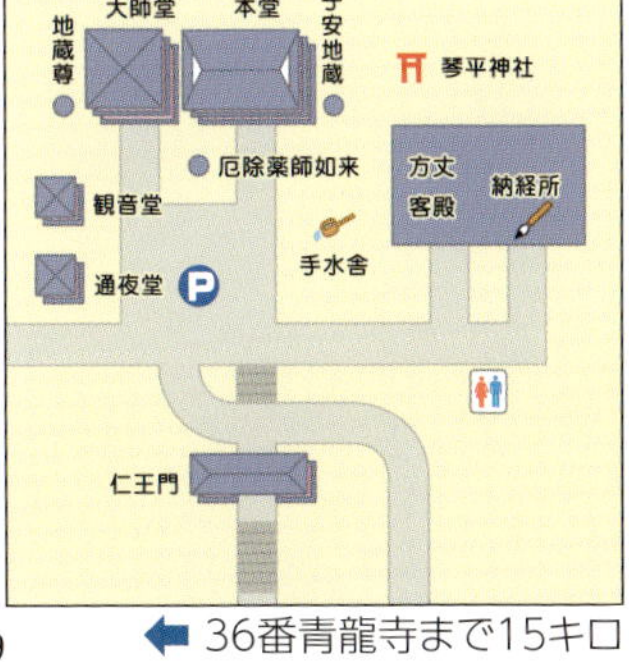

36番青龍寺まで15キロ

第36番

独鈷山《とっこうざん》　伊舎那院《いしゃないん》

青龍寺《しょうりゅうじ》

地図
P59-M

本堂前には石のお不動さんが、三十三観音の石像もある

朱色が鮮やかな三重塔も仁王門近くに建つ

延暦二十三年（804）に唐の長安に渡った弘法大師は、青龍寺で恵果阿闍梨に真言密教の奥義を授けられ、後継者として真言宗の第八祖となる。帰国の際、大師は師恩報謝のために、一寺建立を発願され「寺院建立に最勝の地に留まりたまえ」と、唐土より独鈷杵を投げたといわれる。すると独鈷杵は金色に輝き、紫雲に包まれて東方に高く飛び去った。

後年、帰国した弘法大師は四国巡錫の際、その独鈷杵が奥の院の松の枝にかかっているのを見つけ、嵯峨天皇に奏聞し弘仁六年（815）堂宇を建立。自刻の波切不動明王の石像を安置し、寺名は恵果和尚の高恩に因み青龍寺、山号は唐の国から放った独鈷を名のって独鈷山と号した。その後、江戸時代初期には、寺運が衰退するが土佐二代藩主・山内忠義が、正保年間（1644～1648）に再興。宝永四年（1707）の大津波で本堂以外の堂宇を失ったが、その後再建。

仁王門から本堂までは百七十段の急な石段が続き、仁王門の傍らには滝が流れる行場や朱色が鮮やかな三重塔が建つ。本堂、薬師堂などの伽藍は、唐の青龍寺を模して配置され、納経所横には恵果阿闍梨を祀った恵果堂もある。本堂には本尊の波切不動明王とともに、寄木造りの愛染明王像も安置。愛染明王は家庭円満、縁結びの信仰を集めている。鎌倉時代の作とされ、国指定の重要文化財。

本尊　波切不動明王

真言　のうまく　さんまんだ　ばざらだん　せんだ　まかろしゃだ　そわたや　うんたらた　かんまん

宗派　真言宗豊山派

住所　土佐市宇佐町竜601

電話　088・856・3010

宿坊　なし

駐車場は境内に隣接

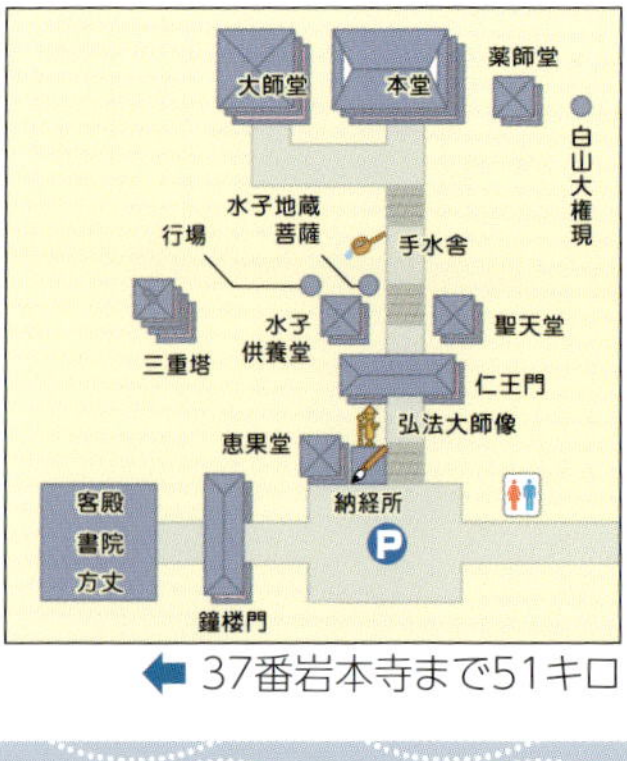

← 37番岩本寺まで51キロ

第37番

藤井山《ふじいさん》 五智院《ごちいん》

岩本寺《いわもとじ》

昭和53年(1978)に新築された本堂

地図
P59-N

天平年間(729~749)行基菩薩が聖武天皇の勅願で、七難即滅、七福即生を祈念して仁井田に天の七星を象取した根本寺として、宝福、長福など七つの福寺を建立したのが始まり。後に、弘法大師が弘仁年間(810~824)に七福寺を訪ね、新たに五社五ヶ寺を建立し、藤井山福圓満寺五徳智院と称し、不動明王像、聖観世音菩薩像、阿弥陀如来像、薬師如来像、地蔵菩薩像を安置。大師自ら「星供曼陀羅」を描き、三国相承の「星供秘法」を修せられ、第三十七番札所と定めた。その後、天正年間(1573~1592)に衰退するも、幡多の一条公の力により復興され、藤井山五智院岩本寺と改称。

手法もモチーフも様々、本堂内陣の格天井絵

本堂内陣の格天井には、全国から公募した花鳥風月からマリリン・モンローまで五百七十五枚の絵が描かれている。歓喜天堂に祀られている歓喜天は、仏道修行の誘惑者として様々な悪事を働いたが、後に仏に帰依し、財宝の神様・博愛の神様として信仰を集める。一般には商売繁盛、夫婦円満、子授け祈願、病悩祈願、財宝成就の願いを叶えてくれるという。また、難産で苦しんでいた旅の女性を安産させたという子安桜など、弘法大師にちなんだ七不思議が伝わる。

本尊真言 ①不動明王 のうまく さんまんだ ばざらだん せんだ まかろしゃだ そわたや うんたらた かんまん
②聖観世音菩薩 おん あろりきゃ そわか
③阿弥陀如来 おん あみりた ていせい から うん
④薬師如来 おん ころころ せんだり まとうぎ そわか
⑤地蔵菩薩 おん かかかび さんまえい そわか

宗派 真言宗智山派

住所 高岡郡四万十町茂串町3-13

電話 0880・22・0376

宿坊 1泊2食6800円

駐車場から境内まで徒歩3分

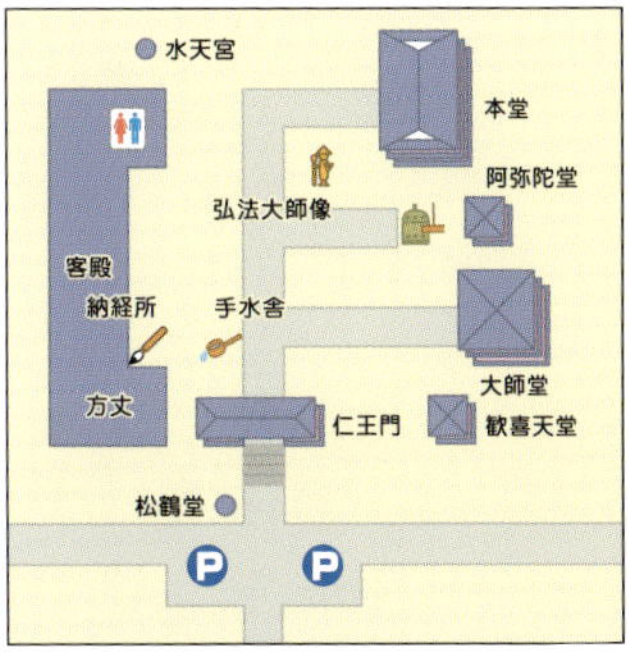

← 38番金剛福寺まで94キロ

四国の最南端・足摺岬、補陀洛の東入口に建つ

第38番

蹉《さ》跎《だ》山《さん》 補《ふ》陀《だ》洛《らく》院《いん》

金《こん》剛《ごう》福《ふく》寺《じ》

地図 P60-O

ビラン、アコウなどの熱帯樹林が繁る山門

弘仁十三年（822）、当地で千手観音を感得した弘法大師が、嵯峨天皇より「補陀洛東門」の勅願を賜って堂宇を建立。以来、寺は代々天皇家の勅願所として栄え、平安時代後期には観音霊場として幅広い信仰を集めた。室町時代には、京都仁和寺から下国された尊海法親王が住職を務める。本尊の三面千手観世音菩薩は秘仏だが、正月、初観音、お涅槃祭りなどに公開。石段を数段上がり「補陀洛東門」の額が掛かる山門を入ると、左手には親子亀のいる手水舎、さらに石段を上がると大師亀がいる。頭を撫でて念ずればご利益があるという。正面突き当たりに本堂、その右には多宝塔と護摩堂が建っている。多宝塔は、源氏一門の満仲が源頼光公と清和天皇の菩提を弔うために建立した。本堂の左には、愛染堂が建ち、愛染明王と聖天尊が祀られている。寺宝である愛染明王座像は、平安後期の作といわれており、県指定の文化財。愛染明王は、縁結び・家庭円満を司る仏様。聖天様は、十一面観世音菩薩の化身で抜苦与楽、転貧与福のご利益を授かれる。足摺岬の断崖周辺には、大師ゆかりの七不思議伝説が点在する遊歩道がある。展望台から椿のトンネルを歩いて行くと、大師が爪で「南無阿弥陀仏」と彫ったといわれる「爪書き石」。少し先には亀の背中に乗り、沖の不動岩で身体安全、海上安全の祈祷をした「亀呼場」、「大師一夜建立ならずの鳥居」「ゆるぎ石」などがある。

本尊	三面千手観世音菩薩
真言	おん ばざら たらま きりく
宗派	真言宗豊山派
住所	土佐清水市足摺岬214-1
電話	0880・88・0038
宿坊	1泊2食6500円

駐車場から境内まで徒歩3分

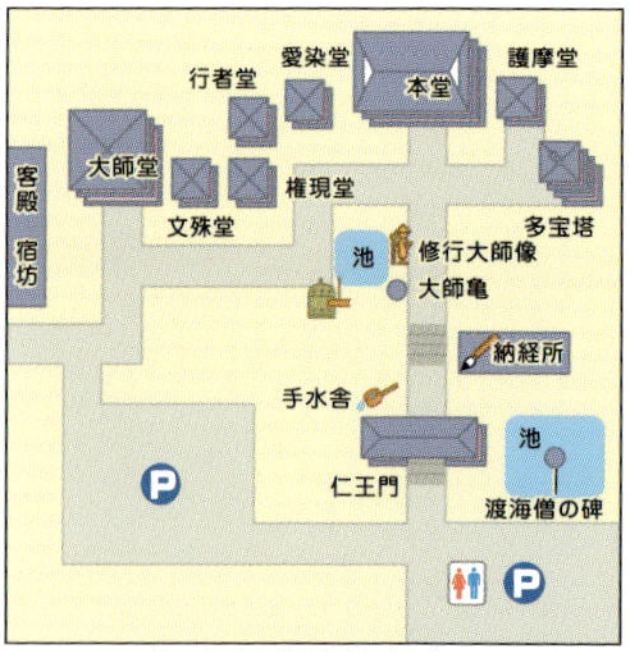

← 39番延光寺まで56キロ

第39番

赤亀山《しゃっきざん》　寺山院《じさんいん》

延《えん》光《こう》寺《じ》

地図 P60-P

風情ある境内に建つ本堂、左手に大師堂がある

神亀元年（７２４）に行基菩薩が聖武天皇の勅願を受けて、安産、厄除けを祈願して刻んだ薬師如来像を安置して、本坊と十二坊を建立した。当時は、薬師如来の瑞相にちなみ亀鶴山と称し、院号は施薬院、寺号を宝光寺と呼び、本尊の胎内には行基菩薩が感得したという仏舎利を秘蔵したと伝えられている。延暦十四年（７９５）に弘法大師が来錫され、桓武天皇の勅願所として再興。日光・月光の両脇侍を刻んで七堂伽藍を整え札所に定めた。この時、大師は付近の村民が水不足に苦しんでいる様子を見て、錫杖で地面を突いたところ清水が湧きでたという。霊水は宝医水と名付けられ、眼病に霊験のあるところから「眼洗い井戸」と呼ばれるようになり、今も本堂の横にある小さな祠の井戸から湧出している。

大赤亀の石造前を通り、本堂へ向かう

延喜十一年（９１１）の刻銘が入った梵鐘は、国の重要文化財に指定された寺宝。赤い亀が背中に梵鐘を乗せて、竜宮城から持ち帰ったという。この時より、寺の山号は伝説にちなみ、赤亀山延光寺と改められた。明治初年には、この鐘が高知県庁に運ばれ県議会の合図として用いられたという由緒ある鐘だ。仁王門から長い石畳が正面奥の大師堂まで続き、掃き浄められた境内は、修行の道場・土佐路十六ヶ寺の最後の札所にふさわしく、やすらかな静けさが漂っている。境内には、熊野大社も祀られ健康祈願、交通安全の他、五穀豊穣、商売繁盛にご利益があるとして信仰を集める。

本尊 薬師如来
真言 おん　ころころ　せんだり　まとうぎ　そわか
宗派 真言宗智山派
住所 宿毛市平田町中山３９０
電話 ０８８０・６６・０２２５
宿坊 なし

駐車場から境内まで徒歩2分

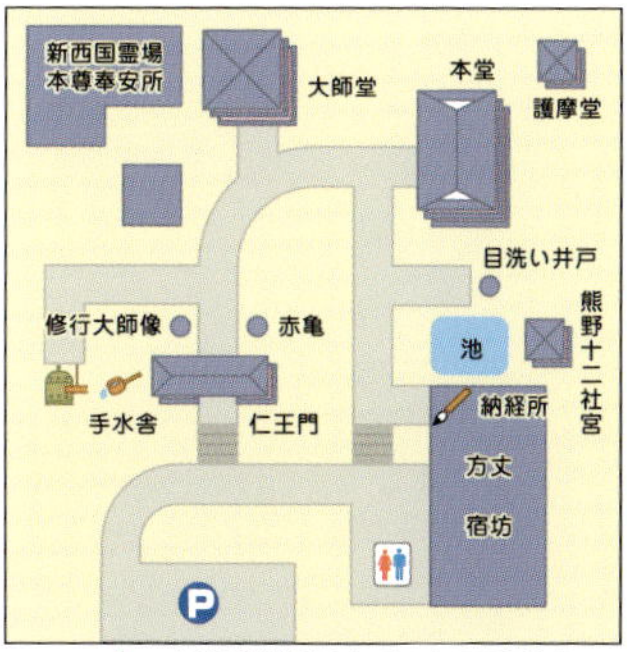

← 40番観自在寺まで29キロ

宿泊先一覧

23番札所 薬王寺	**ホテル明星** TEL 0887-22-3232 室戸市室戸岬町3883 1泊2食付10,800円～、29室 23番薬王寺から車で**1時間30分** 24番最御崎寺へ車で**7分**
24番札所 最御崎寺	**太田旅館** TEL 0887-22-0004 室戸市室津2649 1泊2食付6,500円、14室 24番最御崎寺から車で**15分** 25番津照寺へ徒歩**1分**
27番札所 神峯寺	**高知黒潮ホテル** TEL 0887-56-5800 香南市野市町東野1630 1泊2食付8,440円～、102室 27番神峯寺から車で**55分** 28番大日寺へ車で**5分**
28番札所 大日寺	**癒しの湯宿 龍河温泉** TEL 0887-53-4126 香美市土佐山田町佐古薮430-1 1泊2食付10,800円～、10室 28番大日寺から車で**15分** 29番国分寺へ車で**25分**
30番札所 善楽寺	**ザ クラウンパレス新阪急高知** TEL 088-873-1111(代表) 高知市本町4-2-50 1泊朝食付8,000円～、242室 30番善楽寺から車で**20分** 31番竹林寺へ車で**15分**
	オリエントホテル高知 TEL 088-822-6565 高知市升形5-37 1泊4,700円～、140室 30番善楽寺から車で**20分** 31番竹林寺へ車で**20分**
	ホテルNO.1高知 TEL 088-873-3333 高知市廿代町16-8 1泊5,290円～、221室 30番善楽寺から車で**15分** 31番竹林寺へ車で**15分**
	高知アネックスホテル TEL 088-821-2111 高知市廿代町5-16 1泊5,000円～、96室 30番善楽寺から車で**30分** 31番竹林寺へ車で**30分**
32番札所 禅師峰寺	**国民宿舎 桂浜荘** TEL 088-841-2201 高知市浦戸830-25 1泊2食付9,720円～、30室 32番禅師峰寺から車で**20分** 33番雪蹊寺へ車で**10分**
35番札所 清瀧寺	**国民宿舎 土佐** TEL 088-856-2451 土佐市宇佐町竜599-6 1泊5,300円～、37室 35番清瀧寺から車で**20分** 36番青龍寺へ車で**5分**
36番札所 青龍寺	**一福旅館** TEL 0889-42-1262 須崎市西崎町3番8号 1泊4,300円～、8室 36番青龍寺から車で**30分** 37番岩本寺へ車で**30分**
37番札所 岩本寺	**なごみ宿 安住庵** TEL 0880-35-3184 四万十市中村1815 為松公園頂上 1泊2食付14,904円～、9室 37番岩本寺から車で**1時間** 38番金剛福寺へ車で**1時間**
	四国最南端 絶景リゾートホテル 足摺テルメ TEL 0880-88-0301 土佐清水市足摺岬字東畑1433-3 1泊2食付8,710円～、41室 37番岩本寺から車で**約2時間** 38番金剛福寺へ車で**約5分**
	民宿 西田 TEL 0880-88-0025 土佐清水市足摺岬716-1 1泊2食付7,500円(温泉入湯付)、13室 37番岩本寺から車で**1時間50分** 38番金剛福寺へ車で**4～8分**
39番札所 延光寺	**米屋旅館** TEL 0880-63-3141 宿毛市中央5丁目4-7 1泊2食付6,500円～、10室 39番延光寺から車で**7分** 40番観自在寺へ車で**25分**

宿泊料金は、大人1人で平日に1室利用した場合の料金(税・サ込)です。季節や曜日による料金変動や、四国遍路に限り割引プランがある宿もあります。予約時にご確認ください。

札所迄の時間は目安です。道路事情や通行道の選択により変わります。

左枠内の寺名は、巡拝当日の打ち留め寺です。

※情報は、平成28年7月現在のものです。料金など変更になる場合があります。

愛媛県【伊予】
菩提の道場

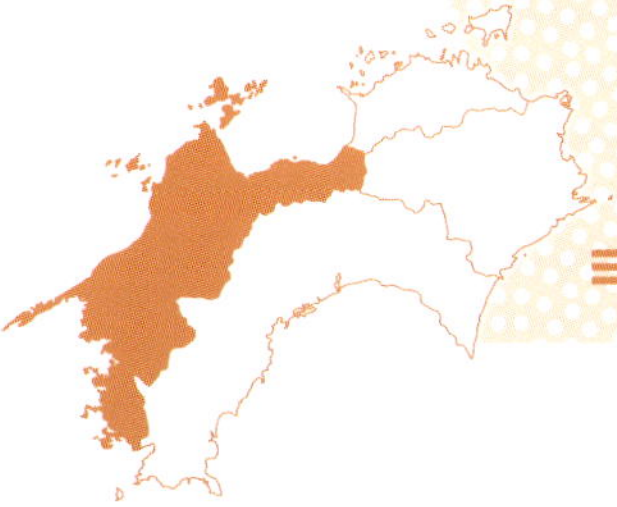

伊予　菩提の道場。
厳しい行路を来た巡礼者を
穏やかな海が迎えます…

大師とゆく、悟りの道は
まだまだ続きます。

札所	寺	掲載ページ	次の札所まで
40	観自在寺	P88	50km
41	龍光寺	P89	3km
42	仏木寺	P89	15km
43	明石寺	P90	87km
44	大寶寺	P91	9.5km
45	岩屋寺	P92	35km
46	浄瑠璃寺	P93	0.8km
47	八坂寺	P94	5km
48	西林寺	P95	3km
49	浄土寺	P96	2km
50	繁多寺	P97	3km
51	石手寺	P98	12km
52	太山寺	P99	2km
53	圓明寺	P100	38km
54	延命寺	P100	4km
55	南光坊	P101	3.5km
56	泰山寺	P102	3km
57	栄福寺	P103	4km
58	仙遊寺	P104	7.5km
59	国分寺	P105	30km
60	横峰寺	P106	10km
61	香園寺	P107	2km
62	宝寿寺	P108	1.5km
63	吉祥寺	P108	3km
64	前神寺	P109	47km
65	三角寺	P109	66番札所 雲辺寺まで 30km

愛媛県【伊予】菩提の道場

1:750,000
0 1 2 3cm
0 10 20 30km
MAPIO/Royalty Free Digital Maps ©NijiX
N
53
52
高浜
松山空港
松前町
松山IC
伊予IC
47
伊予灘
JR予讃線
伊予出石
56
大洲IC
内子PA
大洲市
内子五十崎IC
380
197
八幡浜港
八幡浜市
大洲
北只IC
内子町
愛媛県
西予宇和IC
上宇和
43
42
41
北宇和郡
197
鬼北町
二名
伊予吉田
381
宇和島市
56
南宇和郡
40
愛南町

A
41番 龍光寺へ←
40 観自在寺 P88
御荘保育所
ホテル
サンパール
平城小学校
愛南町役場
御荘支所
南宇和
高校
DCMダイキ
南宇和店
フジ南宇和店
御荘郵便局
愛南警察署
297
御荘平城
御荘中学校
293
56
明屋書店
南宇和店
道の駅
みしょうMIC
宿毛街道
南宇和
自動車教習所
56
34
297
香木園
39番 延光寺へ→
西海道路
宇和海展望タワー
紫電改展示館

B
43番 明石寺へ↑
42 仏木寺 P89
279
中山池
宇和島
カントリー倶楽部
31
松山自動車道（無料区間）
成妙小学校
41 龍光寺 P89
石の鳥居
戸雁
集会所
ひまわり牛乳
三間高校
宇和島市役所
三間支所
田中
治療院
JR予土線
283
渡辺酒店
伊予宮野下駅
道の駅
みま
278
コスモスホール三間
283
31
三間IC
務田駅
57
40番 観自在寺へ↓

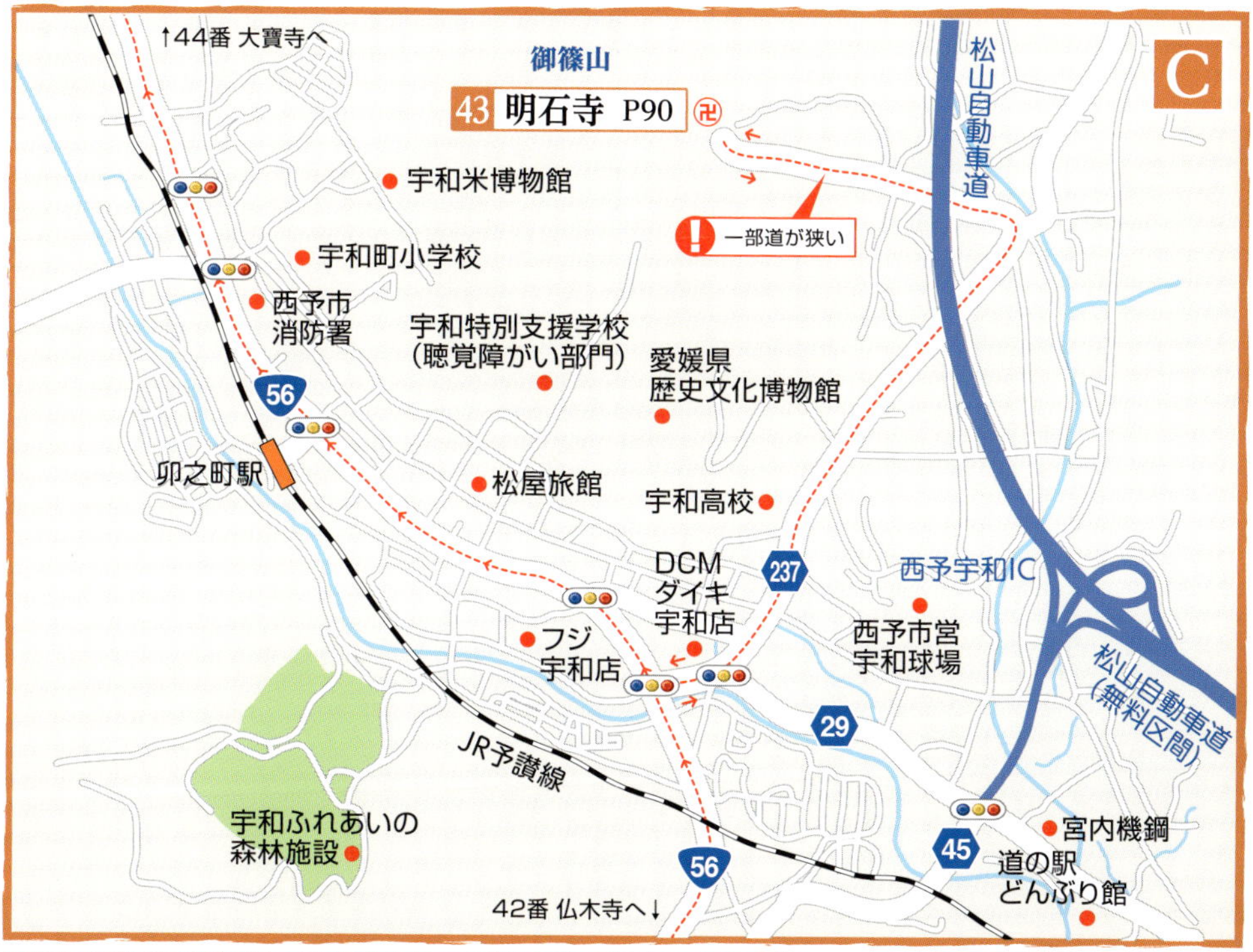
C
↑44番 大寶寺へ
御篠山
43 明石寺 P90
宇和米博物館
一部道が狭い
松山自動車道
宇和町小学校
西予市
消防署
宇和特別支援学校
(聴覚障がい部門)
愛媛県
歴史文化博物館
56
卯之町駅
松屋旅館
宇和高校
237
DCM
ダイキ
宇和店
西予宇和IC
西予市営
宇和球場
フジ
宇和店
松山自動車道
(無料区間)
29
JR予讃線
宇和ふれあいの
森林施設
宮内機鋼
45
道の駅
どんぶり館
56
42番 仏木寺へ↓

D
46番 浄瑠璃寺へ↑
45番 岩屋寺へ↑
やすらぎの宿
でんこ
久万公園
サークルK
久万入野店
物産館みどり
33
ドライブイン
おこうさん
JA松山市久万
12
町立久万
美術館
44 大寶寺 P91
久万高原
警察署
久万
中学校
久万川
久万高原町役場
松山生協久万店
久万高原町立病院
久万高原町立
図書館
久万高原
ラグビー場
久万小学校
43番 明石寺へ↓

E
八幡神社
210
高原ゴルフ
倶楽部
12
44番 大寶寺へ←
46番 浄瑠璃寺へ←
国民宿舎
古岩屋荘
12
赤い橋
45 岩屋寺 P92
P
P
12
槙谷公会堂

F
48番 西林寺へ↑
運動公園東口
荏原
郵便局
荏原
小学校
東明病院
くたに幼稚園
運動公園入口
愛媛県
総合運動公園
西大池
文殊院
特別養護
老人ホーム
愛寿荘
207
とべ動物園
194
えひめ
こどもの城
通谷池
久谷中学校
47 八坂寺 P94
八坂食堂
33
DCMダイキ宮内店
長珍屋
46 浄瑠璃寺 P93
45番 岩屋寺へ↓

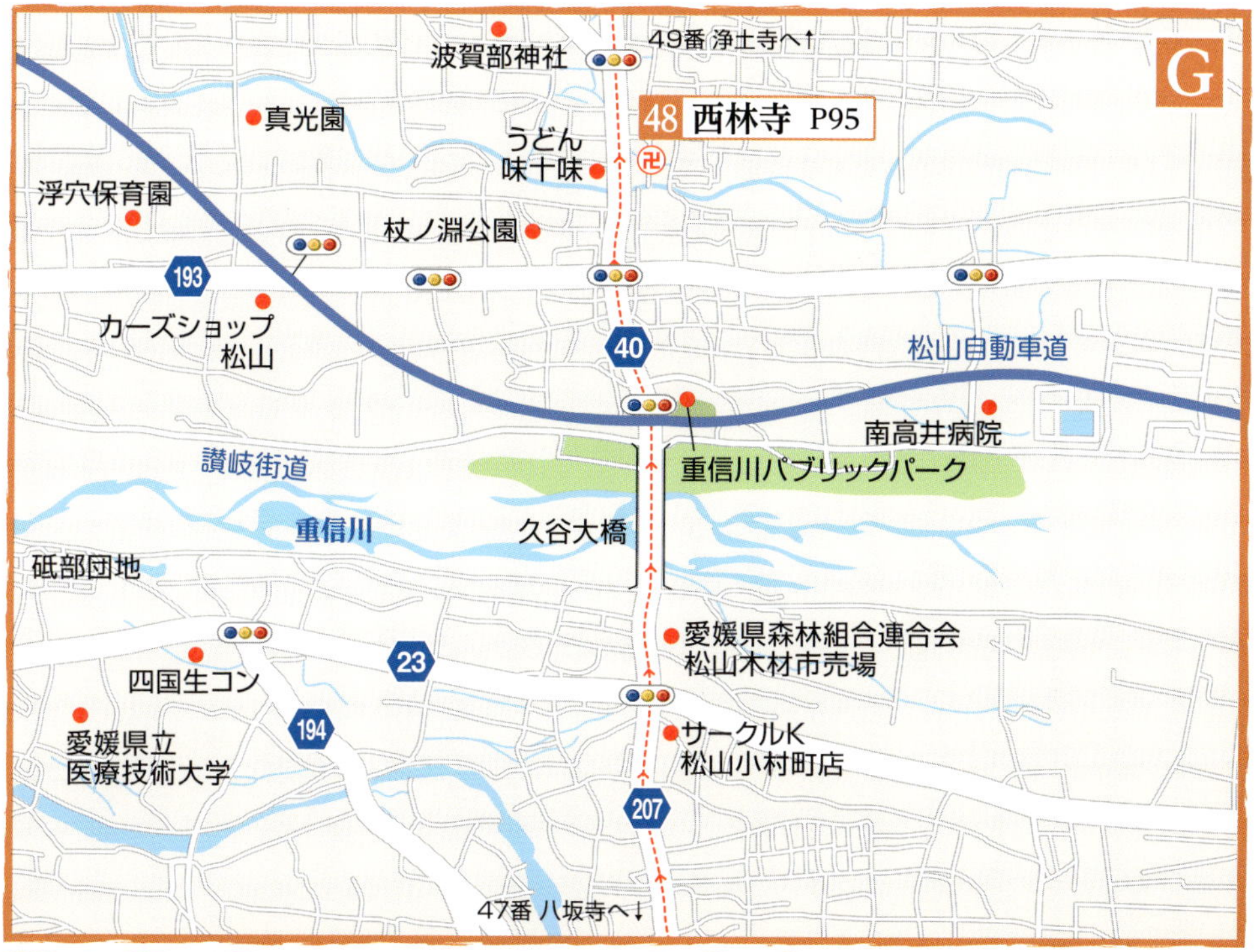
G
49番 浄土寺へ↑
波賀部神社
48 西林寺 P95
真光園
うどん
味十味
浮穴保育園
杖ノ渕公園
193
カーズショップ
松山
40
松山自動車道
南高井病院
讃岐街道
重信川パブリックパーク
重信川
久谷大橋
砥部団地
愛媛県森林組合連合会
松山木材市売場
23
四国生コン
194
サークルK
松山小村町店
愛媛県立
医療技術大学
207
47番 八坂寺へ↓

H
51番 石手寺へ↑
松山東雲
女子大学
亀井製菓畑寺店
住宅地の細道
グループホーム
ファミール桑原
50 繁多寺 P97
媛彦温泉
松山城東
病院
三町公園
大護幼稚園
芝ヶ峠
334
イヨテツ
スポーツセンター
福音寺駅
伊予鉄道横河原線
北久米
小学校
40
山田池
コメダ珈琲店
南久米店
鷹子町
北久米駅
東道後のそらともり
日尾八幡
神社
松山城南高校
11
49 浄土寺 P96
ここだけ道が狭い
久米駅
東道後温泉
久米之癒
鷹の子病院
久米病院
愛媛日産久米店
190
久米
小学校
正岡
産婦人科
久米
幼稚園
鷹ノ子駅
スーパーABC
久米店
愛媛生協病院
48番 西林寺へ↓

菩提の道場【愛媛】第40～65番

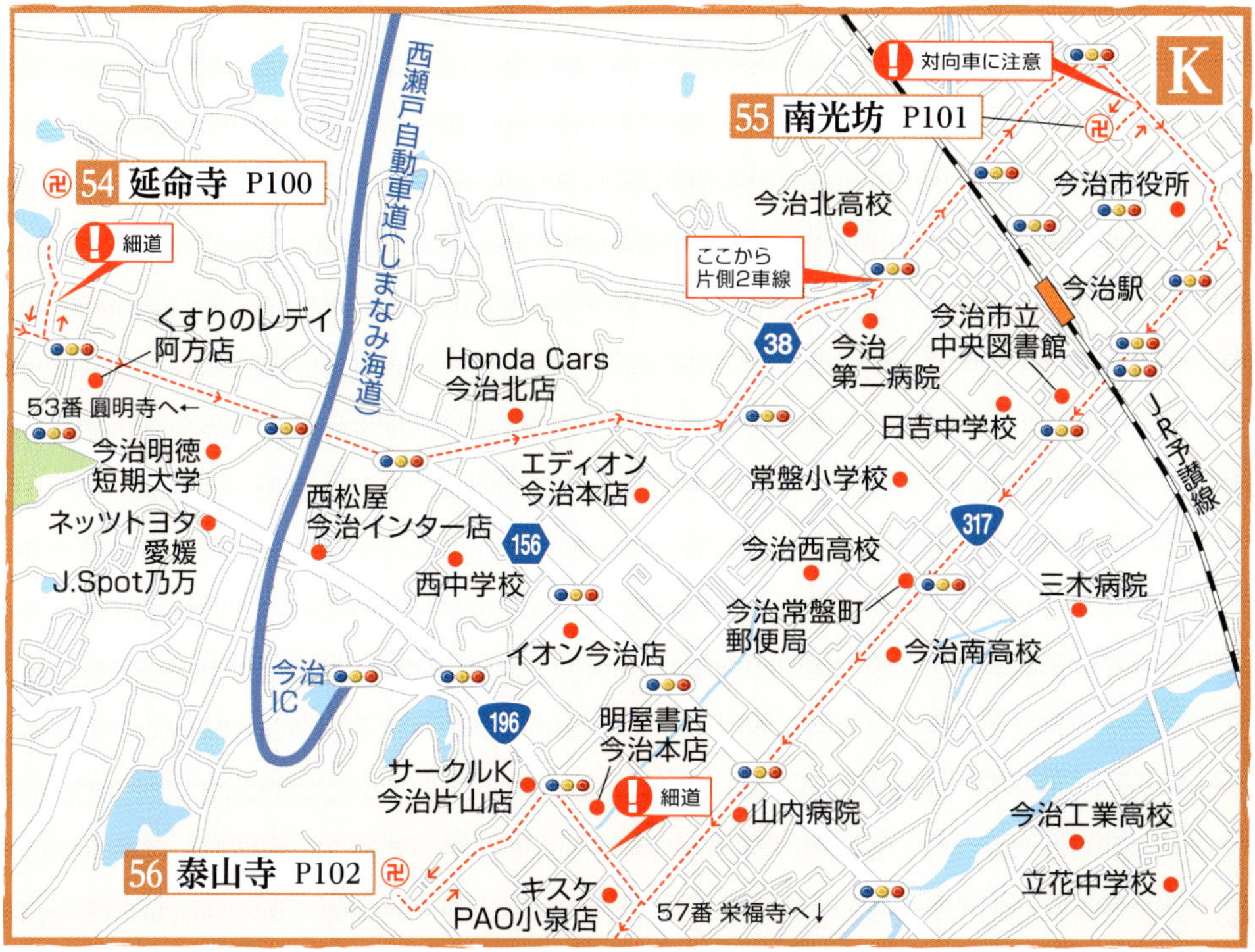
K
55 南光坊 P101
対向車に注意
54 延命寺 P100
細道
西瀬戸自動車道(しまなみ海道)
今治北高校
今治市役所
ここから
片側2車線
今治駅
今治市立
中央図書館
くすりのレデイ
阿方店
Honda Cars
今治北店
今治
第二病院
53番 圓明寺へ←
日吉中学校
今治明徳
短期大学
エディオン
今治本店
常盤小学校
JR予讃線
西松屋
今治インター店
ネッツトヨタ
愛媛
J.Spot乃万
今治西高校
西中学校
三木病院
今治常盤町
郵便局
イオン今治店
今治南高校
今治
IC
明屋書店
今治本店
サークルK
今治片山店
細道
山内病院
今治工業高校
56 泰山寺 P102
キスケ
PAO小泉店
57番 栄福寺へ↓
立花中学校
38
156
196
317
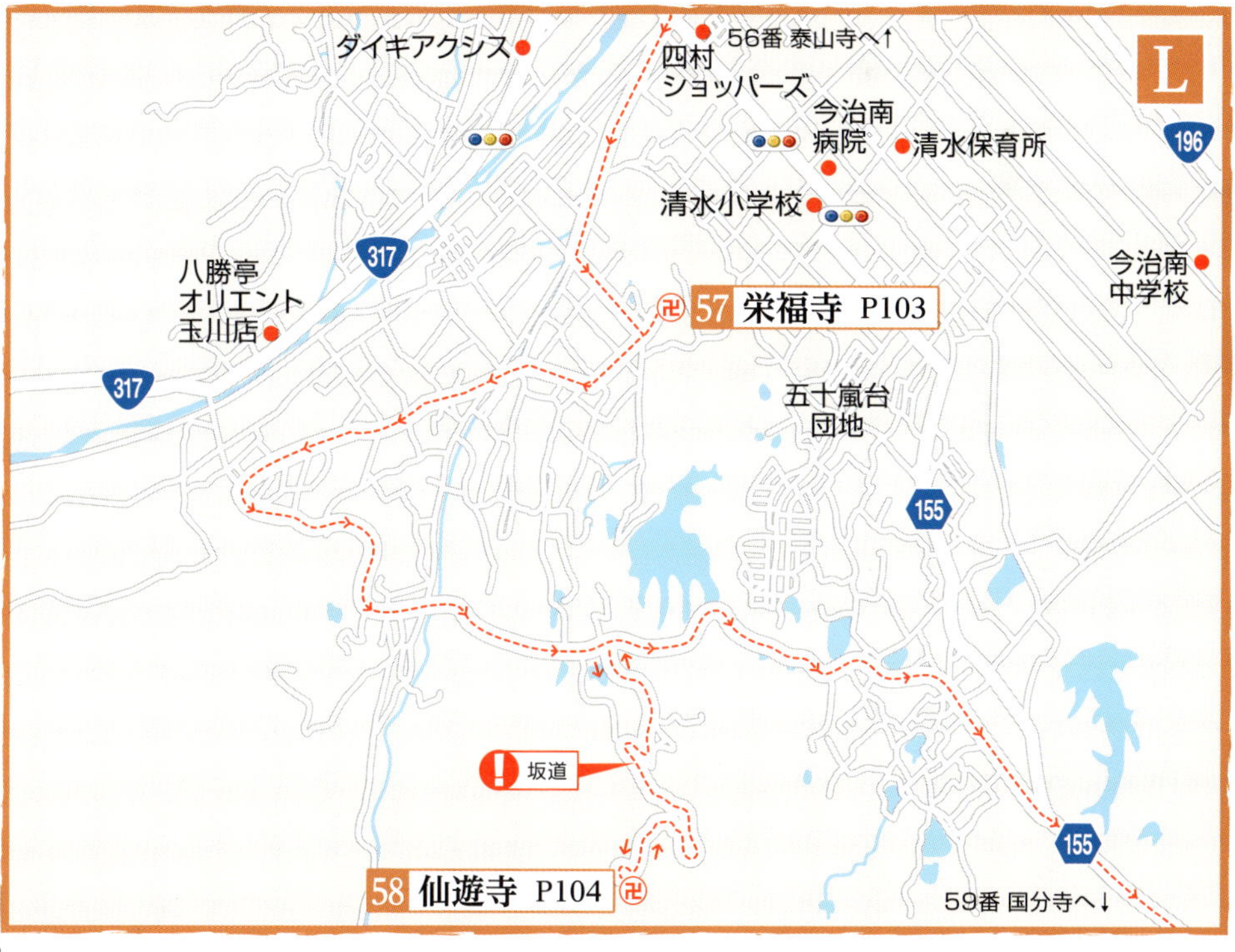
L
ダイキアクシス
56番 泰山寺へ↑
四村
ショッパーズ
今治南
病院
清水保育所
清水小学校
196
317
八勝亭
オリエント
玉川店
今治南
中学校
57 栄福寺 P103
五十嵐台
団地
155
坂道
58 仙遊寺 P104
59番 国分寺へ↓

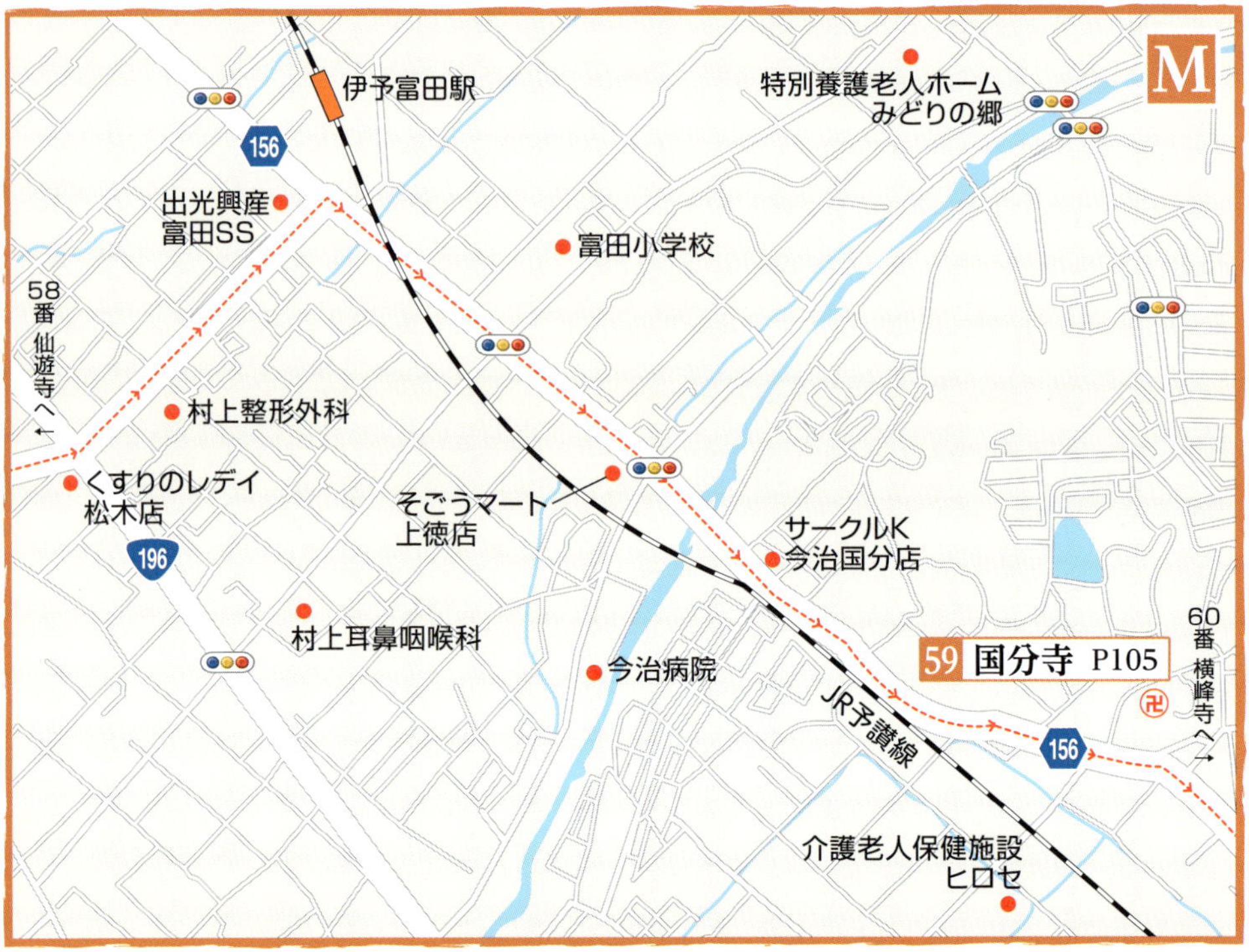
M
伊予富田駅
156
出光興産
富田SS
58番 仙遊寺へ←
富田小学校
特別養護老人ホーム
みどりの郷
村上整形外科
くすりのレデイ
松木店
196
そごうマート
上徳店
サークルK
今治国分店
村上耳鼻咽喉科
今治病院
59 国分寺 P105
60番 横峰寺へ→
JR予讃線
156
介護老人保健施設
ヒロセ

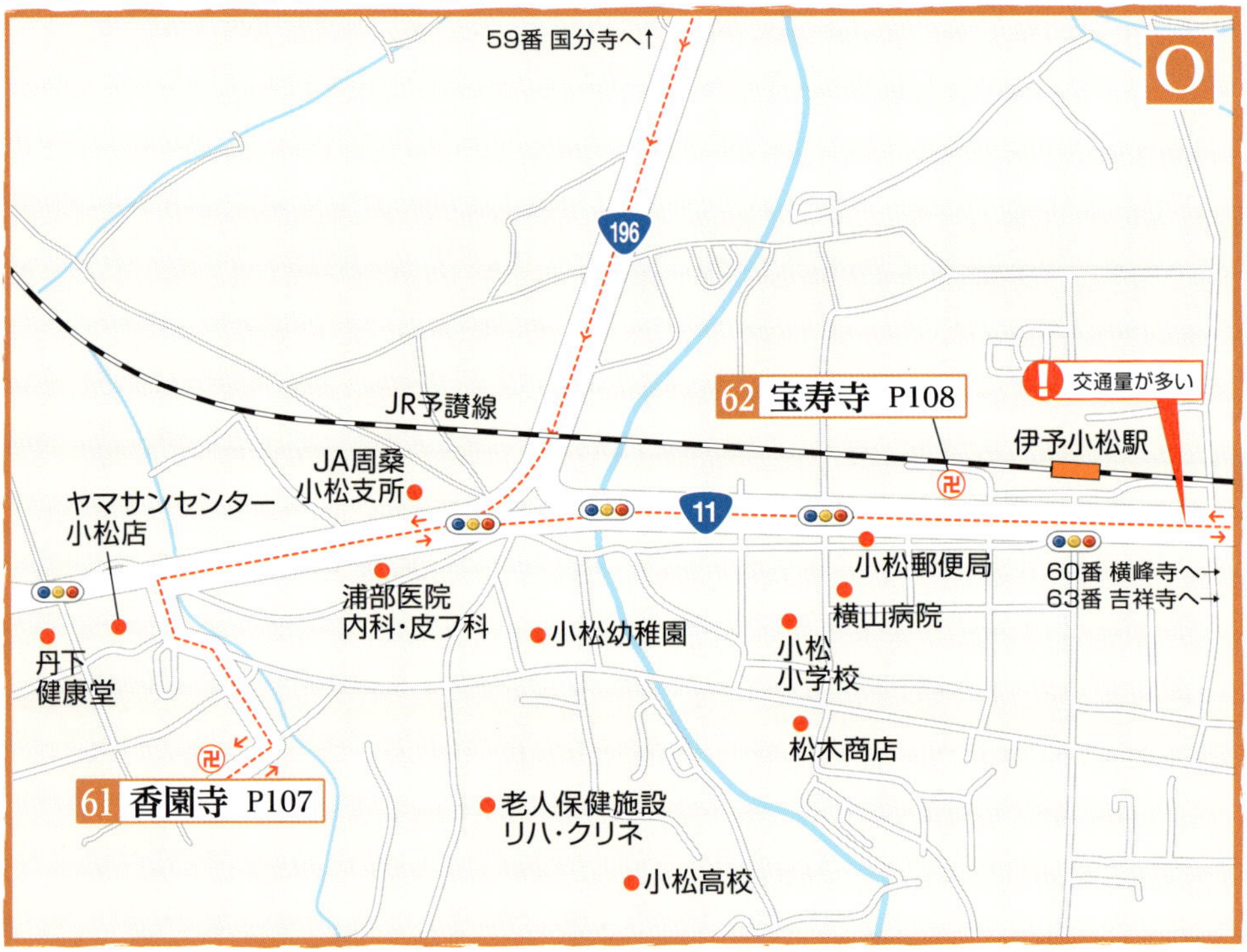
59番 国分寺へ↑
O
196
交通量が多い
JR予讃線
62 宝寿寺 P108
伊予小松駅
JA周桑
小松支所
ヤマサンセンター
小松店
11
浦部医院
内科・皮フ科
小松郵便局
横山病院
60番 横峰寺へ→
63番 吉祥寺へ→
丹下
健康堂
小松幼稚園
小松
小学校
松木商店
61 香園寺 P107
老人保健施設
リハ・クリネ
小松高校

N
59番 国分寺へ↑
196
144
JR予讃線
63 吉祥寺 P108
62 宝寿寺 P108
西条市
西条西部公園
伊予小松駅
11
西条
市民病院
伊予氷見駅
西条西中学校
61 香園寺 P107
11
小松温芳
図書館
氷見
小学校
石鎚自動車
64番 前神寺へ→
小松
中学校
小松高校
西条氷見
郵便局
橘小学校
142
いよ小松
IC
小松
中央公園
天満宮
松山自動車道
いよ小松
JCT
細い山道
142
せとうちバス
上の原乗換所
12
綱付山
黒瀬湖
12
西条市
平野林道
料金所
すれ違い困難な
細く急な坂道
冬期は通行止めに
なることも
12
石鎚ふれあいの里
60 横峰寺 P106

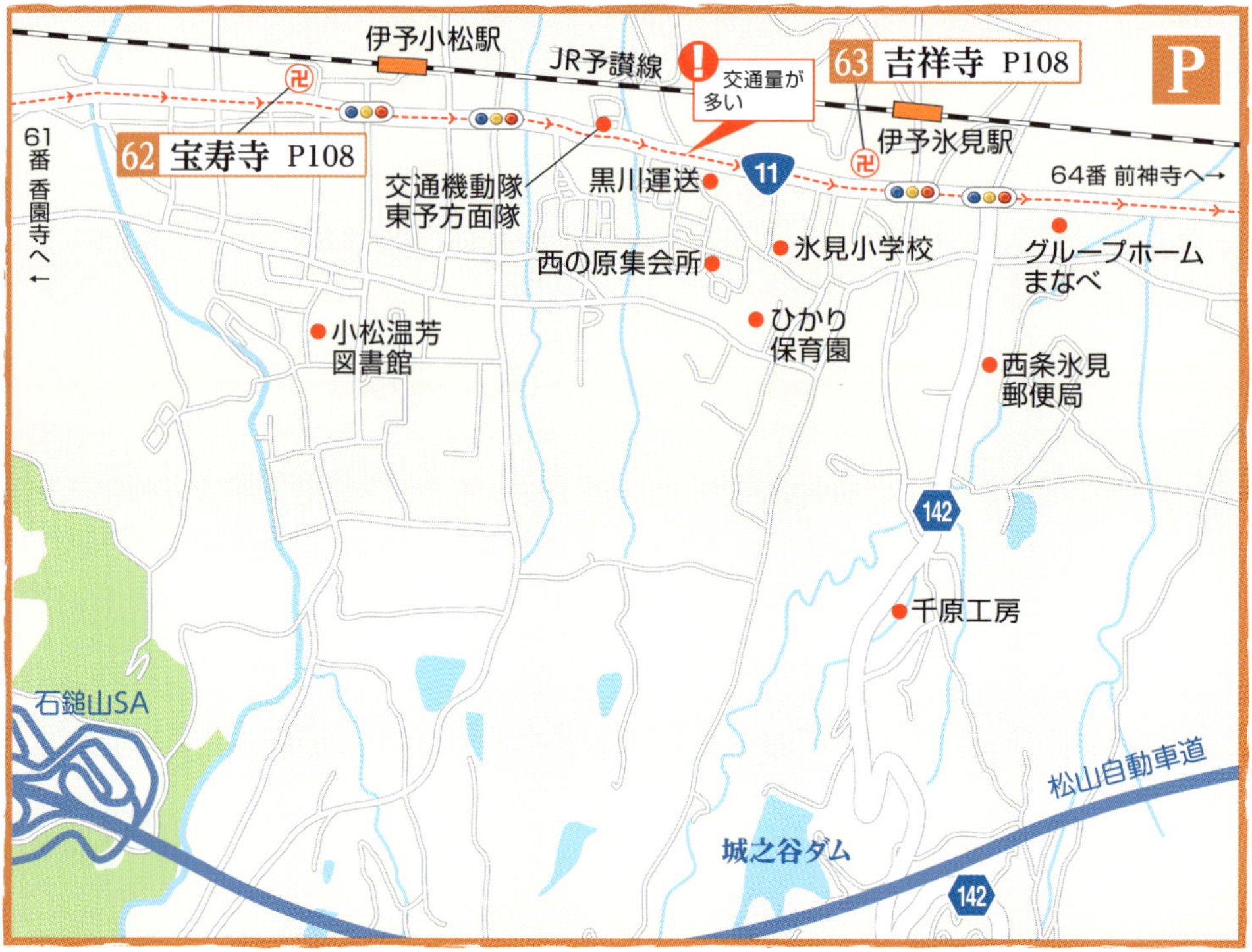
P
伊予小松駅
JR予讃線
交通量が多い
63 吉祥寺 P108
伊予氷見駅
62 宝寿寺 P108
61番 香園寺へ←
交通機動隊
東予方面隊
黒川運送
11
64番 前神寺へ→
西の原集会所
氷見小学校
グループホーム
まなべ
小松温芳
図書館
ひかり
保育園
西条氷見
郵便局
142
千原工房
石鎚山SA
松山自動車道
城之谷ダム
142

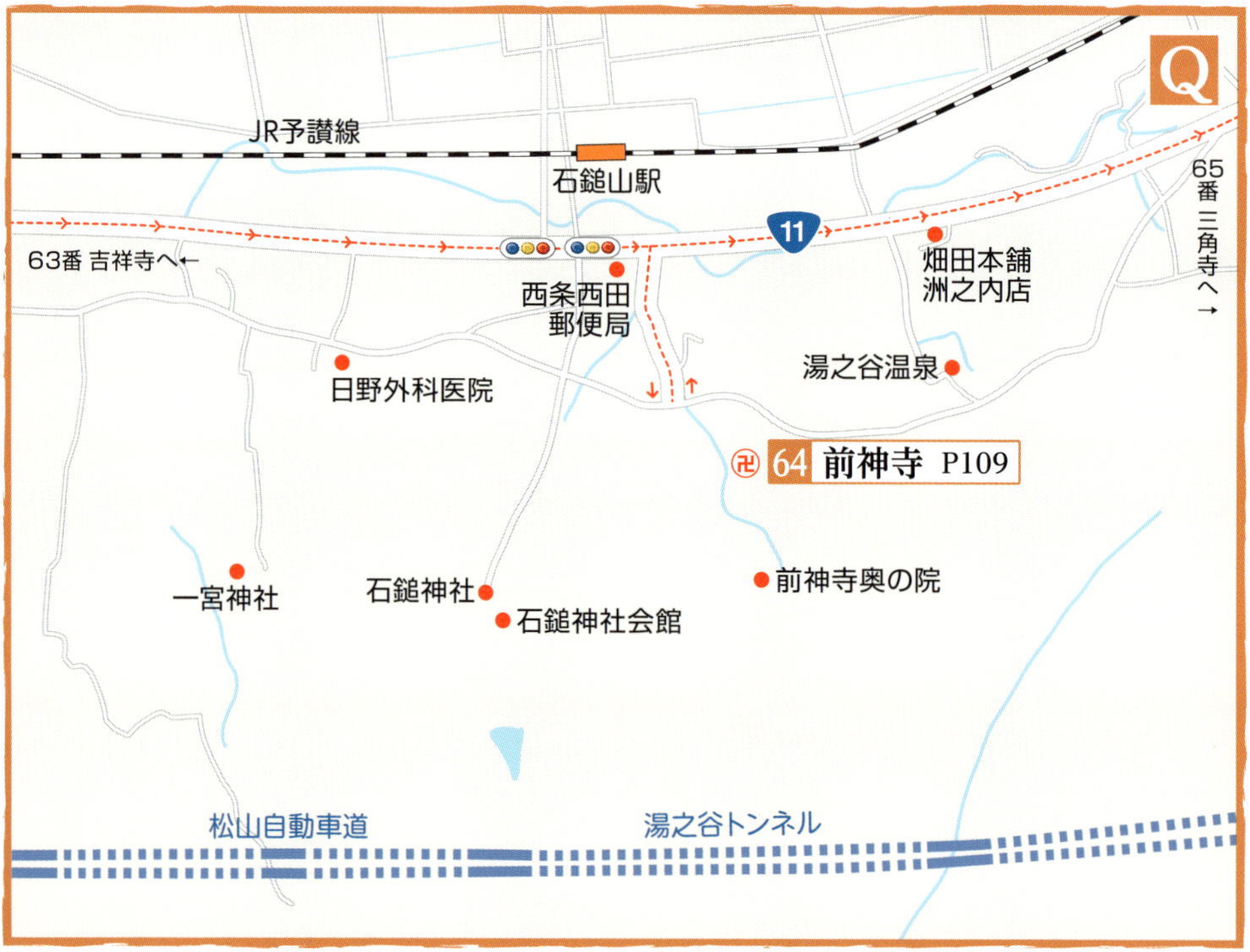
Q
JR予讃線
石鎚山駅
65番 三角寺へ→
11
63番 吉祥寺へ←
畑田本舗
洲之内店
西条西田
郵便局
湯之谷温泉
日野外科医院
64 前神寺 P109
一宮神社
石鎚神社
前神寺奥の院
石鎚神社会館
松山自動車道
湯之谷トンネル

R
JR予讃線
高松自動車道
川之江郵便局
金生第一
小学校
森と湖畔の公園
オートキャンプ場
川之江JCT
飼谷池
64番
前神寺へ
66番
雲辺寺へ
5
高知自動車道
向山公園
くすりのレデイ
川之江店
川之江南
中学校
ローソン
四国中央金田町店
フジ
グラン
川之江店
124
HITO病院
192
南小学校
中上簡易
郵便局
川之江みなみ幼稚園
11
松山自動車道
東宮公園
T字路
三島川之江IC
65 三角寺 P109

第40番

平城山《へいじょうざん》　薬師院《やくしいん》

観自在寺《かんじざいじ》

地図 P78-A

鎌倉時代の様式を取り入れたという本堂

八方位の守護仏でもある十二支守り本尊

第四十番観自在寺は、第一番霊山寺より一番遠く「四国霊場の裏関所」とも呼ばれる名刹。寺は大同二年（807）、平城天皇の勅願所として弘法大師が開創。本尊の薬師如来、脇仏の阿弥陀如来、十一面観世音菩薩の三躰は、大師が一本の霊木を彫造し安置した。

病弱だった平城天皇は、在位三年で皇位を嵯峨天皇に譲り上皇となる。しかし、平城天皇の寵愛を受けた藤原薬子と兄の仲成が上皇に政権を取り戻そうと画策するが、弘仁元年（810）に嵯峨天皇により鎮圧された。薬子の乱により平城上皇は連座の罪に問われ、仏門に入る。剃髪した遺髪が本堂横の五輪塔に納められている。寛永十五年（1638）には、京都・大覚寺の空性法親王が四国巡拝の折に宿泊され「薬師院」の号を受ける。かつてこの地域は比叡山延暦寺の門跡寺院、青蓮院の荘園であったことから、御荘と呼ばれた。その後、火災により全てを焼失するが、延宝六年（1678）宇和島藩主・伊達宗利氏の祈願所として、本堂、大師堂が再建される。昭和三十四年（1959）に再び本堂が焼失したが、信徒の浄財で創建時の姿で復興される。

本堂に向かう石畳左手に、十二支守本尊八体仏が並び、参拝者は水をかけて願いを成就させる。大師堂には、弘法大師尊像、脇侍として不動明王と愛染明王が祀られている。回廊には四国八十八ヶ所のお砂を敷き詰め、四国八十八ヶ所のお砂巡りができる。

本尊	薬師如来
真言	おん　ころころ　せんだり　まとうぎ　そわか
宗派	真言宗大覚寺派
住所	南宇和郡愛南町御荘平城2253-1
電話	0895・72・0416
宿坊	素泊まりのみ、要問合せ

駐車場は山門前に隣接

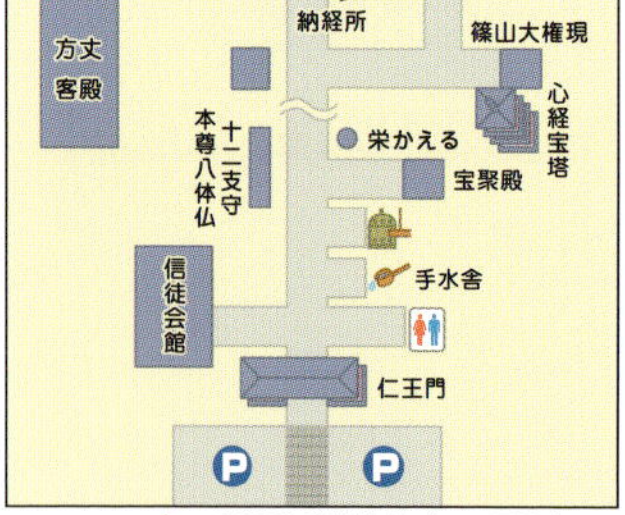

41番龍光寺まで50キロ

第41番

稲荷山《いなりざん》 護国院《ごこくいん》

龍光寺《りゅうこうじ》

本堂には龍の目玉が祀られている

大同二年（807）二月初午の日、弘法大師がこの地を巡錫していると、稲を背負った白髪の老人が現れて「我この地に住み、法経を守り、人々を救わん」と言って姿を消した。大師はその老人こそ、五穀大明神の化身であると感得し、稲荷大明神を祀った。十一面観世音菩薩に代わる、脇士に不動明王、毘沙門天を刻み安置。地元では「三間のお稲荷さん」の愛称で親しまれる。

本尊 十一面観世音菩薩
真言 おん　まか　きゃろにきゃ　そわか
宗派 真言宗御室派
住所 宇和島市三間町戸雁173
電話 0895・58・2186
宿坊 なし

地図 P78-B

駐車場から境内まで徒歩2分

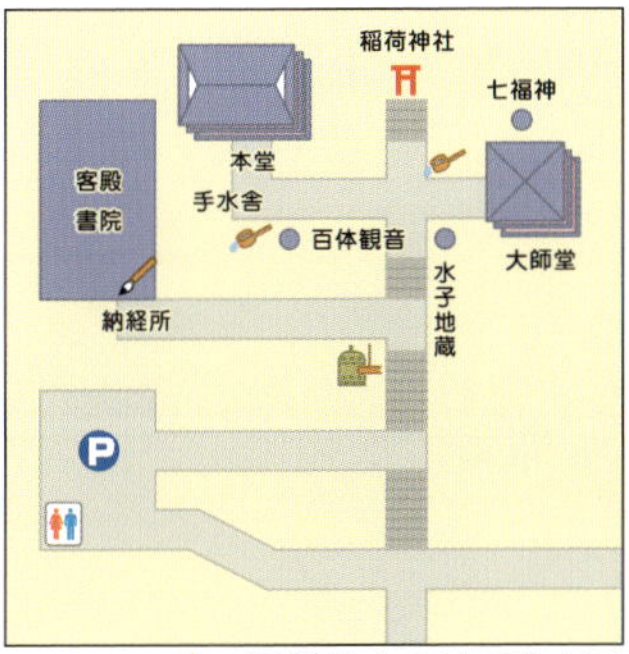

42番仏木寺まで3キロ

第42番

一𣏐山《いっかざん》 毘盧舎那院《びるしゃないん》

仏木寺《ぶつもくじ》

本尊の大日如来は鎌倉時代の墨書銘がある

大同二年（807）、弘法大師がこの地を巡錫中に、牛をひく老人と出会った。導かれて進んでいくと、楠の大樹の梢で大師が唐から投げた宝珠が光っていた。その霊木で大日如来像を刻み、眉間に宝珠を納め本尊として安置。鎌倉時代には領主・西園寺家、江戸時代には藩主・伊達秀宗氏の庇護を受け隆盛を誇る。四国霊場では珍しい茅葺き屋根の鐘楼堂は、納経所の向かいに建つ。

本尊 大日如来
真言 おん　あびらうんけん　ばざら　だとばん
宗派 真言宗御室派
住所 宇和島市三間町則1683
電話 0895・58・2216
宿坊 なし

地図 P78-B

駐車場は山門前に隣接

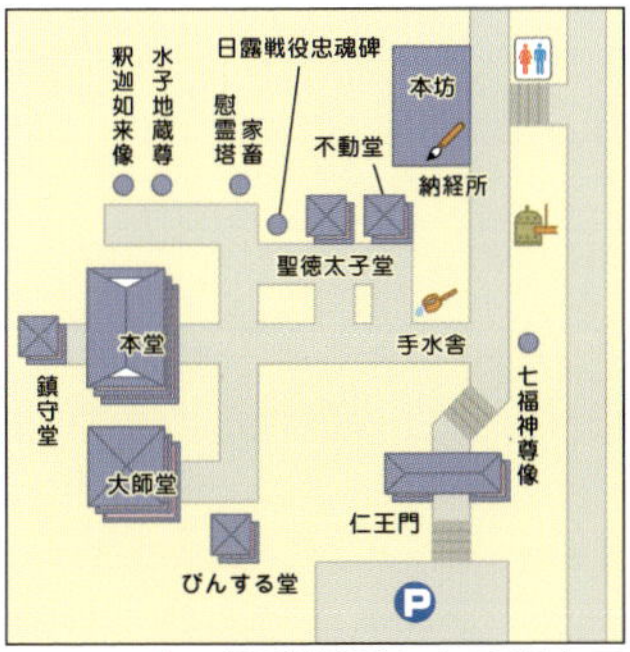

43番明石寺まで15キロ

第43番

源光山《げんこうざん》 円手院《えんじゅいん》

明石寺《めいせきじ》

唐破風造りの本堂は、平成19年（2007）に登録有形文化財指定

地図 P79-C

　欽明天皇の勅願により行者・円手院正澄が千手観世音菩薩を安置、七堂伽藍を建立したのが始まりと伝えられる。天平六年（734）には、寿元行者が紀州熊野から十二社権現を勧請し、十二坊を建てて修験道場となる。弘仁十三年（822）嵯峨天皇の勅願により、弘法大師が荒廃した伽藍を再興して四国霊場に定めた。建久五年（1194）には源頼朝が命の恩人である池禅尼の菩提を弔うため阿弥陀如来像を安置。経塚を築いて堂宇を再興し、山号を「源光山」に改めたと伝えられる。室町時代には西園寺氏の祈願所となり、寛文十二年（1672）に、宇和島藩主・伊達宗利が菩提寺として現在の御堂を建立。

修行大師像が見守る御加持水

　仁王門の右手に延命地蔵堂があり、尊像は子育てと病気平癒祈願のご利益を授かる仏様。特に耳の病に霊験があり、産後の母乳もよく出ると、昔から信仰されている。地元では「あげいしさん」と親しまれる明石寺。その昔、若く美しい娘が深夜に願をかけながら大きな石を運んでいた。ところが、天の邪鬼が鶏の声を真似て鳴いたのを夜明けと思い驚き、消え去ってしまう。この女性は千手観世音菩薩であると伝えられ、ご詠歌の「聞くならく千手の誓い不思議には　大磐石もかろくあげいし」もこの故事からきている。本堂の屋根は珍しい茶系の釉薬瓦。正面に出鼻獅子、左右にバク、中央に龍を配し懸魚の鳳凰が見事だ。大師堂、仁王門ほか八棟が登録有形文化財の指定を受けている。

本尊	千手観世音菩薩
真言	おん　ばざらたらま　きりく　そわか
宗派	天台寺門宗
住所	西予市宇和町明石201
電話	0894・62・0032
宿坊	なし

駐車場から境内まで徒歩2分

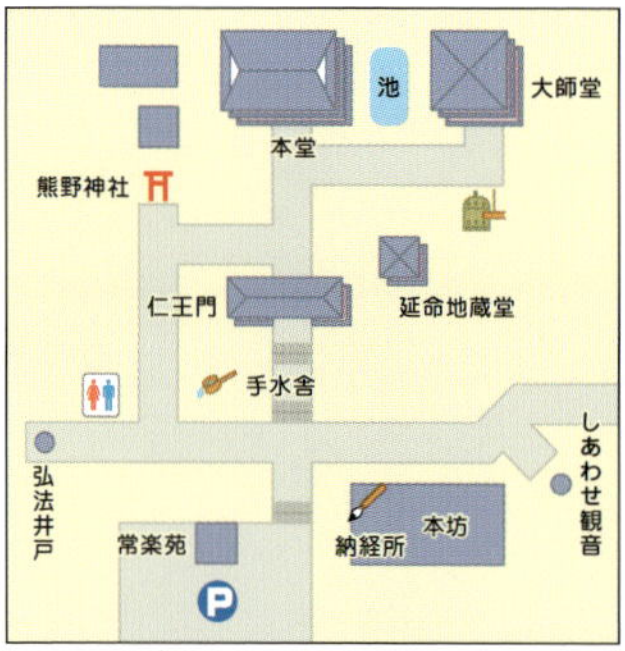

← 44番太宝寺まで87キロ

第44番

菅生山《すごうざん》　大覚院《だいかくいん》

大寶寺《だいほうじ》

老樹に囲まれる本堂で、般若心経を唱えるお遍路

地図
P79-D

飛鳥時代の用明天皇（585〜587）の頃、百済からきた聖僧が十一面観世音菩薩像を山中に安置したのが寺の始まりと伝えられる。その後、明神右京と隼人という狩人の兄弟が菅生山でその菩薩像を見つけ、草庵に祀って本尊とした。大宝元年（701）に文武天皇の勅願により寺院を建立。元号にちなんで「大寶寺」と号し創建された。

弘仁十三年（822）に弘法大師もここを訪れ、密教三教の修法を厳修し、四国霊場第四十四番札所に定められた。仁平二年（1152）に火災によって寺は焼失、保元年間（1156〜1159）に後白河法皇がこの寺に病気平癒の勅使を遣わし、快癒したことから妹宮を大寶寺住職として派遣され、伽藍を再建し勅願寺とした。参道に残る勅使橋は、その当時の名残りであるという。天正年間（1573〜1592）の兵火で再び焼失したが、松山藩主の寄進で復興し、江戸中期には松平家の祈願所となる。明治七年（1874）には、三たび失火により堂宇を焼失。この時は地元の人の寄進により、寺を再興する。

参道には樹齢八百年にも及ぶ杉や檜の巨木が立ち並んでいる。仁王門の金剛力士像は、享徳四年（1455）、法眼という越前の大仏師の作。鐘楼は二つ、左側の鐘は「平和の鐘」と呼ばれ、これは第二次世界大戦で亡くなった地元の英霊を供養するために建立。大師堂は、総檜造り、宝珠寄棟銅板葺きの豪壮な建物だ。

紅葉の季節には、境内が黄金色に染まる

本尊　十一面観世音菩薩
真言　おん　まか　きゃろにきゃ　そわか
宗派　真言宗豊山派
住所　上浮穴郡久万高原町菅生1173
電話　0892・21・0044
宿坊　1泊2食6000円

駐車場は境内に隣接

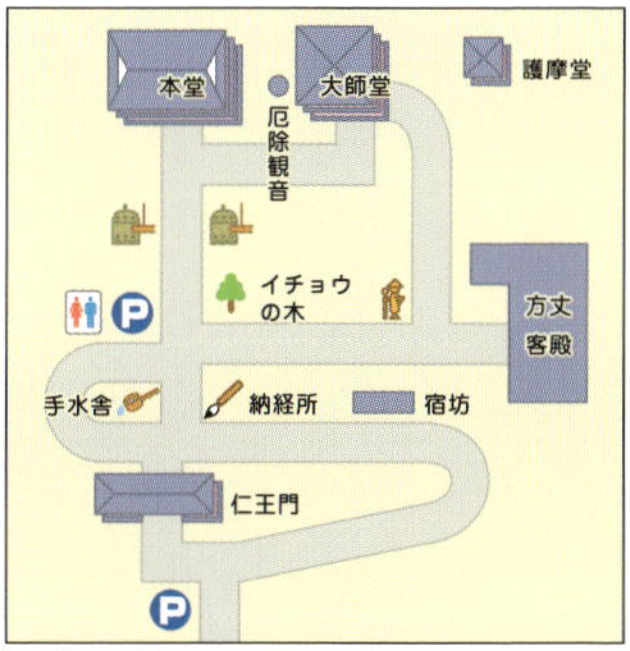

45番岩屋寺まで9.5キロ

本堂岩山の洞穴・仙人堂跡へは、はしごで上がる

第45番

海岸山《かいがんざん》 岩《いわ》屋《や》寺《じ》

地図 P80-E

大師堂左の山門から大師修行の逼割禅定へ

弘仁六年(815)に、修行の霊地を探していた弘法大師が、明王鈴の音を頼りに入山したところ、修行中の法華仙人と出会い、仙人は大師の修法に篤く帰依し、全山を献上して大往生したという。そこで、大師は木像と石像の二体の不動明王を刻み、木像は本尊として本堂に安置し、石像は奥の院の秘仏として岩窟に封じ込め、全山を本尊・不動明王として、護摩修法をされた。

一遍上人が鎌倉時代の中期に参籠、修行された古刹でもある。明治三十一年(1898)に火災で仁王門、虚空蔵堂を残して全山を焼失した。その後、昭和二年(1927)に建立された本堂が垂直の礫岩峰に抱かれるように佇んでいる。左の鐘楼門に面する側が胎蔵界峯、右が金剛界峯と呼ばれ、国の名勝、県立自然公園に指定されている。金剛界峯の本堂右手には、急なはしごが掛けられ、上には法華仙人の行場の跡と舎利塔が残る。本堂へ上がる石段の右手には穴禅定がある。弘法大師自らが掘られたという独鈷の霊水と呼ばれる清水が湧出し、手水場にも引かれている。

大正九年(1920)に再建された大師堂は、平成十九年(2007)に重要文化財の指定を受けた。伝統的な寺社様式を基調としているが、随所に洋風を意識した装飾が取り入れられている。前に張り出した向拝柱は、二本組の角柱にフルーティングが施されている。

本尊 不動明王

真言 のうまく さんまんだ ばざらだん せんだ まかろしゃだ そわたや うんたらた かんまん

宗派 真言宗豊山派

住所 上浮穴郡久万高原町七鳥1468

電話 0892・57・0417

宿坊 なし

駐車場から境内まで徒歩20分

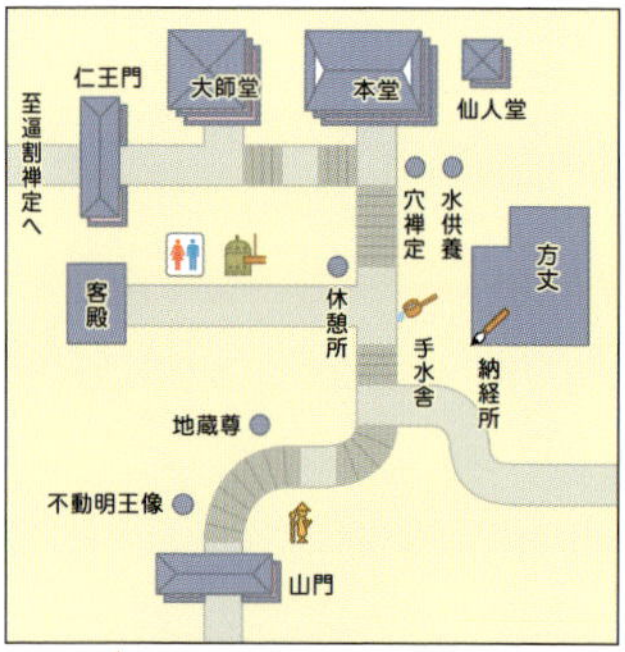

46番浄瑠璃寺まで35キロ

古色蒼然と佇む本堂には、宝珠を手にしたさすり仏がある

第46番

医王山《いおうざん》 養珠院《ようじゅいん》

浄瑠璃寺《じょうるりじ》

地図 P80-F

緑あふれる境内、大師堂で祈りを捧げる

和銅元年（708）東大寺の大仏開眼の四十四年前、布教宣布のために伊予国を旅していた行基菩薩が、この地を仏教布教の最適地と感得し伽藍を建立。この時、行基は、白檀の木で薬師如来を彫造して本尊とし、脇仏に日光・月光菩薩、眷属として十二神将を刻み安置した。寺名は薬師如来がおられる瑠璃光浄土から「浄瑠璃寺」とし、山号も医王如来にちなんだ。弘仁三年（812）、弘法大師がこの寺に留まり堂宇を修復し、霊場に定めた。

室町時代にはこの地の豪族、平岡遠江守道倚（久谷城主）が土地を寄進し、荒れ果てた寺の再興に尽くした。戦国時代には戦乱によって荒廃し、江戸時代の元禄年間（1688〜1704）に山火事で本尊と脇仏、須弥壇を除いてほとんどの寺宝や堂宇を焼失した。しかし、地元の庄屋から住職になった僧・堯音が天明五年（1785）に寺を再興する。堯音は、托鉢をしながら全国を行脚して、その浄財で現在の本堂や諸堂を修復したと伝わる。

一帯は遍路の元祖と言われる衛門三郎の故郷。石段を上がると、すぐ右に鐘楼「薬師十二願の鐘」があり、撞けば十二の願いが叶うという。境内には、仏手石や仏手指紋などのご利益石がある。仏足石は、仏の足跡で健脚・交通安全を願う人が訪れ、裸足になってこの上に立ち祈願する。本堂横の一願弁天は、ただ一つの願いを叶えてくれる芸術の守護神。知恵、音楽に関する願いには、特に霊験あらたかという。

本尊 薬師如来
真言 おん ころころ せんだり まとうぎ そわか
宗派 真言宗豊山派
住所 松山市浄瑠璃町282
電話 089・963・0279
宿坊 なし

駐車場は境内に隣接

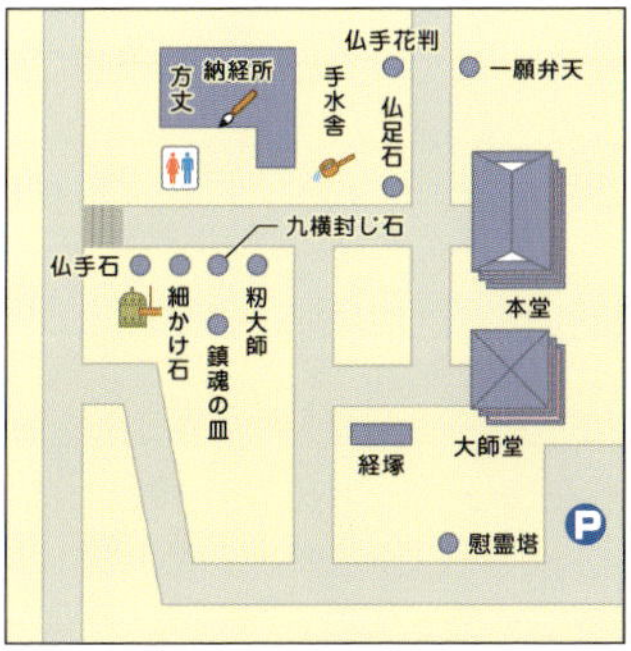

← 47番八坂寺まで0.8キロ

第47番

熊野山《くまのざん》 妙見院《みょうけんいん》

八坂寺《やさかじ》

本堂の右奥には、紀州の熊野大権現を祀った権現堂がある

柴燈大護摩道場のいやさか不動尊

地図 P80-F

奈良時代から千三百年余りも続く寺で、修験道の開祖・役小角の開基。大宝元年（701）に文武天皇の勅願寺として伊予国司・小千玉興公が七堂伽藍を建立するにあたり、大堂山に八ヶ所の坂道を切り抜いて道路を造ったところから「八坂寺」と号した。後に寺は荒廃してしまうが、弘仁六年（815）、弘法大師が来錫し八十八ヶ所の霊場に定めた。

本尊の阿弥陀如来坐像は、平安時代の恵心僧都源信の作と伝えられる。ご開帳は五十年に一度とされる秘仏で県重要文化財に指定されている。次回ご開帳は、平成四十六年を予定している。脇仏の毘沙門天、庫裏前の庭園にある宝篋印塔も同時代の作という。その後、修験道の根本道場としても繁栄。紀州から熊野権現十二社明神の分霊を勧請して祀ったことから「熊野山八坂寺」と呼ばれるようになった。往時は境内に十二坊、末寺が四十八ヶ寺と僧兵を抱えるほど隆盛を極めた。天正年間（1573～1592）に、土佐の戦国武将・長宗我部軍の攻略により伽藍は焼失。以来、再興と焼失を繰り返し、寺の規模は縮小の一途をたどった。平成十七年（2005）には、柴燈護摩道場といやさか不動尊が建立され、毎年四月二十九日に八坂寺祈念祭が厳修される。本堂の地下には、数多くの万体阿弥陀仏が黄金色の輝きを放つ。閻魔堂のトンネルには、「極楽の途」と「地獄の途」があり、美しい浄土や餓鬼道、畜生道、修羅道が描かれている。

本尊 阿弥陀如来
真言 おん あみりた ていせい から うん
宗派 真言宗醍醐派
住所 松山市浄瑠璃町八坂773
電話 089・963・0271
宿坊 なし

駐車場は境内に隣接

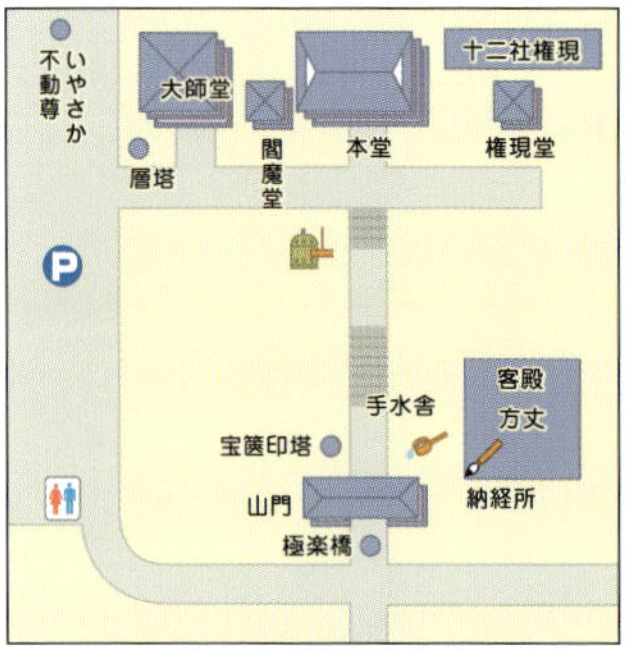

← 48番西林寺まで5キロ

第48番

清滝山《せいりゅうざん》　安養院《あんよういん》

西《さい》林《りん》寺《じ》

大屋根の本堂の右には、新築された大師堂が佇む

仁王門の正面には本堂が見える

地図 P81-G

　天平十三年（741）、四国を旅していた行基菩薩が、伊予の国司である越智玉純と出会い、徳威の里に一宮別当寺として堂宇を建立。この時、行基自らが本尊の十一面観世音菩薩像を彫造して安置した。その後、大同二年（807）に、四国巡錫中の弘法大師がこの寺に逗留。当時の国司・越智実勝公と共に寺を現在地に移し、伽藍を再興。四国霊場四十八番目の札所に定め、国家安泰を祈願する道場にした。弘法大師が巡錫していた際、この地はひどい干魃に見舞われていた。そこで里人を救おうと、大師は錫杖で水脈を探り当て、周辺の田畑を潤した。全国の水百選にも選ばれた西林寺奥の院「杖の淵」はその遺跡とされ、清水が湧き出ている。

　寛永年間（1624～1644）に、火災により堂宇を焼失したが、元禄十三年（1700）に松山藩主・松平定英公を施主として本堂など一部が再建され、干魃の年には同藩の祈願所になった。その後、宝永四年（1707）には中興の祖・覚栄法印によって本堂・鎮守堂の補修と鐘楼などが再建。

　仁王門は門前を流れる川の土手より低い場所にある。このことから無間地獄にたとえられ、罪のある者は奈落に落ちるといわれる伊予の関所寺だ。境内には緑に囲まれた鯉の泳ぐ池があり、その奥の一願地蔵に祈願すると、一つだけ願いを叶えてくれる。閻魔堂前の「孝行竹」は、親竹と子竹が一緒に生え、家庭円満の象徴として信仰されている。

本尊	十一面観世音菩薩
真言	おん　まか　きゃろにきゃ　そわか
宗派	真言宗豊山派
住所	松山市高井町1007
電話	089・975・0319
宿坊	なし

駐車場は境内に隣接

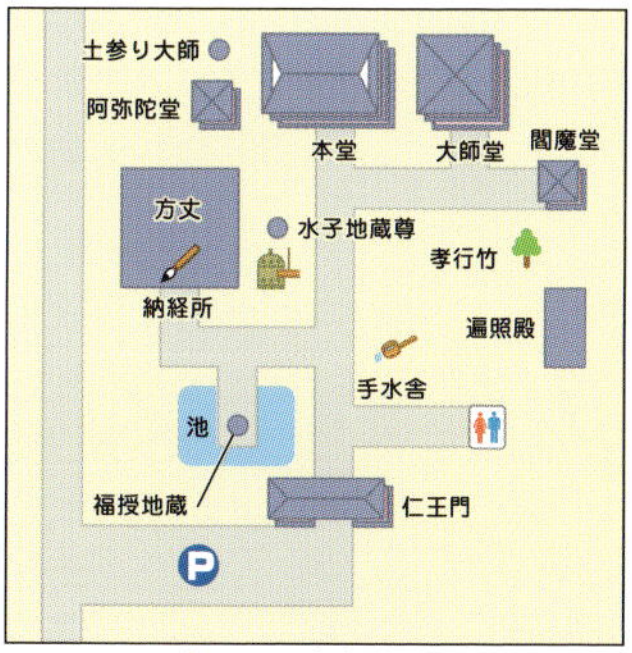

49番浄土寺まで3キロ

第49番

西林山《さいりんざん》 三蔵院《さんぞういん》

浄《じょう》土《ど》寺《じ》

地図
P81-H

念仏踊りの開祖・空也上人像が祀られる本堂

草蛙や幟旗などの奉納物が飾られた大師堂

天平勝宝年間（749～757）に孝謙天皇の勅願で、恵明上人が行基菩薩作の釈迦如来像を祀り開創。その後弘法大師が巡錫した時に、荒廃していた伽藍を再興して、四国八十八ヶ所霊場に定めた。鎌倉幕府時代の建久三年（1192）には、源頼朝が家門の繁栄を祈願し、堂塔を修復。応永四年（1397）の兵火によりそのほとんどを消失したが、文明十四年（1482）に伊予の豪族・河野通信公が祈願所として伽藍を再建。本堂と内陣の厨子はこの時に創建された。本堂は、単層、寄棟造の本瓦葺きで、和様と唐様を折衷した室町時代の代表的建築物。堂内の厨子と共に、国の重要文化財に指定されている。

浄土寺には、南無阿弥陀仏の念仏を世に広めた念仏踊りの開祖・空也上人が天徳年間（957～961）、三年間滞在したと伝わる。空也上人は、万民救済という自らの信念で、民衆に浄土の教えを説き、行者として諸国を巡歴した。上人が唱えた「南無阿弥陀仏」の六文字の一語一語が仏の姿になっている空也上人像は、本堂の厨子に納められている。

昭和三十六年（1961）には、本尊厨子の解体修理が行なわれ、側面に室町時代から江戸時代にわたり、お遍路さんが書き残した貴重な落書きが見つかる。仁王像は、貞享三年（1686）大修理を加えた際の記録で運慶作という。傷みが見られるようになり、修理に出されたが、平成十九年（2007）十二月二日に開眼法要が行われた。

本尊 釈迦如来
真言 のうまく さんまんだ ぼだなん ばく
宗派 真言宗豊山派
住所 松山市鷹子町1198
電話 089・975・1730
宿坊 なし

駐車場は仁王門前に隣接

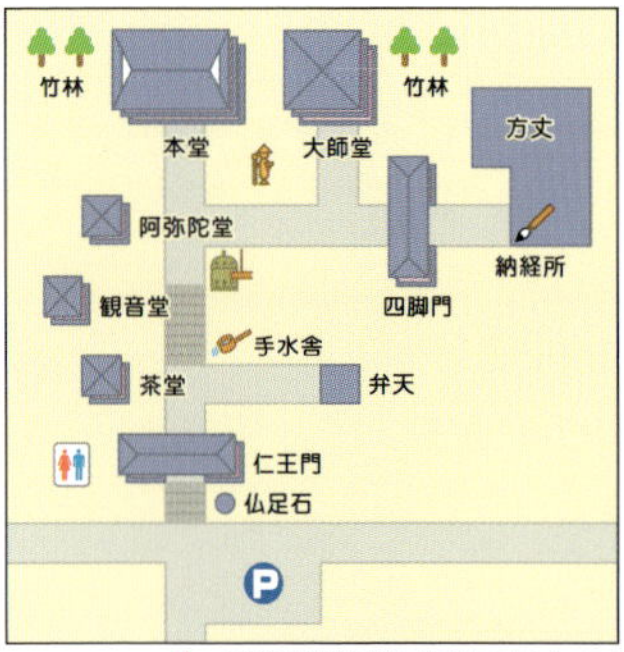

← 50番繁多寺まで2キロ

第50番

東山《ひがしやま》 瑠璃光院《るりこういん》

繁多寺《はんたじ》

景観樹林保護地域の静かな景勝地に建つ本堂

地図 P81-H

天平勝宝年間（749〜757）に孝謙天皇の勅願により、行基菩薩が開基し寺号は光明寺といった。本尊は行基によって彫造されたと伝わる座高九十㎝の薬師如来像。弘仁年間（810〜824）には、弘法大師が長く逗留し、当寺を四国霊場第五十番札所に定め、名前を繁多寺に改めた。弘安二年（1279）には後宇多天皇の勅命を受け、繁多寺で聞月上人が蒙古襲来の怨敵退散護摩を焚いた。また、時宗の開祖である一遍上人の修行の道場でもある。上人は伊予の豪族河野一門の子として延応元年（1239）に愛媛県道後に誕生。比叡山で修行した上人が繁多寺にいたのは、大宰府に渡り聖達上人から念仏の教理を受けた後だと伝わる。正応元年（1288）、亡父追善のため『浄土三部経典』を繁多寺に奉納した。応永二年（1395）には、京都泉涌寺二十六世快翁和尚が後小松天皇の命で、繁多寺の第七世住職に就任。こうした縁から寺には十六弁のご紋章がついた瓦が残っている。

鮮やかに描かれた鐘楼堂の二十四孝天井絵

江戸時代の天和年間（1681〜1684）には、龍湖という名僧が出て、徳川家の帰依を受け寺運は大いに隆盛し、四代将軍家綱の念持仏三躰の一つである歓喜天を祀る。その歓喜天堂は明治の火災で焼失、同十九年（1886）に再建されたが老朽化が進み、平成十八年（2006）九月に新しく建立された。お聖天さんと地元の方の信仰を集め、厄除けや商売繁盛、夫婦和合、合格祈願に多くの人が訪れている。

本尊	薬師如来
真言	おん ころころ せんだり まとうぎ そわか
宗派	真言宗豊山派
住所	松山市畑寺町32
電話	089・975・0910
宿坊	なし

駐車場は山門前に隣接

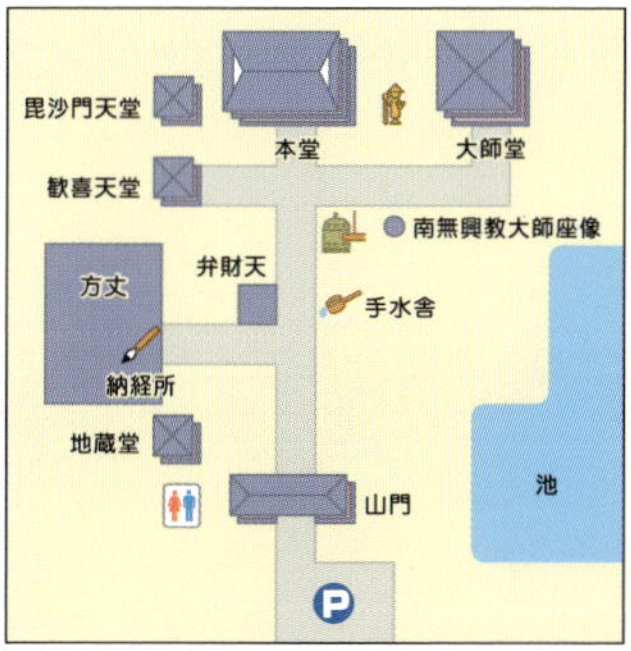

← 51番石手寺まで3キロ

第51番

熊《くま》野《の》山《ざん》 虚《こ》空《くう》蔵《ぞう》院《いん》

石《いし》手《て》寺《じ》

地図 P82-I

お遍路が焚く線香やローソクの明かりが絶えない大師堂

鬼子母神を祀る安産祈願の訶梨帝母天堂

天武天皇の神亀五年（728）に伊予の国司・越智玉純公が霊夢に熊野十二社権現、二十五菩薩が来臨するのを見て、この地を浄域として十二社権現を祀り勅願所と定めた。本尊は薬師如来で天平元年（729）、行基菩薩が開眼。安養寺と号され法相宗に属していたが、弘仁四年（813）に弘法大師が来錫、堂宇を整え真言宗に改めて第五十一番札所にしたと伝えられる。寛平四年（892）、衛門三郎伝説により寺名を石手寺と改号。

平安時代には七堂伽藍を備え、鎌倉時代には伊予国の武将・河野氏らによって相次いで堂塔が再建された。だが、永禄九年（1566）には、長宗我部元親軍の災禍によって十二間四面重層金堂など堂宇の大半を焼失してしまう。しかし、幸いなことに本堂や仁王門、三重塔などは残された。境内は三重塔を中心に曼荼羅に造られている。大日如来の悟りの世界を回り、八十八ヶ所霊場の巡礼修行と十三仏の供養が行われるという。

四国霊場でも随一の寺宝・文化財を有する名刹で、国宝の仁王門は、文保二年（1318）に河野通継公が建造。重要文化財指定には、鎌倉末期建立の本堂と三重塔、元弘三年（1333）建立の鐘楼、建長三年（1251）の銘が刻まれた銅鐘、室町初期建立の護摩堂、訶梨帝母天堂、河野通清が源頼義供養のために建久元年（1190）に建立した五輪塔などがある。道後温泉からも近く、松山地方大師信仰の中心として賑わっている。

本尊 薬師如来
真言 おん ころころ せんだり まとうぎ そわか
宗派 真言宗豊山派
住所 松山市石手2-9-21
電話 089・977・0870
宿坊 なし

駐車場から境内まで徒歩2分

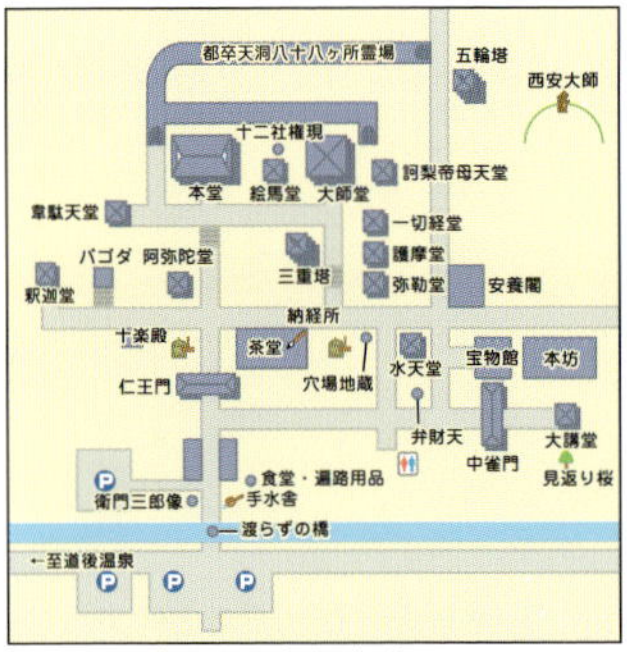

⬅ 52番太山寺まで12キロ

四国八十八ヶ所中、二番目に古いとされる国宝の本堂

第52番

瀧雲山《りゅううんざん》 護持院《ごじいん》

太山寺《たいさんじ》

地図 P82-J

三の門石段登り口にある大日如来像

　用明天皇二年(587)豊後の国の真野長者が商いのため船で大阪に向かう途中、高浜沖で暴風雨に襲われた。観音菩薩に無事を祈願したところ、光が射し込み高浜の岸で救われた。長者が光明の輝いていた山の頂に登ると、小さな草堂に十一面観音像が祀られていた。驚いた長者は、「我々を救ってくださったのはこの観音さまに違いない」と、報恩謝徳のため一宇の建立を大願。豊後で木組みを整え高浜まで運び、一夜で御堂を建立したと伝えられる。

　天平十一年(739)には、聖武天皇の勅願で行基菩薩が十一面観世音像を彫造した。その胎内に真野長者が瀧雲山で見つけた小さな観音像を納めて本尊にしたという。孝謙天皇(749〜758)の時代には六十六坊が建ち、七堂伽藍が整備され隆盛を極めたという。弘法大師が巡錫されたのは天長年間(824〜834)、護摩供養を修行されて法相宗から真言宗に改宗。後に寺は荒廃したが嘉元三年(1305)に再建された本堂は入母屋造り、本瓦葺きで、桁行七間、梁間は九間。重厚な屋根の広がりが美しく、国宝に指定されている。須弥段に安置されている十一面観音像は国の重要文化財。仁王門は三間一戸の八脚門、金剛力士像を安置した国の重要文化財。聖徳太子は、摂政となられた四年後に高麗の僧・恵慈と葛城の大臣を供に従え、太山寺にも参られた。この縁により、境内の聖徳太子堂には、法隆寺の夢殿と同じ聖徳太子像が祀られている。

本尊 十一面観世音菩薩
真言 おん　まか　きゃろにきゃ　そわか
宗派 真言宗智山派
住所 松山市太山寺町1730
電話 089・978・0329
宿坊 なし

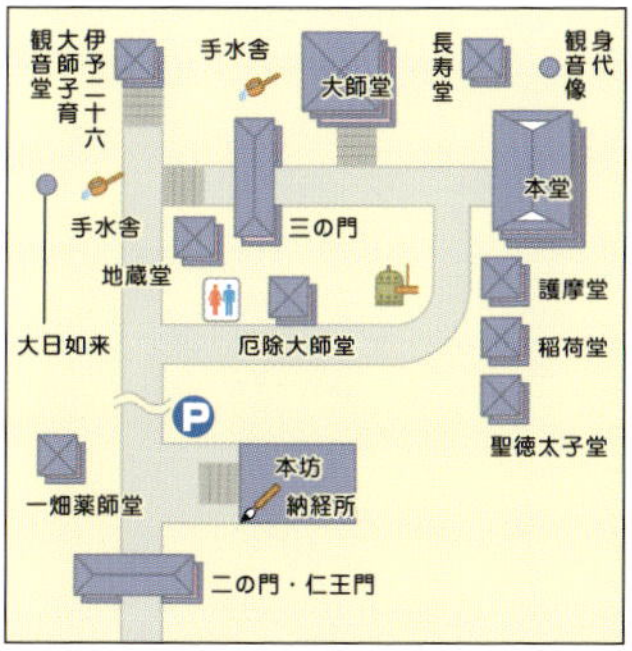

駐車場から境内まで徒歩2分

← 53番圓明寺まで2キロ

第53番

須賀山《すがざん》 正智院《しょうちいん》

圓明寺《えんみょうじ》

左甚五郎作、龍の彫り物が本堂鴨居に

天武天皇の勅願で行基菩薩が阿弥陀如来像を刻み、和気の海岸に本尊として安置。その後、弘法大師が荒廃した諸堂を整備し再興する。戦国時代には兵火により堂宇を焼失したが、元和年間(1615~1624)に、この地を支配していた豪族・須賀重久が現在地に本尊を移し伽藍を再興。「四国仲遍路同行二人今月今日平人家次」と書かれた、日本最古の銅製の納め札も残されている。

地図 P82-J

本尊 阿弥陀如来
真言 おん あみりた ていせい から うん
宗派 真言宗智山派
住所 松山市和気町1-1-82
電話 089-978-1129
宿坊 なし

駐車場は境内に隣接

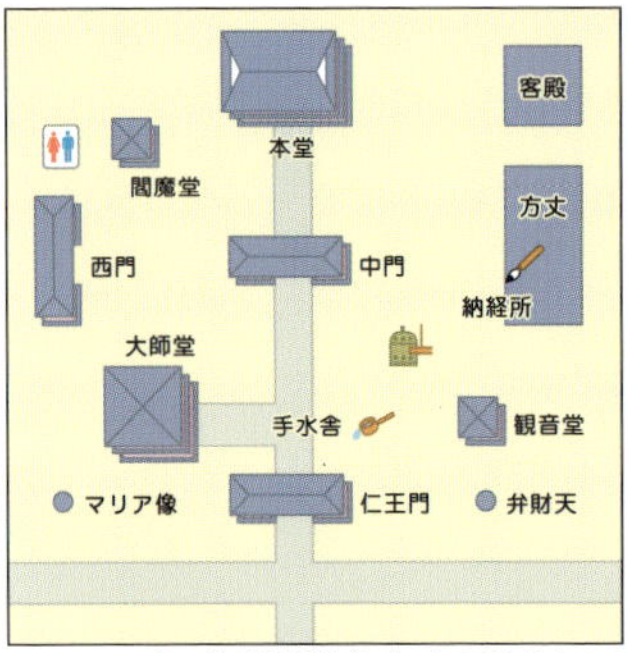

← 54番延命寺まで38キロ

第54番

近見山《ちかみざん》 宝鐘院《ほうしょういん》

延命寺《えんめいじ》

本堂までの参道に、遍路用品販売店が並ぶ

養老四年(720)に、行基菩薩が来島海峡を一望する近見山に不動明王を刻み、本尊として開基。後に嵯峨天皇の勅願に依り弘法大師が巡錫して再興、近見山宝鏡院円明寺と号した。寺運も隆盛し、傘下に近見千坊を配して大修養僧堂として栄えた。以来、数度の戦火で享保十二年(1727)に現在の地に移った。

地図 P83-K

本尊 不動明王
真言 のうまく さんまんだ ばざらだん せんだ まかろしゃだ そわたや うんたらた かんまん
宗派 真言宗豊山派
住所 今治市阿方甲636
電話 0898-22-5696
宿坊 なし

駐車場は境内に隣接

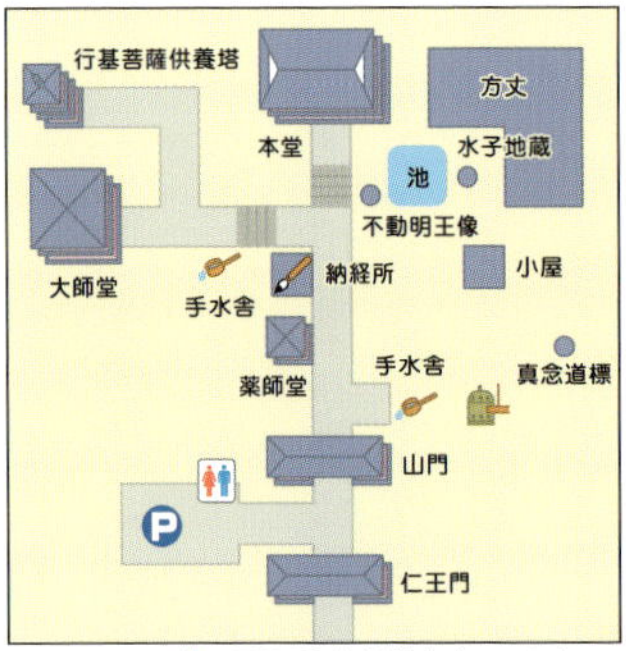

← 55番南光坊まで4キロ

第55番

別宮山《べっくざん》 金剛院《こんごういん》

南光坊《なんこうぼう》

地図 P83-K

戦後に再建された本堂、「別宮のお大師さん」と呼ばれる

巨大な山門には増長天などの四天王が立つ

伊予の国主・越智玉澄公が、文武天皇の勅願を受けて大宝三年(703)、大山積明神を大三島に勧請。大山祇神社と二十四坊の別当寺を建立した。しかし、海を渡らないと参拝に行けないため、和銅五年(712)にその別宮を越智郡日吉村に移転。同時に別当寺院として八坊を移した。南光坊は当地に勧請され、「日本総鎮守三島の地御前」と称して奉祭された。その後、代々の国司や河野一族の崇敬を受けて栄えてきた。

天正年間(1573~1592)には、伊予の全土を襲った長宗我部軍の兵火によって八坊は焼失。さらには越智氏の末裔である河野氏も滅亡。ただし、この南光坊だけは大山祇神社の別当寺として再建された。慶長五年(1600)には、今治城の城下町を築いた藤堂高虎の祈願所として薬師堂を再建。その後も歴代今治藩主の篤い帰依をうけ、明治初期まで別宮大山祇神社の別当寺院として続いた。明治初年の廃仏毀釈で、社殿に奉安していた大通智勝如来や尊像を本堂に移し、別宮明神と分離し四国霊場寺院として独立。

昭和二十年(1945)、太平洋戦争末期の大空襲で本堂、薬師堂、庫裡などを焼失。戦火を免れた大師堂は、大正五年(1916)に建立。屋根の四隅の軽やかな反りと相輪が美しい。金比羅堂は、文久年間(1861~1864)に創建された歴史ある建物で、讃岐の金毘羅宮に勧請して分身を祀っている。平成十年(1998)に新築された山門では、巨大な四天王が睨みをきかす。書家・川村驥山が結願後に奉納した菅笠を保管。

本尊 大通智勝如来
真言 なむ だいつうち しょうぶつ
宗派 真言宗醍醐派
住所 今治市別宮町3-1
電話 0898・22・2916
宿坊 なし

駐車場は境内にある

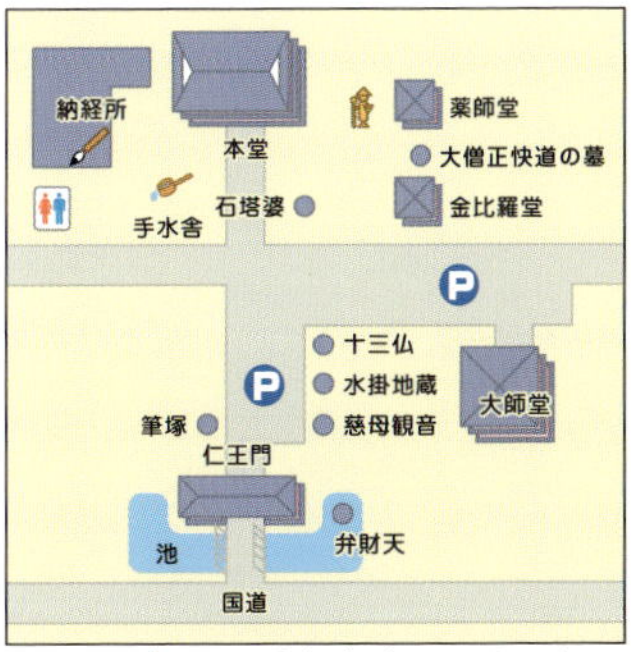

← 56番泰山寺まで3.5キロ

第56番

金輪山《きんりんざん》 勅王院《ちょくおういん》

泰《たい》山《さん》寺《じ》

落ち着いた佇まいの本堂。正面に観音菩薩と地蔵車が並ぶ。

三代目となる大師「不忘松」の若木

地図 P83-K

弘仁六年(815)、弘法大師開創の寺。大師はこの地に巡錫し、豪雨のために氾濫する蒼社川に堤防を築き、土砂加持の秘宝を七座厳修した。満願の日、燃え上がる炎の中に延命地蔵を感得し、祈願成就したので地蔵菩薩を彫造し堂宇を建立。寺名は、延命地蔵経十大願の第二「女人泰産」にちなんで泰山寺と号し、大師は境内に松を植えて立ち去られた。大師手植えの不忘松は枯れたが、大師堂の前には「大師不忘松」と刻まれた石碑と三代目となる松の若木が元気な姿を見せている。開創九年後の天長元年(824)、第五十三代淳和天皇の勅願所となり、七堂伽藍を備えて十坊を構えるほどの隆盛を極めたが、たびたびの兵火で焼失したので、山麓の現在地へ移築された。

寺に山門はなく、囲まれた石垣の上には、瓦屋根付きの白塀がめぐらされ、堅個な高台に堂宇を構える。石段を上がると、左に手水舎があり、正面に同行会館と平成十五年(2003)に新築された庫裡が建つ。その向かいの鐘楼は、明治十四年(1881)に、今治城内にあった太鼓楼の古材で再建された。大師堂は、昭和六十年(1985)に建立され、そばには金剛杖を持ち菅笠をかぶった大師像、神変大菩薩像、宝冠不動明王像が並ぶ。本堂は、安政元年(1854)に再建されたもので、天井には四本足の龍の絵が描かれている。丸い石の輪を回すと畜生道、餓鬼道、修羅道など、六道輪廻の絆を断つという石製の地蔵車もある。

本尊 地蔵菩薩
真言 おん かかかび さんまえい そわか
宗派 真言宗醍醐派
住所 今治市小泉1-9-18
電話 0898-22-5959
宿坊 1泊2食5800円～

駐車場から境内まで徒歩2分

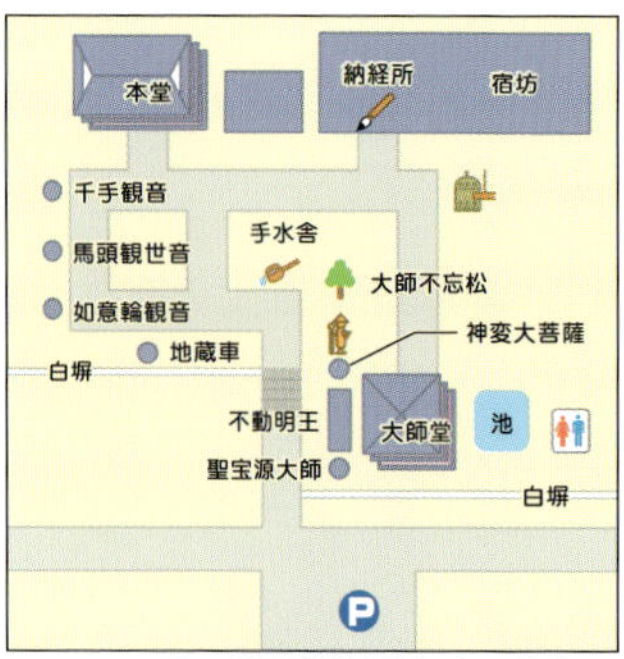

57番栄福寺まで3キロ

第57番

府頭山《ふとうざん》　無量寿院《むりょうじゅいん》

栄福寺《えいふくじ》

地図 P83-L

本堂と回廊で結ばれた大師堂、十二支の彫刻が施されている

嵯峨天皇の勅願により弘仁年間（810〜824）に開創。弘法大師が瀬戸内地方を巡錫していた際に、周辺の海で海難事故が相次ぎ、海路安穏を願い、府頭山の山頂で護摩供を厳修された。その満願の日に、海上に後光がさし、阿弥陀如来が現れた。そこで大師は、この阿弥陀如来を引きあげて堂宇を建て、本尊として安置し霊場に定めた。貞観元年（859）には、大安寺の行教上人が京都の男山八幡の創建のため、大分の宇佐へ往来したとき近海で暴風雨に遭い、この地に漂着した。府頭山の山容が京都の男山と似ていることに気付き、しかも海中より出現した本尊は八幡大菩薩の本地仏でもあることにも縁を感じて、境内に八幡明神を勧請して社殿を造営。神仏同居の石清水八幡宮を創建した。明治の神仏分離令により、寺は旧地から八幡山の中腹に移転し、神社と寺はそれぞれ独立する。

参道入口に立つ、除災招福のお願い地蔵尊

本堂の回廊には、高知県の足の不自由な少年遍路が奉納した松葉杖、箱車などが置かれている。この寺に来たら霊験によって難病が平癒し、箱車を奉納して遍路を続けたと伝わる。本堂と回廊で結ばれた大師堂の外周りには、十二支の彫刻が施されている。正面には玉をくわえた龍が睨みつけ、側面には虎などが彫られているが、羊は隠し彫りという。寺は寛政十二年（1800）七月、九州から巡礼に来たお遍路さんの古い納経帳を大切に保管している。約三ヶ月で八十八ヶ所を歩いて一巡しているという。

本尊　阿弥陀如来
真言　おん　あみりた　ていせい　から　うん
宗派　高野山真言宗
住所　今治市玉川町八幡甲200
電話　0898・55・2432
宿坊　なし

駐車場は境内に隣接

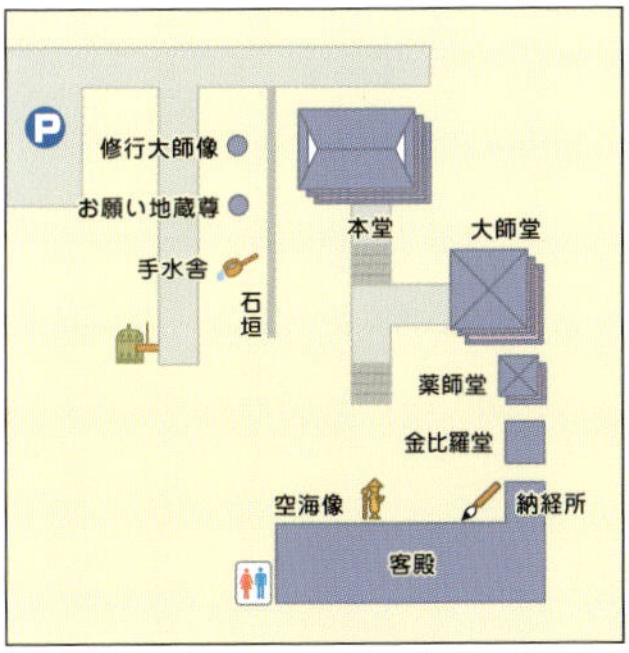

← 58番仙遊寺まで4キロ

第58番

作礼山《されいざん》 千光院《せんこういん》

仙遊寺《せんゆうじ》

地図 P83-L

作礼山の頂上に建つ本堂、登り窯などの創作工房もある

足湯に浸かりながら瀬戸内の多島美を一望

「おされさん」の愛称で親しまれる仙遊寺は、七世紀後半、天智天皇の勅願により国守・越智守興公が堂宇を建立したのが始まり。本尊の千手観世音菩薩像は天皇の守護仏として、海から作礼山にやってきた竜女が、一刀刻むごとに三度礼拝して彫造。このことから、山号を作礼山、寺号は千光院と呼ばれていた。

その後、養老二年(718)までの四十年間、阿坊仙人という僧がここで修行し、七堂伽藍を整えたがある日、天雲のごとく忽然と姿を消してしまった。この阿坊仙人の伝説に由来して仙遊寺と呼ばれた。

弘法大師が四国霊場開創の折、寺に留まり荒廃していた七堂伽藍を修復して再興。寺運は盛んになり、人々の信仰を集めた。明治時代には宥蓮上人という高僧がこの寺の山主となり、その法力で人々の信仰を集める。だが、上人は衆生済度の思いをこの世に残すべく、生きながら土中に埋まって入定した。境内にはこの宥蓮上人を供養する五輪塔が建立されている。仁王門から参道を登ると、弘法大師が錫杖で掘った御加持水と呼ばれる「お加持の井戸」がある。この井戸から湧き出た霊水は多くの村人を諸病から救ったと伝えられる。さらに急な参道を上がると、境内の片隅にひっそりと佇む大師像前に出る。その周囲を八十八ヶ所霊場本尊の石仏が囲み、八十八ヶ所御砂踏ができる。二層屋根の本堂は、昭和二十八年(1953)に再建。天然温泉と精進料理、懐石料理が楽しめる宿坊も魅力だ。

本尊 千手観世音菩薩
真言 おん　ばざら　たらま　きりく
宗派 高野山真言宗
住所 今治市玉川町別所甲483
電話 0898・55・2141
宿坊 1泊2食6000円～

駐車場は本堂裏に隣接

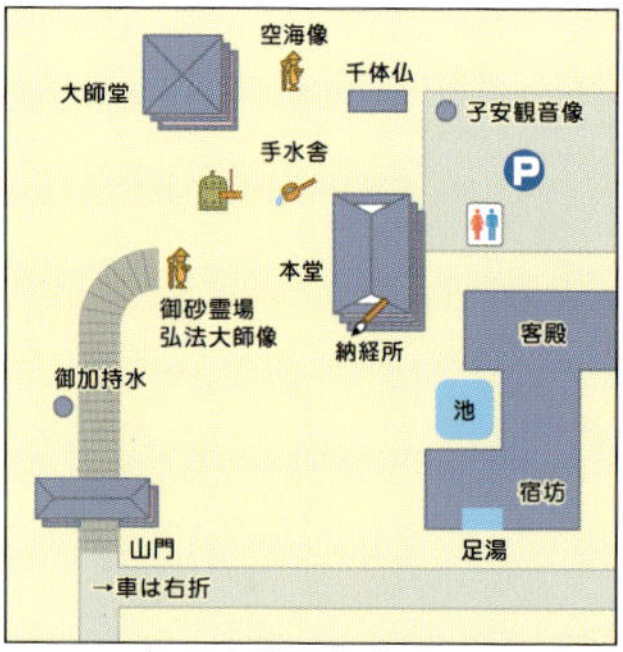

59番国分寺まで7.5キロ

第59番

金光山《こんこうざん》 最勝院《さいしょういん》

国分寺《こくぶんじ》

境内の正面に本堂、右手に大師堂、左手の石段を下ると庫裡

地図 P84-M

奈良時代「鎮護国家」を祈念して、聖武天皇の勅願により建立。天平十三年（741）に行基菩薩が開基し、豪壮な七堂伽藍を構えていた。七重塔跡といわれる十三個の巨大な花崗岩の礎石が残っている。弘法大師は、第三世住職智法立師の時代に滞留し、五大尊の絵像一幅を自ら描き残して霊場に定めたと伝えられる。また大師十大弟子で、かつて高岳親王であった真如も二年ほど滞在し、法華経の一部を書写した。それからは受難の歴史で、天慶二年（939）には藤原純友の乱、元暦元年（1184）の源平合戦、貞治三年（1364）には讃岐の細川頼之軍が侵入。さらに天正十二年（1584）長宗我部元親と伊予国守河野通直の兵火で、三度復興した堂宇を焼失する。現在の本堂は、四十三代住職の恵光上人が寛政元年（1789）に再建して、後に堂宇を増築したものだ。

握手修行大師像に手を差し伸べるお遍路さん

広々とした境内の正面に本堂、右手に大師堂、左手の石段を下った所に納経所がある。境内には、握手して祈願すると願いが叶うという修行大師像が立ち、左手に鉄鉢、右手で握手を求めている。隣には黒光りする「薬師のつぼ」があり、希望する体の部分の病気平癒を願い、真言を唱えながら撫でる。本尊・薬師如来のご利益を説いた縁起の壷だ。その奥には、祈願して前掛けを持ち帰れば願いが叶うという七福神が並んでいる。手水舎横にある「とくとく弁天」に祈願すれば、功徳・福徳円満のご利益を授かるという。

本尊	薬師瑠璃光如来
真言	おん ころころ せんだり まとうぎ そわか
宗派	真言律宗
住所	今治市国分4-1-33
電話	0898・48・0533
宿坊	なし

駐車場から境内まで徒歩2分

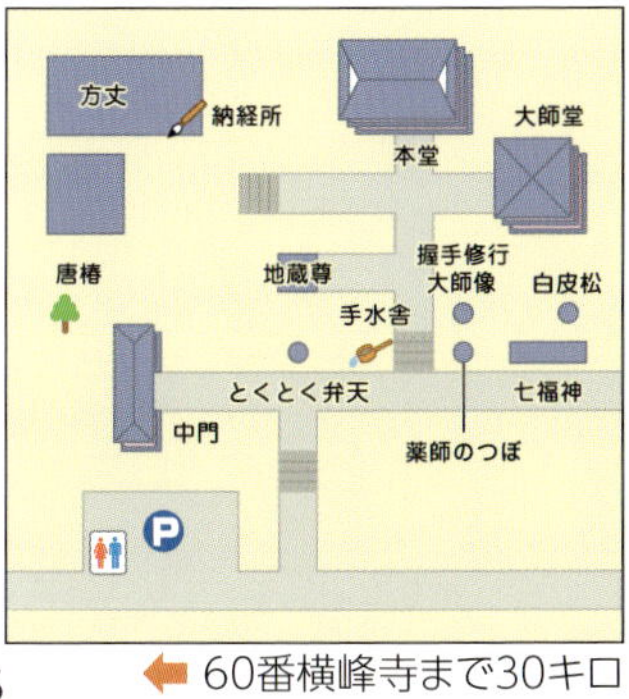

60番横峰寺まで30キロ

第60番

石鉄山《いしづちざん》　福智院《ふくちいん》

横峰寺《よこみねじ》

地図
P85-N

神社風の権現造りの本堂、本尊は弘法大師作の大日如来座像

駐車場に車を止め、歩いて境内へ向かう

　横峰寺は、西日本最高峰・石鎚山（千九百八十二m）の北側中腹、標高七百五十mの山中に建つ霊場。白雉二年（６５１）、役行者が石鎚山の遥拝所である星ヶ森で修行中、石鎚山の頂に蔵王権現が示現せられた姿を見て、その尊像を刻み安置して開創。大同二年（８０７）には、弘法大師も来錫。四十二歳の厄除けの護摩を焚き、開運祈願のために石鎚山へ登った。星祭りの修行をしていた大師は、結願の日に役行者と同じく蔵王権現の姿を見られたという。そこで、大師はこの山を霊山として、本尊大日如来を刻み安置され、第六十番札所に定める。後年、この山頂を星ヶ森と呼ぶようになった。

　その後、寺は石鎚神社の別当寺とされ、明治元年（１８６８）の神仏分離令で石鎚山西遥拝所横峰社となり、明治四十二年（１９０９）に再興された。仁王門をくぐると、正面に平成十一年（１９９９）に落成した庫裡が見える。その前に建つ、方丈と客殿は平成二十三年（２０１１）に落慶法要が行われた。本堂は風格のある権現造り。どっしりとした美しさを漂わせる風情は圧巻だ。五月の連休頃、本堂から大師堂横の山際一面に石楠花の花が満開になる。

　仁王門から五百八十m、石峯御修行之道を上がった場所に、横峰寺の奥の院「星ヶ森」がある。鳥居は「かねの鳥居」と呼ばれ、寛保二年（１７４２）の建立で石鎚山信仰の「発心の門」とされている。役行者が石鎚山を遥拝し、弘法大師が厄除けの星祭の行をされた霊跡。

本尊	大日如来
真言	おん　あびらうんけん　ばざら　だとばん
宗派	真言宗御室派
住所	西条市小松町石鎚2253
電話	0897・59・0142
宿坊	なし

駐車場から境内まで徒歩8分

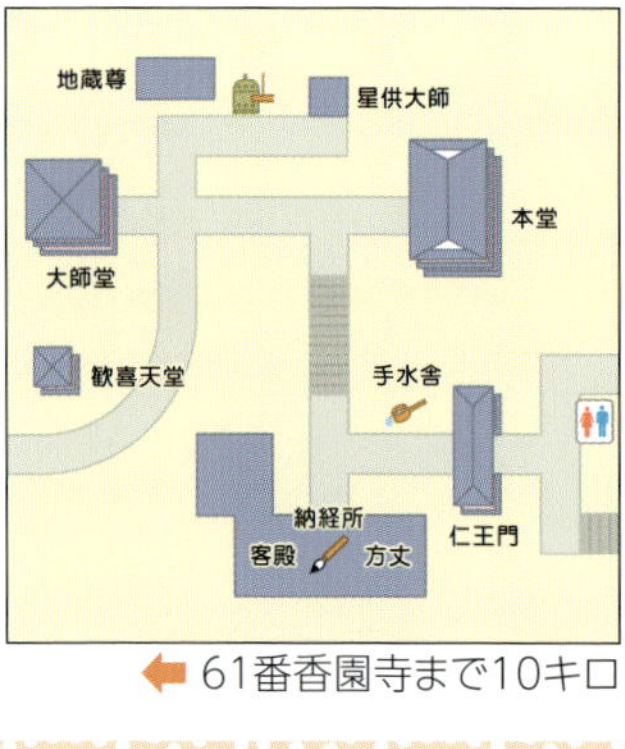

61番香園寺まで10キロ

第61番

栴檀山《せんだんさん》　教王院《きょうおういん》

香《こう》園《おん》寺《じ》

褐色の大聖堂は、一階が大講堂、二階が本堂と大師堂

大日如来座像と子安大師像が祀られている

地図 P84-N

　用明天皇(585~587)の病気平癒を祈願して聖徳太子が建立。この時、金衣白髪の老翁が飛来して、本尊の大日如来を安置したという。天平年間(729~749)には行基菩薩が留錫し、大同年間(806~810)になると弘法大師が巡錫された。ある日、この寺の近くで身重の婦人が苦しんでいた。大師が栴檀の香を焚いて加持、祈念すると、その婦人は元気な男子を出産。この勝縁により、大師は「女人成仏、安産、子育て、身代わり」の四請願と秘法を寺に伝えて、第六十一番霊場に定めた。栴檀山の山号は、この由来から付けられた。以来、子安大師と呼ばれ、多くの人の崇敬を集めている。七堂伽藍と六坊を整えたが天正十二年(1584)長宗我部元親軍の兵火で焼失する。

　明治維新の神仏分離令で、廃寺に追い込まれたが、大正初期には、当時の住職・山岡瑞円大和尚が子安講を創始。二十万の講員を拡張され、寺の隆盛に尽力された。

　昭和五十一年(1976)に新築したモダンな大聖堂は、本堂と大師堂を兼ねた建物。一階が大講堂、二階が本堂と大師堂になっている。正面中央に護摩壇があり、巨大な金色に輝く大日如来像が安置されている。左には脇侍の不動明王、右には子安大師像が祀られている。大聖堂は正面から拝むことができ、横の階段から二階の内陣に入れる。堂内には、ご利益を授かり子宝に恵まれたという人々が奉納した、子供たちの写真が飾られている。

本尊　大日如来
真言　おん　あびらうんけん　ばざら　だとばん
宗派　真言宗御室派
住所　西条市小松町南川甲19
電話　0898・72・3861
宿坊　休業中

駐車場は境内に隣接

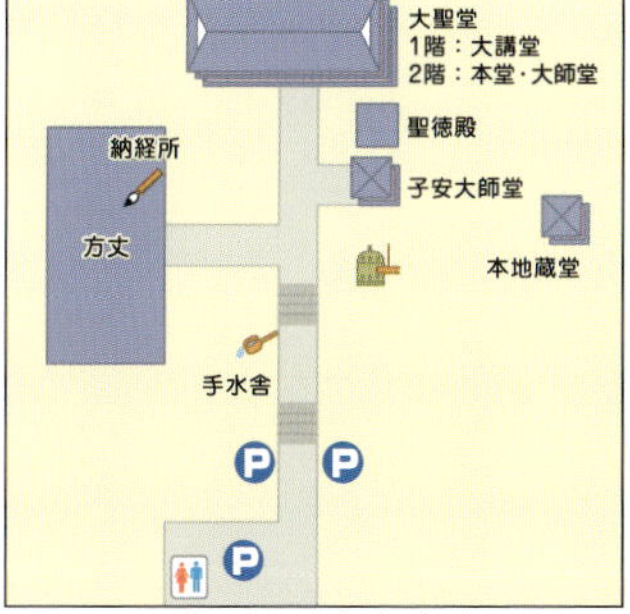

62番宝寿寺まで2キロ

第62番

天養山《てんようざん》 観音院《かんのんいん》

宝寿寺《ほうじゅじ》

JR小松駅から徒歩1分、便利な場所にある

聖武天皇の勅願により諸国一宮が造られたとき、伊予一国一宮神社が建てられ、その法楽所として創建。弘仁年間（810～824）大師が四国巡錫の際、十一面観音像を刻み、本尊として霊場に定めた。当時の国司、越智氏夫人が難産となった際、大師が境内に「玉の井」を掘り、湧き出た水を加持し与えると夫人は男子を無事出産。それから安産の観音様として崇拝される。

本尊 十一面観世音菩薩
真言 おん まか きゃろにきゃ そわか
宗派 高野山真言宗
住所 西条市小松町新屋敷甲428
電話 0898・72・2210
宿坊 なし

地図 P85-N

駐車場は境内に隣接

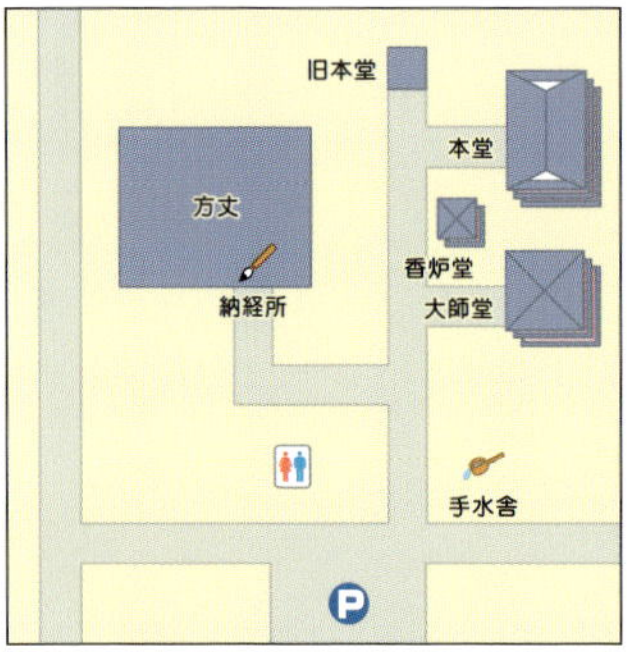

← 63番吉祥寺まで1.5キロ

第63番

密教山《みっきょうざん》 胎蔵院《たいぞういん》

吉祥寺《きちじょうじ》

四国霊場の中で唯一、本尊が毘沙聞天

弘仁年間（810～824）に弘法大師がこの近くを通られた時に、光を放つ檜を見つけ、この霊木に本尊の毘沙聞天、脇侍として吉祥天、善尼師童子の三像を刻まれ安置。成就石と呼ばれる穴の空いた石は、本堂前から目を閉じ石まで進み、願い事を唱えながら金剛杖を穴に通せれば願いが叶うという。毘沙聞天の妃・吉祥天の像の下をくぐると貧困が取り除かれ、大富貴をもたらすと伝わる。

本尊 毘沙聞天
真言 おん べいしらまんだや そわか
宗派 真言宗東寺派
住所 西条市氷見乙1048
電話 0897・57・8863
宿坊 なし

地図 P86-P

駐車場は境内に隣接

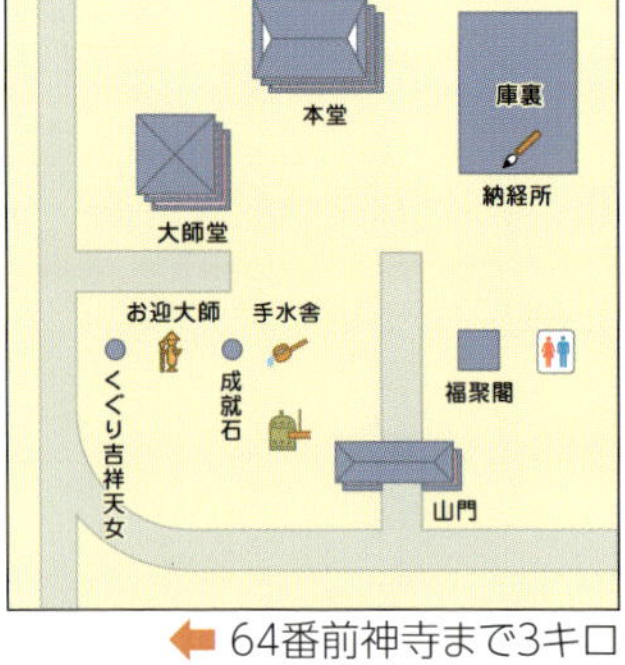

← 64番前神寺まで3キロ

第64番

石鈇山《いしづちざん》 金色院《こんじきいん》

前《まえ》神《がみ》寺《じ》

地図 P86-Q

参道の一番奥に入母屋造りの本堂が建つ

真言宗石鈇派の総本山で、石鈇修験道の根本道場でもある前神寺は、奈良時代の初期に役行者小角が開基。桓武天皇が病気平癒の祈願をし、七堂伽藍を建立して勅願寺とされ金色院前神寺と号した。弘法大師は二度も石鎚山に登山して求聞持法を修め霊場に定めた。毎月二十日に開かれる権現様縁日は、ご開帳三躰の蔵王権現像に、体の悪い部分を擦りつけて病気平癒を祈願。

本尊	阿弥陀如来
真言	おん あみりた ていせい から うん
宗派	真言宗石鈇派
住所	西条市洲之内甲1426
電話	0897・56・6995
宿坊	なし

駐車場から境内まで徒歩3分

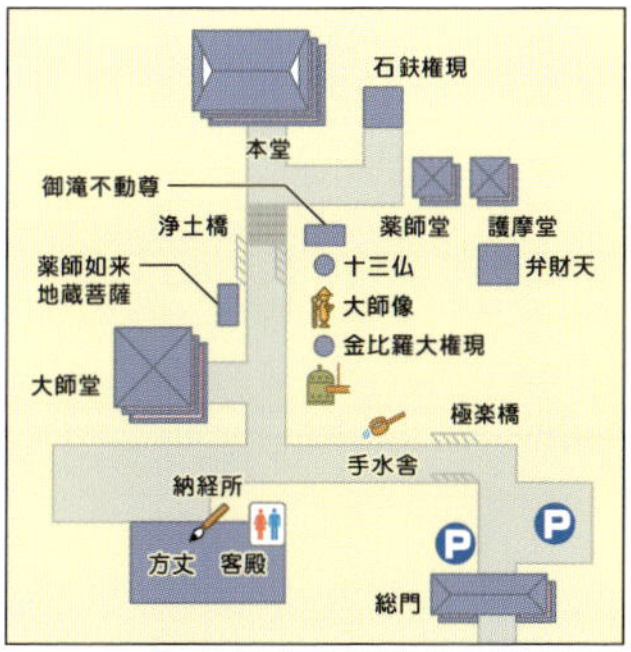

← 65番三角寺まで47キロ

第65番

由霊山《ゆれいざん》 慈尊院《じそんいん》

三《さん》角《かく》寺《じ》

地図 P87-R

大師が21日間の秘法を修した護摩壇が残る

天平年間、行基菩薩が聖武天皇の勅願により開創。弘仁六年(815)に、弘法大師が十一面観世音菩薩の尊像を彫刻し、本尊として安置。さらに三角の護摩壇を築き、二十一日の間、国家の安泰と万民の福祉を祈念して降伏護摩の秘法を修行。四国でこの大法を修行したのは三角寺のみで、その芳躅を伝えるために三角寺とした。安産祈願では、妊婦御祈祷を受けて、腹帯とお守りを授かる。

本尊	十一面観世音菩薩
真言	おん まか きゃろにきゃ そわか
宗派	高野山真言宗
住所	四国中央市金田町三角寺甲75
電話	0896・56・3065
宿坊	なし

駐車場は境内に隣接

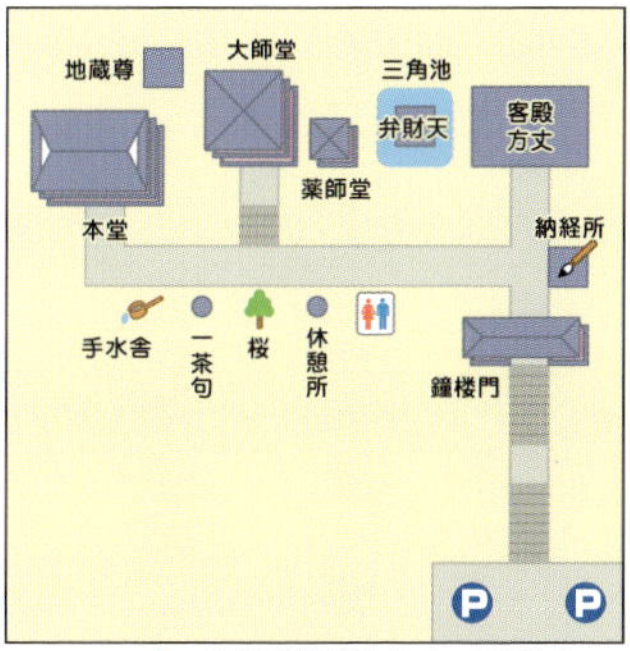

← 66番雲辺寺まで30キロ

宿泊先一覧

39番札所 延光寺	**一本松温泉あけぼの荘** TEL 0895-84-3260 南宇和郡愛南町増田5470番地 1泊4,110円～、10室 39番延光寺から車で**25分** 40番観自在寺へ車で**15分**
	旅館 山代屋 TEL 0895-72-0001 南宇和郡愛南町御荘平城2270 1泊2食付6,800円～、8室 39番延光寺から車で**45分** 40番観自在寺へ徒歩**3分**
40番札所 観自在寺	**ホテルサンパール** TEL 0895-72-3131 南宇和郡愛南町御荘平城681 1泊2食付9,720円～、17室 40番観自在寺から車で**5分** 41番龍光寺へ車で**1時間**
	宇和島国際ホテル TEL 0895-25-0111 宇和島市錦町4-1 1泊2食付10,800円～、35室 40番観自在寺から車で**50分** 41番龍光寺へ車で**15分**
43番札所 明石寺	**宝泉坊ロッジ** TEL 0894-83-0151 西予市城川町高野子64 1泊4,000円～、32室 43番明石寺から車で**40分** 44番大寶寺へ車で**2時間**
	ガーデンタイム TEL 0892-21-0005 上浮穴郡久万高原町久万1471 1泊4,000円～、16室 43番明石寺から車で**1時間30分** 44番大寶寺へ車で**5分**
44番札所 大寶寺	**国民宿舎 古岩屋荘** TEL 0892-41-0431 上浮穴郡久万高原町直瀬乙1636 1泊2食付7,500円～、30室 44番大寶寺から車で**10分** 45番岩屋寺へ車で**5分**
	民宿 狩場苑 TEL 0892-41-0550 上浮穴郡久万高原町下畑野川甲1670 1泊2食付7,000円～、5室 44番大寶寺から車で**20分** 45番岩屋寺へ車で**20分**
45番札所 岩屋寺	**やすらぎの宿 でんこ** TEL 0892-21-0092 上浮穴郡久万高原町入野1363-1 1泊4,100円～、9室 45番岩屋寺から車で**20分** 46番浄瑠璃寺へ車で**30分**
51番札所 石手寺	**ネストホテル松山** TEL 089-945-8111 松山市二番町1-7-1 1泊4,400円～、190室 51番石手寺から車で**10分** 52番太山寺へ車で**20分**
59番札所 国分寺	**いまばり湯ノ浦ハイツ** TEL 0898-48-2000 今治市湯ノ浦23番地 1泊2食付10,500円～、25室 59番国分寺から車で**10分** 60番横峰寺へ車で**1時間**
	休暇村瀬戸内東予 TEL 0898-48-0311 西条市河原津乙7-179 1泊2食付10,090円～(別途入湯税150円) 49室 59番国分寺から車で**20分** 60番横峰寺へ車で**1時間**
	ターミナルホテル東予 TEL 0898-76-1818 西条市三津屋南6-29 1泊5,400円～、70室 59番国分寺から車で**20分** 60番横峰寺へ車で**40分**
63番札所 吉祥寺	**源泉かけ流しの宿 湯之谷温泉** TEL 0897-55-2135 西条市洲之内甲1193 1泊2食付9,720円～、10室 ゲストハウス(10名まで)1泊3,888円～ 63番吉祥寺から車で**5分** 64番前神寺へ車で**3分**
64番札所 前神寺	**西条ステーションホテル** TEL 0897-56-2000 西条市大町798(西条駅ロータリー内) 1泊朝食付5,490円～、70室 64番前神寺から車で**20分** 65番三角寺へ車で**1時間10分**

宿泊料金は、大人1人で平日に1室利用した場合の料金(税・サ込)です。季節や曜日による料金変動や、四国遍路に限り割引プランがある宿もあります。予約時にご確認ください。

札所迄の時間は目安です。道路事情や通行道の選択により変わります。

左枠内の寺名は、巡拝当日の打ち留め寺です。

※情報は、平成28年7月現在のものです。料金など変更になる場合があります。

香川県【讃岐】涅槃の道場

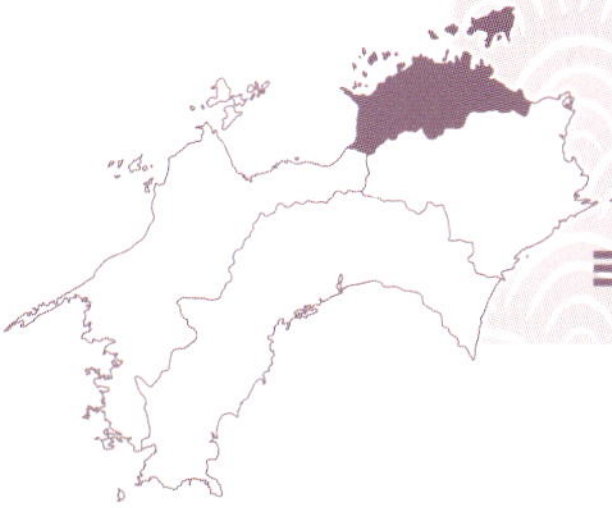

讃岐　涅槃の道場。
遍路の道に迷いを捨てて
いよいよ解脱の地に踏み込みます…
残る道のりは百五十キロ
結願への想いが熱くたぎります。

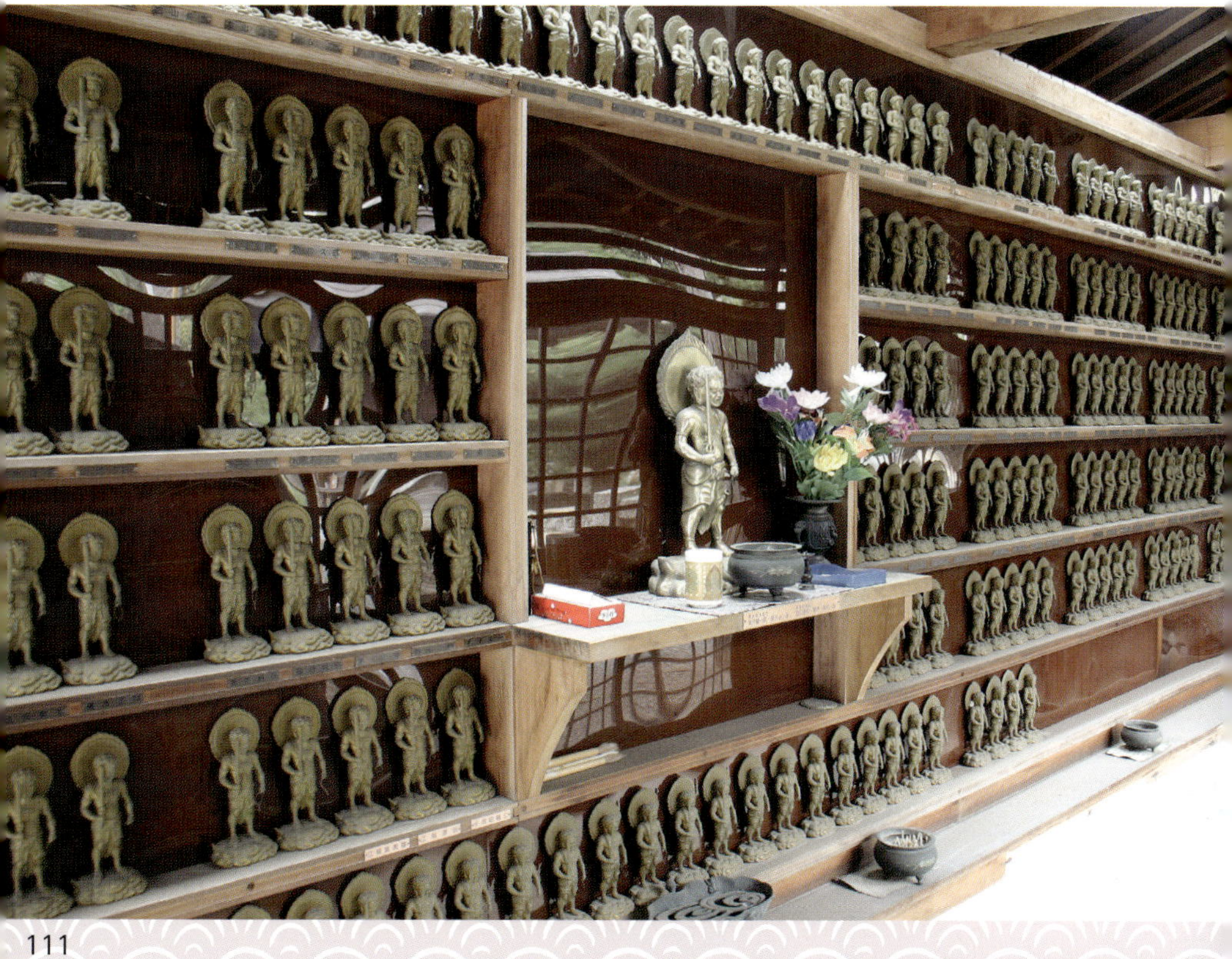

66 雲辺寺 P123
↓ 9.5km
67 大興寺 P124
↓ 10.5km
68 神恵院 P125
69 観音寺 P125
↓ 4.5km
70 本山寺 P126
↓ 12km
71 弥谷寺 P127
↓ 4km
72 曼荼羅寺 P128
↓ 0.5km
73 出釈迦寺 P129
↓ 3.5km
74 甲山寺 P130
↓ 1.5km
75 善通寺 P131
↓ 4.5km
76 金倉寺 P132
↓ 4km
77 道隆寺 P132
↓ 7km
78 郷照寺 P133
↓ 6.5km
79 天皇寺 P134
↓ 7km
80 国分寺 P134
↓ 13km
81 白峯寺 P135
↓ 8km
82 根香寺 P136
↓ 17km
83 一宮寺 P137
↓ 14km
84 屋島寺 P138
↓ 7.5km
85 八栗寺 P139
↓ 8km
86 志度寺 P139
↓ 7.5km
87 長尾寺 P140
↓ 15km
88 大窪寺 P141

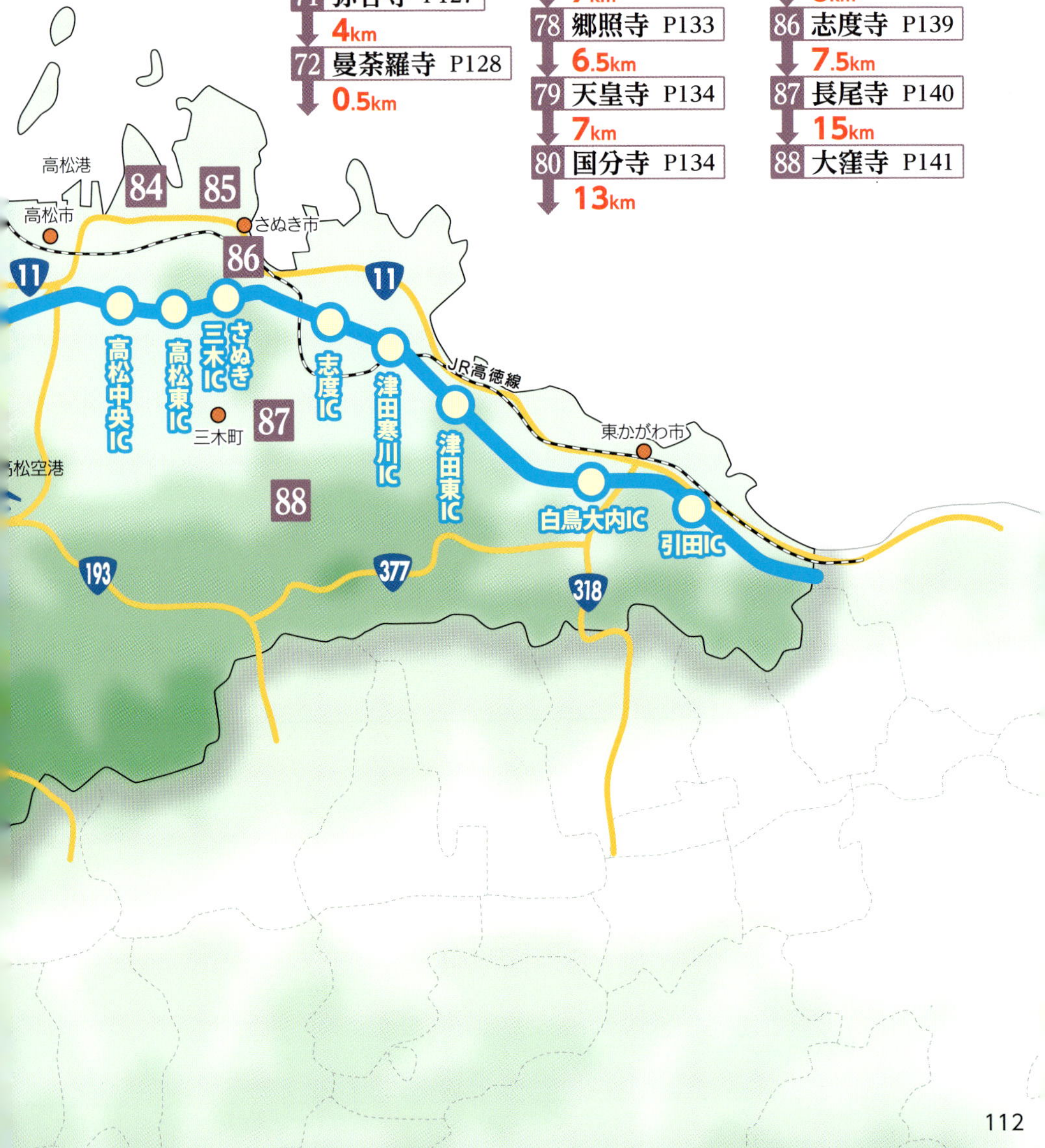

香川県【讃岐】涅槃の道場

1:350,000
0 1 2 3 4cm
0 10 20km
MAPIO/Royalty Free Digital Maps ©NijiX
N
瀬戸中央自動車道
児島IC
JR瀬戸大橋線
坂出北IC
坂出市
79
81
82
80
78
坂出IC
多度津町
坂出Jct
JR予讃線
77
丸亀市
11
高松自動車道
高松西IC
76
善通寺IC
32
綾川町
71
74
善通寺市
75
琴平町
438
高瀬PA
72
三豊市
73
32
さぬき豊中IC
香川県
69
70
観音寺市
68
67
大野原IC
高松自動車道
66
川之江Jct
川之江東Jct
松山自動車道
徳島自動車道
高知自動車道

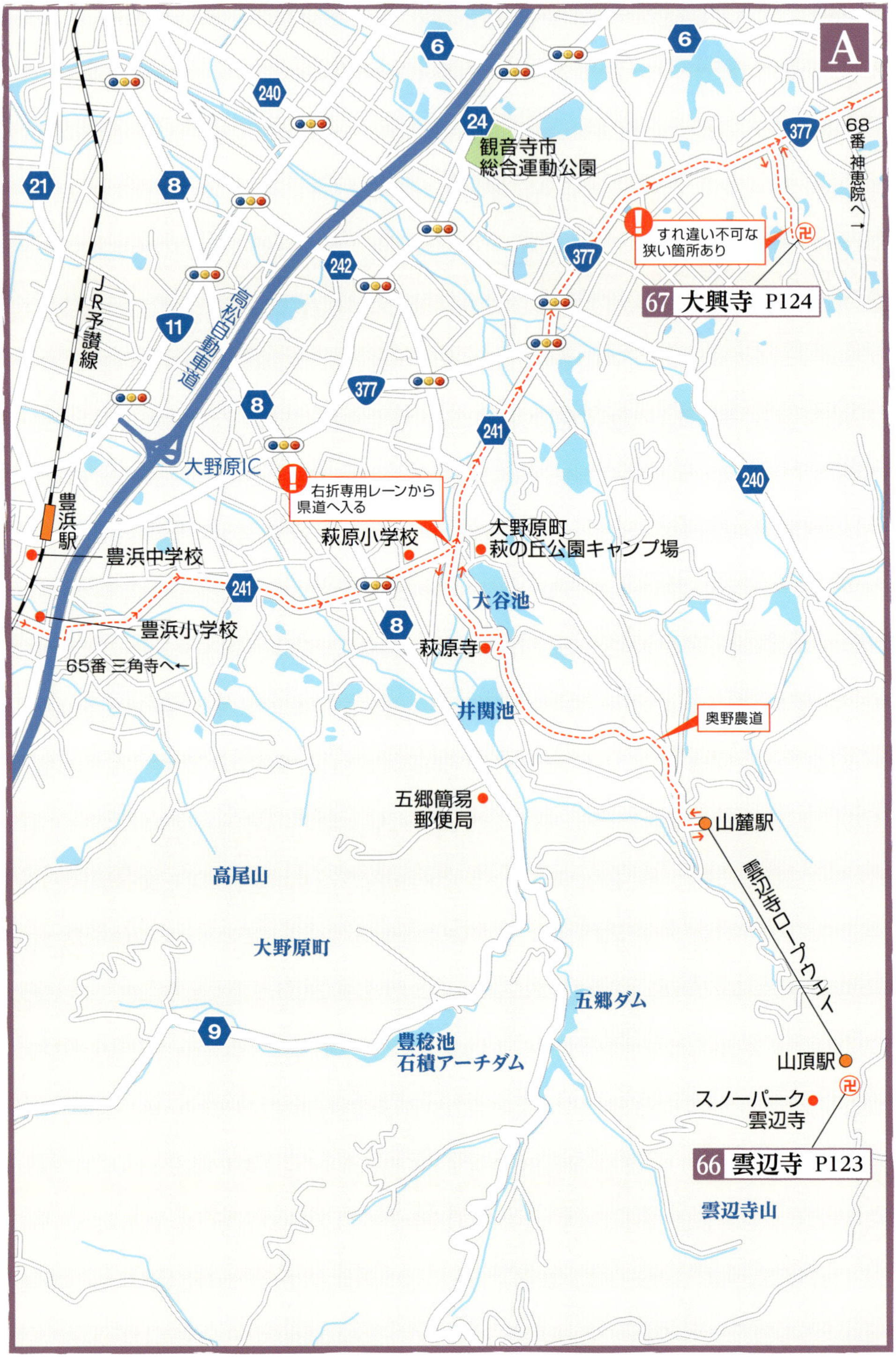
A
観音寺市
総合運動公園
すれ違い不可な
狭い箇所あり
68番 神恵院へ→
67 大興寺 P124
JR予讃線
高松自動車道
大野原IC
右折専用レーンから
県道へ入る
豊浜駅
豊浜中学校
萩原小学校
大野原町
萩の丘公園キャンプ場
大谷池
豊浜小学校
65番 三角寺へ←
萩原寺
井関池
奥野農道
五郷簡易
郵便局
山麓駅
雲辺寺ロープウエイ
高尾山
大野原町
五郷ダム
豊稔池
石積アーチダム
山頂駅
スノーパーク
雲辺寺
66 雲辺寺 P123
雲辺寺山

B
一ノ谷池
68番 神恵院へ→
豊田小学校
377
カンケン
山本第3工場
三豊市
66番 雲辺寺へ↓
藤井鉄工所
すれ違い不可な
狭い箇所あり
教善寺
新田町
67 大興寺 P124

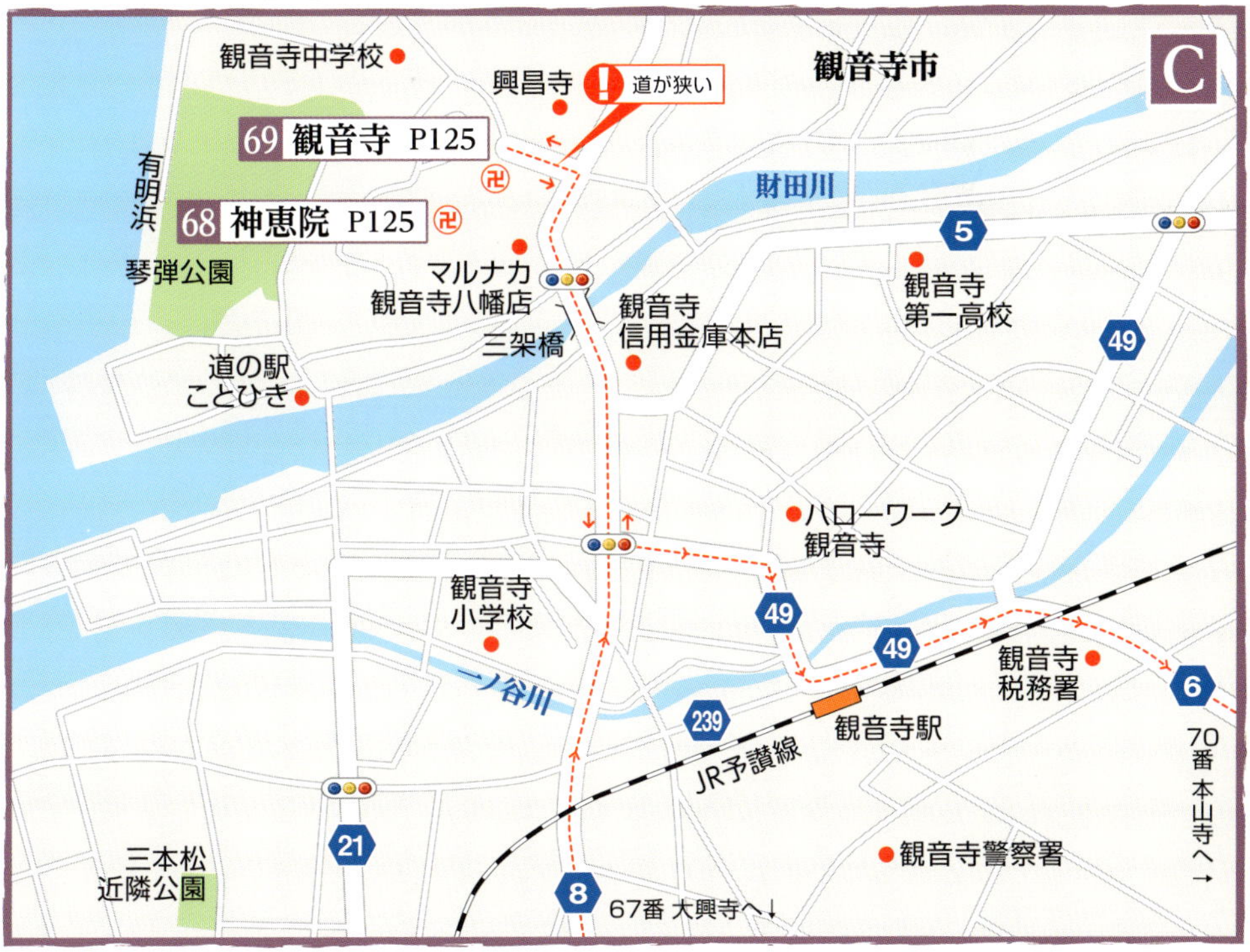
C
観音寺中学校
観音寺市
興昌寺
道が狭い
69 観音寺 P125
有明浜
68 神恵院 P125
財田川
5
琴弾公園
マルナカ
観音寺八幡店
観音寺
信用金庫本店
観音寺
第一高校
49
三架橋
道の駅
ことひき
ハローワーク
観音寺
観音寺
小学校
49
49
観音寺
税務署
6
一ノ谷川
239
観音寺駅
JR予讃線
70番 本山寺へ→
21
三本松
近隣公園
観音寺警察署
8
67番 大興寺へ↓

D
71番 弥谷寺へ↑
三豊市豊中町
図書館
本山
郵便局
本山駅
豊中中学校
ゆめタウン三豊
上高野小学校
マルナカ
豊中店
JR予讃線
11
養護老人ホーム
七宝荘
70 本山寺 P126
本山小学校
財田川
百十四銀行
観音寺東部支店
5
観音寺
ふたば保育園
ハローズ
観音寺店
237
高松自動車道
常磐団地
一ノ谷小学校
国土
外科医院
69番 観音寺へ↓

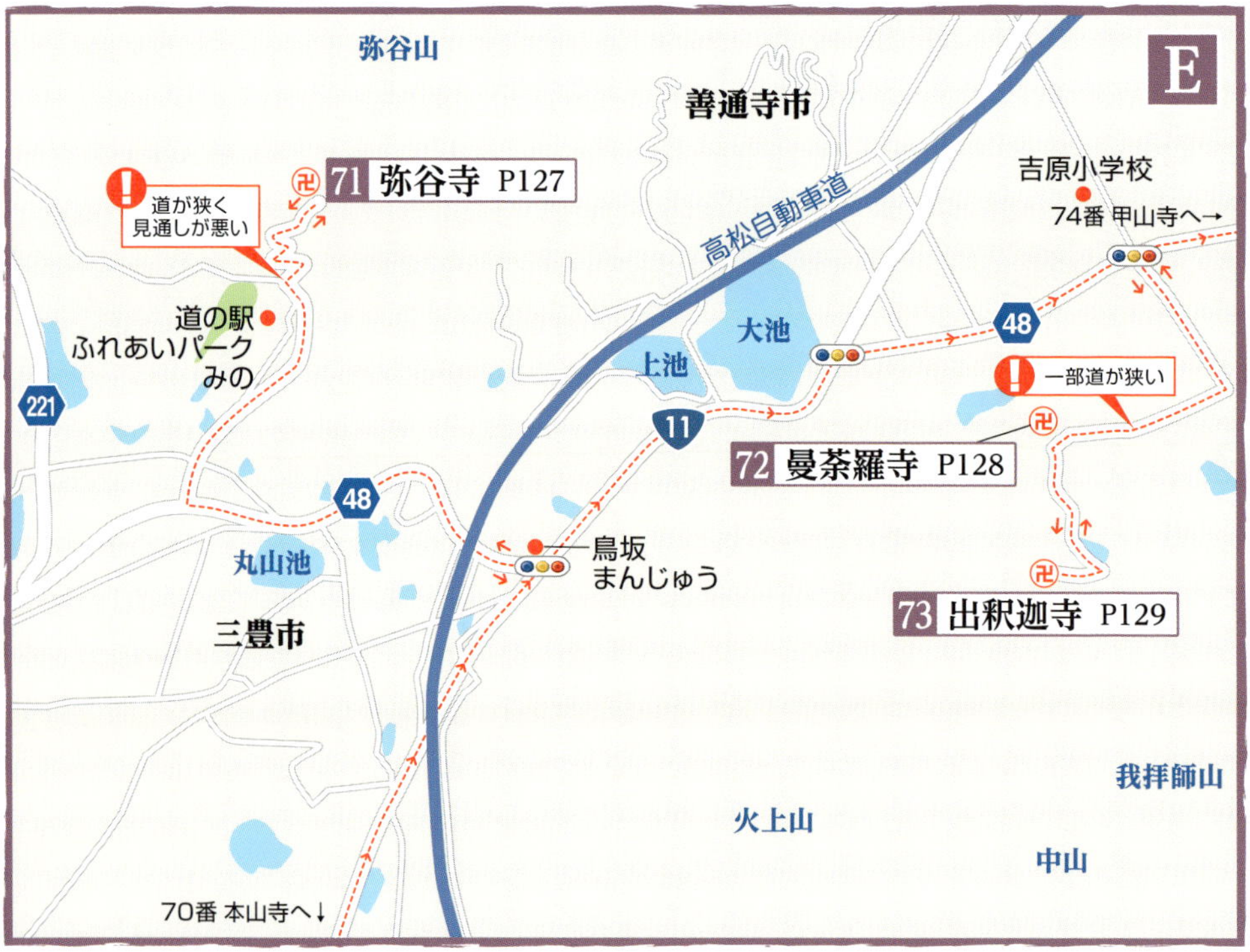
E
弥谷山
善通寺市
71 弥谷寺 P127
道が狭く
見通しが悪い
吉原小学校
74番 甲山寺へ→
高松自動車道
道の駅
ふれあいパーク
みの
大池
上池
48
一部道が狭い
221
11
72 曼荼羅寺 P128
48
丸山池
鳥坂
まんじゅう
73 出釈迦寺 P129
三豊市
我拝師山
火上山
中山
70番 本山寺へ↓

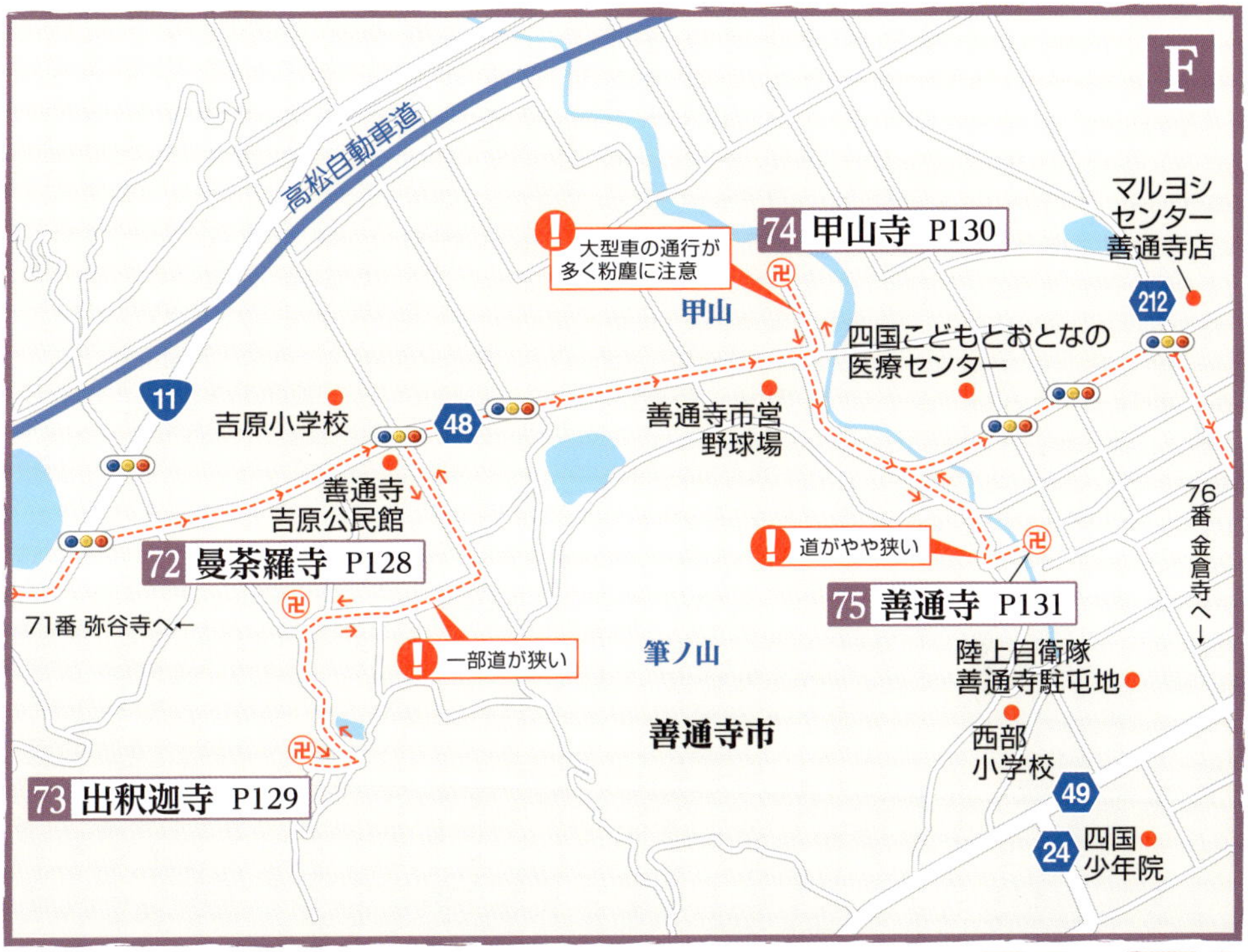
F
高松自動車道
11
吉原小学校
48
善通寺吉原公民館
72 曼荼羅寺 P128
71番 弥谷寺へ←
一部道が狭い
73 出釈迦寺 P129
大型車の通行が多く粉塵に注意
74 甲山寺 P130
甲山
善通寺市営野球場
筆ノ山
善通寺市
四国こどもとおとなの医療センター
マルヨシセンター善通寺店
212
道がやや狭い
75 善通寺 P131
76番 金倉寺へ↓
陸上自衛隊善通寺駐屯地
西部小学校
49
24
四国少年院

G
77番 道隆寺へ↑
PLANT善通寺店
ナフコ善通寺店
長田in香の香
三井八幡宮
319
33
金蔵寺駅
76 金倉寺 P132
竜川小学校
212
25
18
11
善通寺前田病院
善通寺IC
養念寺
高松自動車道
JR土讃線
善通寺中村郵便局
善通寺市民体育館
24
東部小学校
75番 善通寺へ↓

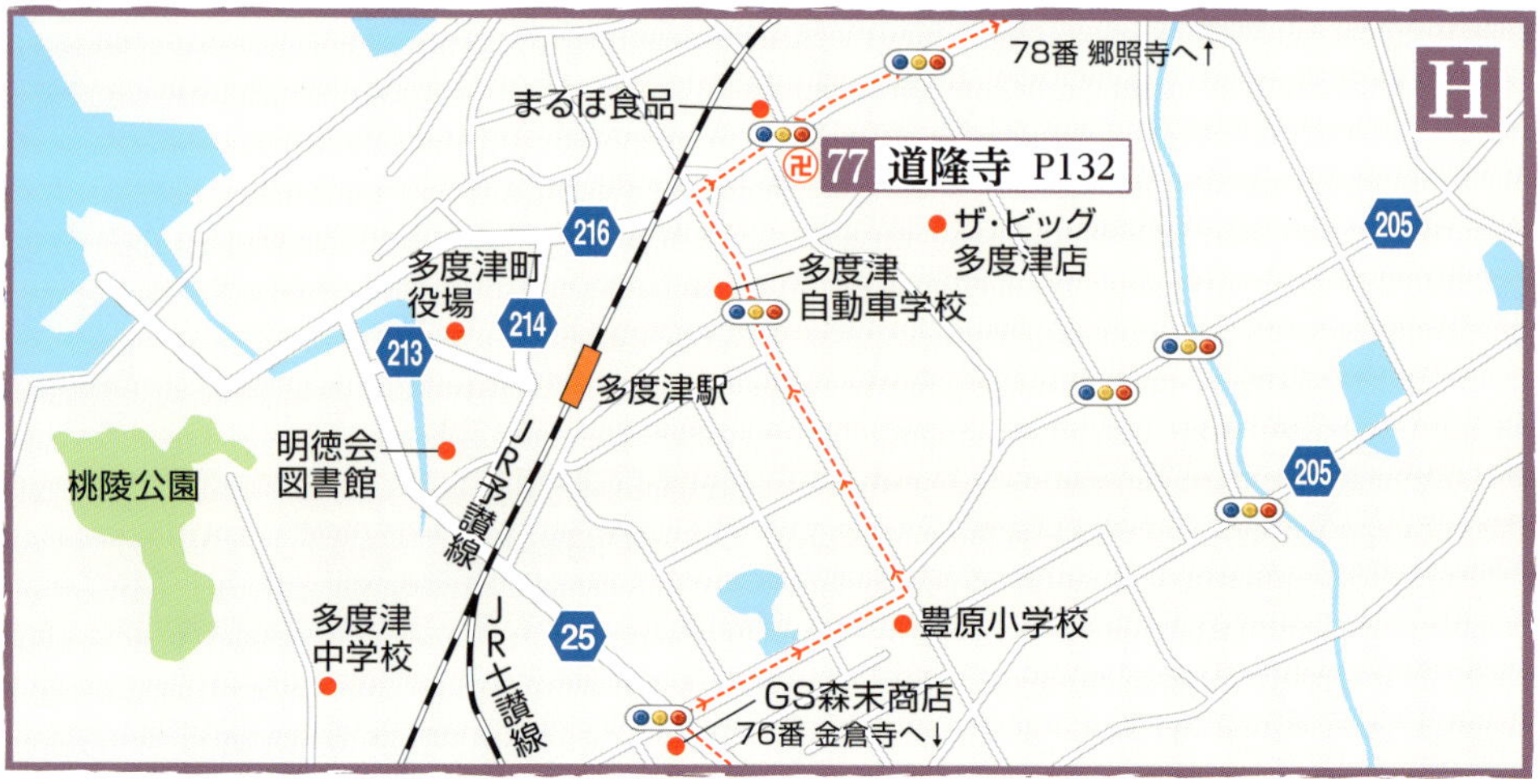
H
78番 郷照寺へ↑
まるほ食品
77 道隆寺 P132
ザ・ビッグ
多度津店
216
205
多度津町
役場
214
213
多度津
自動車学校
多度津駅
明徳会
図書館
桃陵公園
JR予讃線
205
JR土讃線
25
豊原小学校
多度津
中学校
GS森末商店
76番 金倉寺へ↓

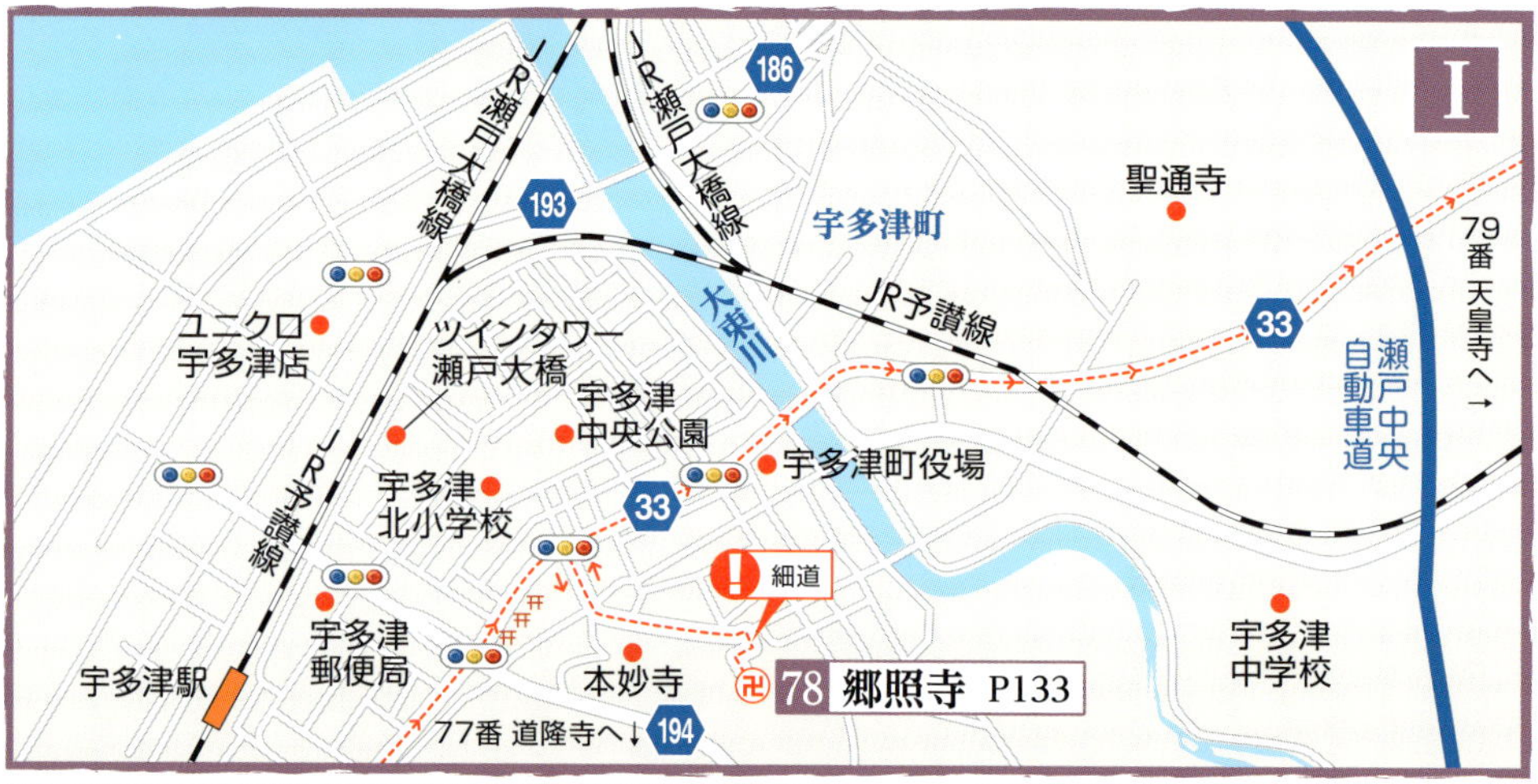
I
JR瀬戸大橋線
186
JR瀬戸大橋線
193
聖通寺
宇多津町
79番 天皇寺へ→
大束川
JR予讃線
ユニクロ
宇多津店
ツインタワー
瀬戸大橋
33
宇多津
中央公園
瀬戸中央
自動車道
宇多津町役場
宇多津
北小学校
33
JR予讃線
細道
宇多津
郵便局
宇多津
中学校
宇多津駅
本妙寺
78 郷照寺 P133
77番 道隆寺へ↓
194

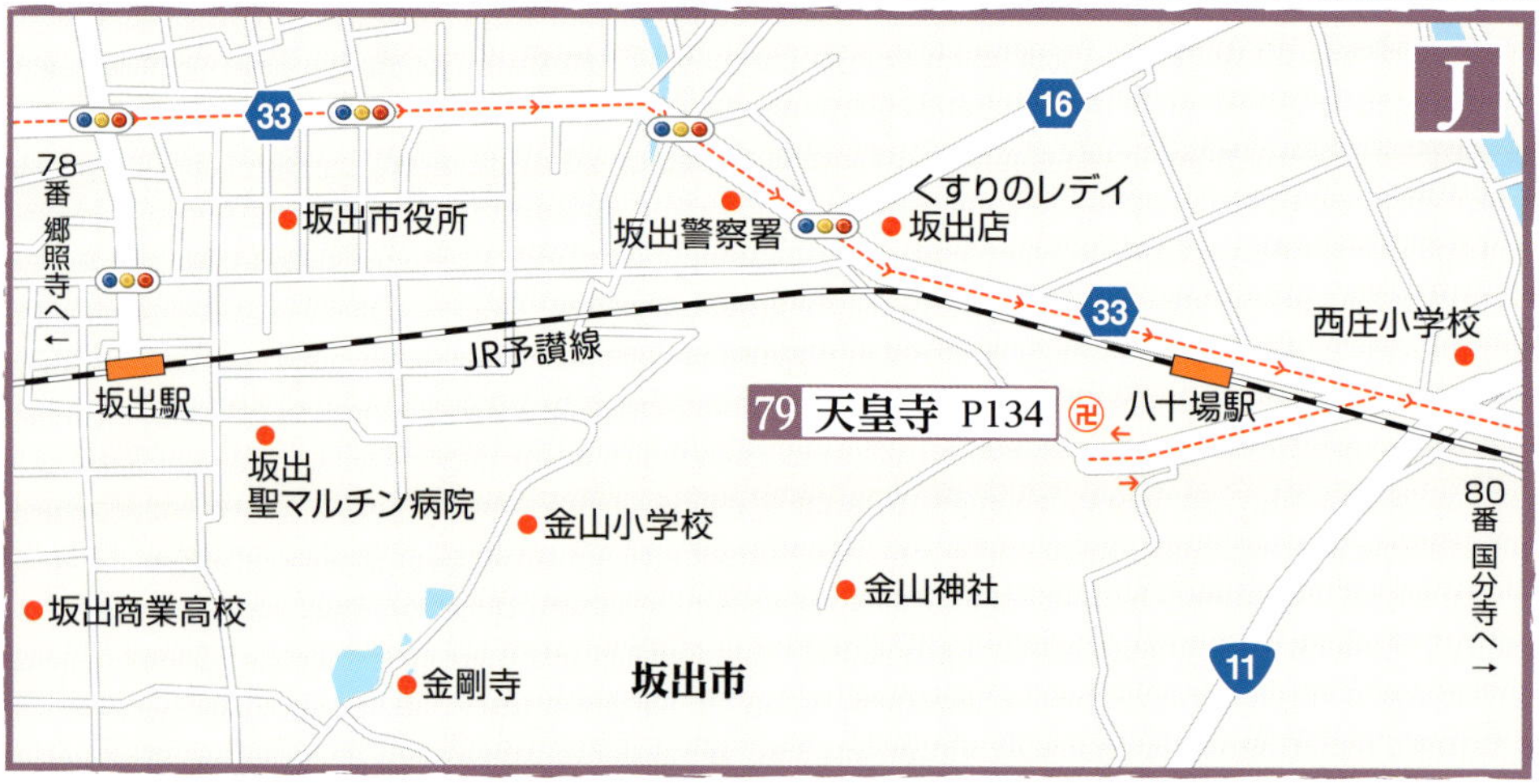
J
33
16
78番 郷照寺へ←
くすりのレデイ
坂出店
坂出市役所
坂出警察署
33
西庄小学校
JR予讃線
坂出駅
79 天皇寺 P134
八十場駅
坂出
聖マルチン病院
80番 国分寺へ→
金山小学校
金山神社
坂出商業高校
金剛寺
坂出市
11

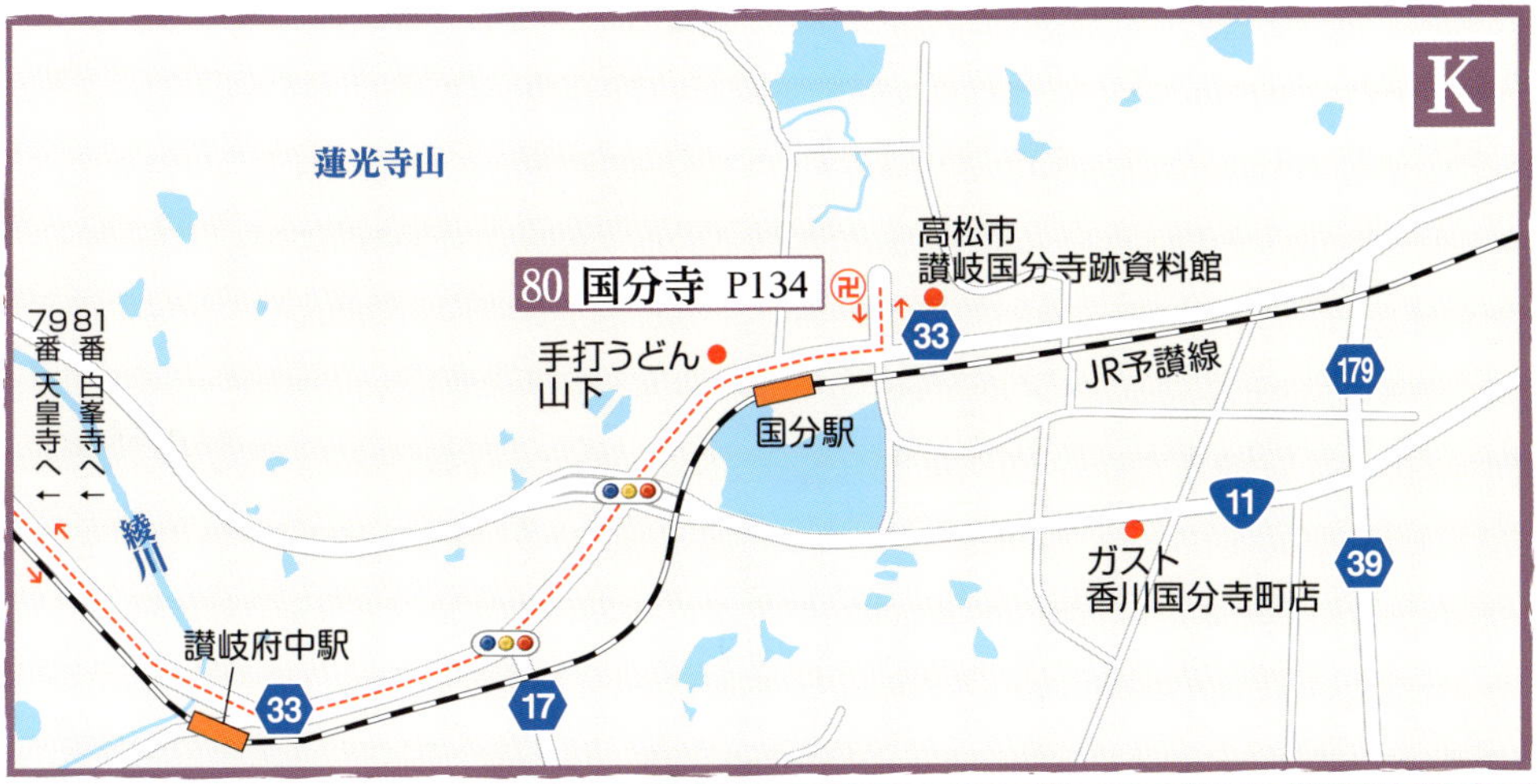
K
蓮光寺山
80 国分寺 P134
高松市
讃岐国分寺跡資料館
79番 天皇寺へ←
81番 白峯寺へ←
手打うどん
山下
33
JR予讃線
179
国分駅
11
綾川
ガスト
香川国分寺町店
39
讃岐府中駅
33
17

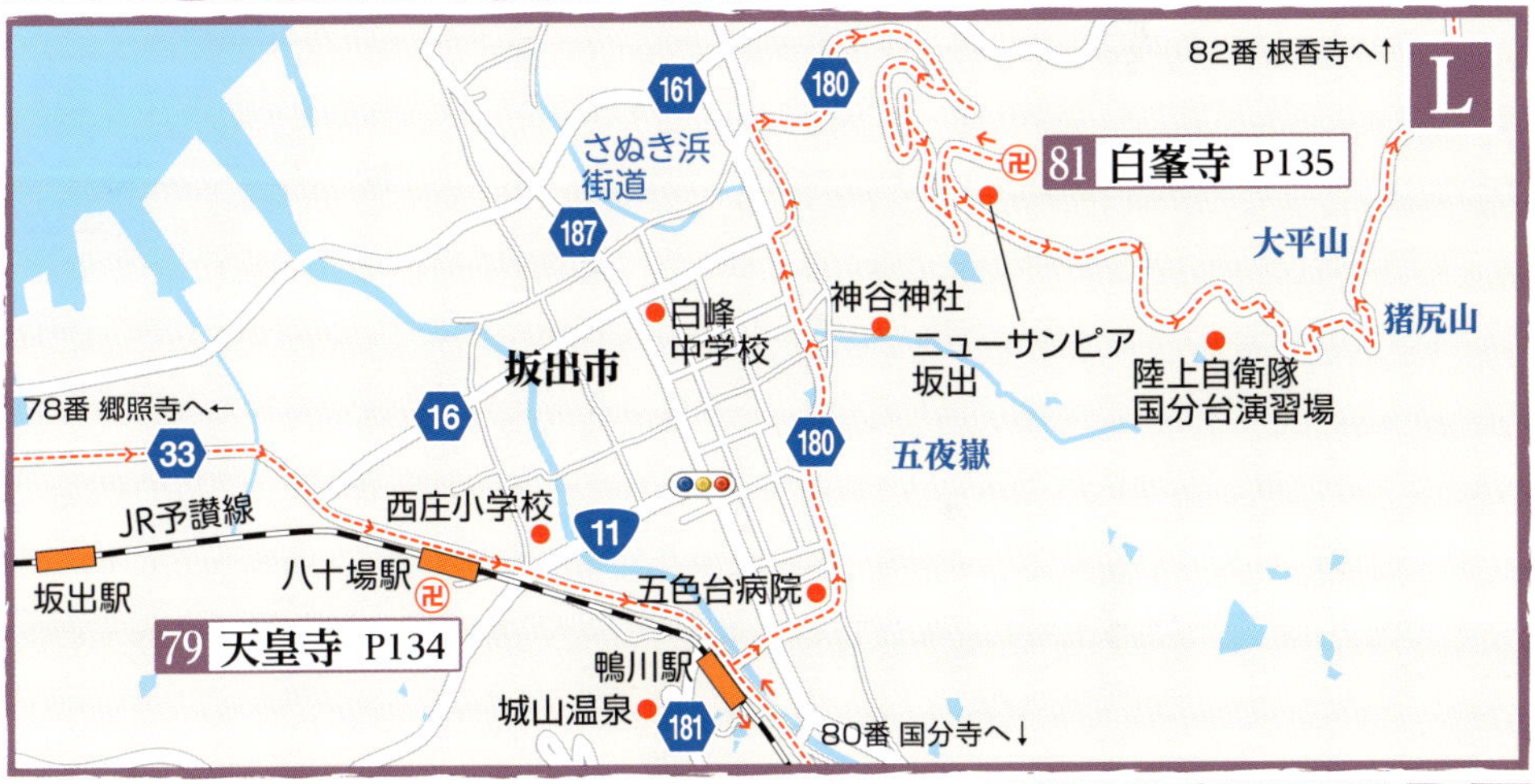
L
82番 根香寺へ↑
161
180
さぬき浜
街道
81 白峯寺 P135
187
大平山
白峰
中学校
神谷神社
猪尻山
坂出市
ニューサンピア
坂出
陸上自衛隊
国分台演習場
78番 郷照寺へ←
16
180
33
五夜嶽
JR予讃線
西庄小学校
11
八十場駅
坂出駅
五色台病院
79 天皇寺 P134
鴨川駅
城山温泉
181
80番 国分寺へ↓

M
83番 一宮寺へ↑
180
五色台トンネル
さぬき浜街道
82 根香寺 P136
281
勝賀山
161
オレンジパーク
81 白峯寺 P135
道がやや狭い
白峰山
大平山
180
猪尻山

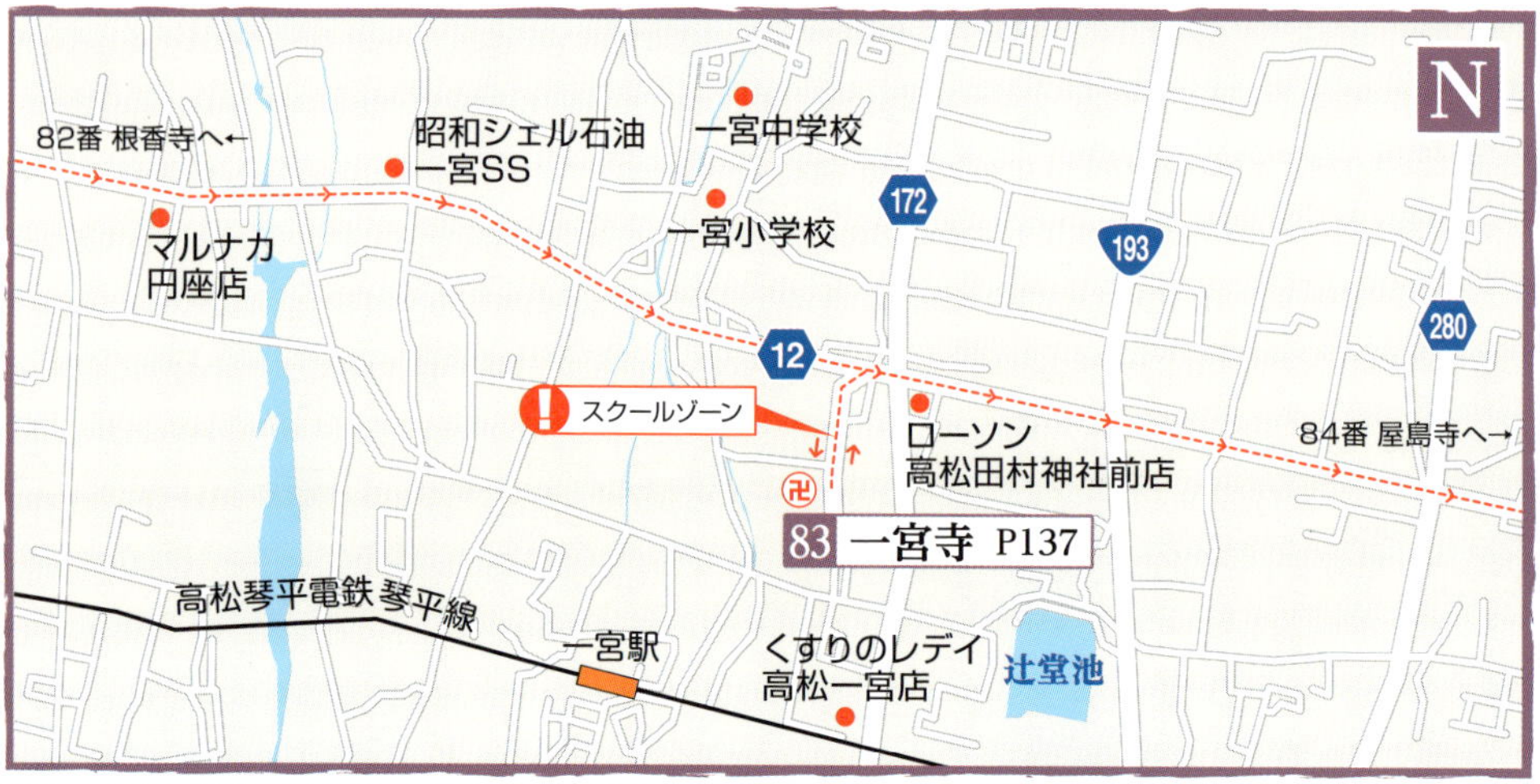
N
82番 根香寺へ←
昭和シェル石油
一宮SS
一宮中学校
マルナカ
円座店
一宮小学校
172
193
280
12
スクールゾーン
ローソン
高松田村神社前店
84番 屋島寺へ→
83 一宮寺 P137
高松琴平電鉄 琴平線
一宮駅
くすりのレデイ
高松一宮店
辻堂池

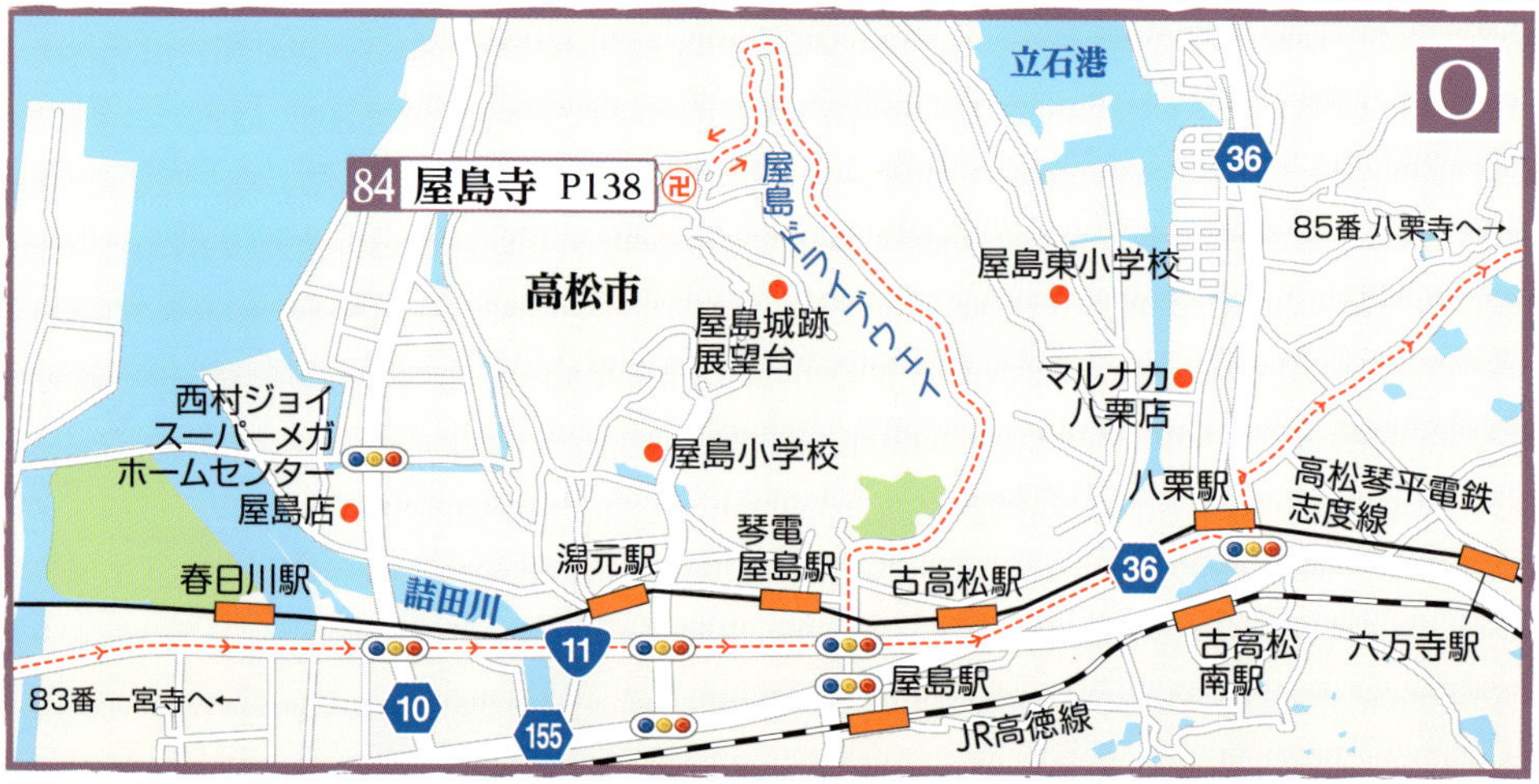
O
立石港
84 屋島寺 P138
屋島ドライブウェイ
36
85番 八栗寺へ→
高松市
屋島東小学校
屋島城跡
展望台
マルナカ
八栗店
西村ジョイ
スーパーメガ
ホームセンター
屋島店
屋島小学校
八栗駅
高松琴平電鉄
志度線
春日川駅
詰田川
潟元駅
琴電
屋島駅
古高松駅
36
古高松
南駅
六万寺駅
11
83番 一宮寺へ←
10
155
屋島駅
JR高徳線

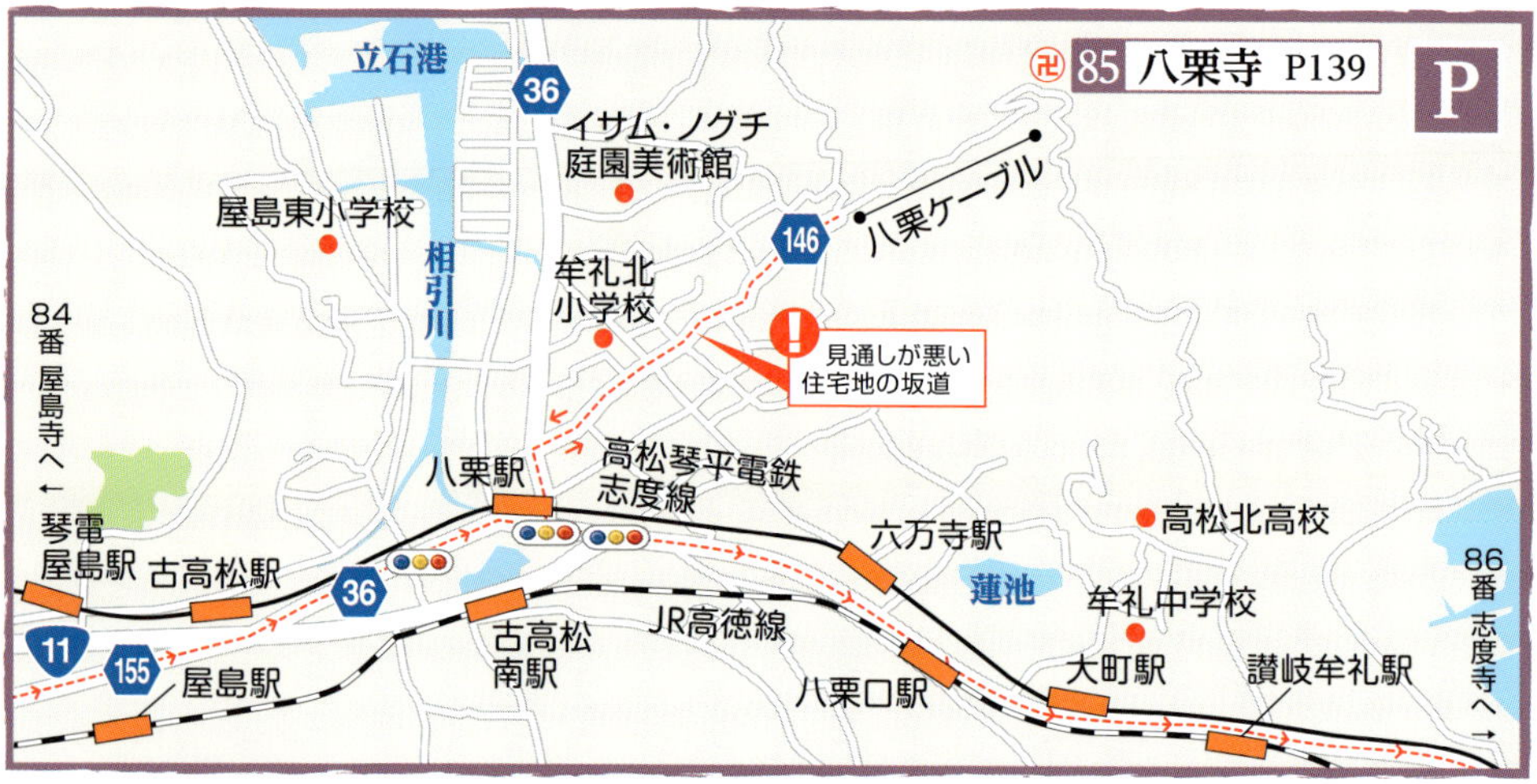
P
立石港
36
85 八栗寺 P139
イサム・ノグチ
庭園美術館
八栗ケーブル
屋島東小学校
相引川
146
84番 屋島寺へ←
牟礼北
小学校
見通しが悪い
住宅地の坂道
高松琴平電鉄
志度線
八栗駅
琴電
屋島駅
古高松駅
六万寺駅
高松北高校
86番 志度寺へ→
36
蓮池
牟礼中学校
JR高徳線
11
155
屋島駅
古高松
南駅
八栗口駅
大町駅
讃岐牟礼駅

Q
志度湾
85番 八栗寺へ↑
原駅
高松琴平電鉄志度線
JR高徳線
さぬき市役所
志度港
道が狭い
136
ポタラの森
琴電
志度駅
平賀源内
記念館
中川内科
医院
86 志度寺 P139
志度高校
志度駅
中国銀行
志度支店
JA香川県
志度支店
11
さぬき市
147
志度小学校
コープかがわ
コープ志度
大橋川
272
志度中学校
272
141
3
セブンイレブン
さぬき志度小坂店
87番 長尾寺へ↓

R
86番 志度寺へ↑
国下池
3
さぬき市
三木町
秀円寺
香川東部
養護学校
コメリ
ハード&グリーン
さぬき長尾店
87 長尾寺 P140
清水川
白山駅
井戸駅
公文明駅
長尾駅
高松琴平電鉄長尾線
長尾郵便局
長尾街道
長尾小学校
さぬき市役所
長尾支所
長尾中学校
10
3
88番 大窪寺へ↓

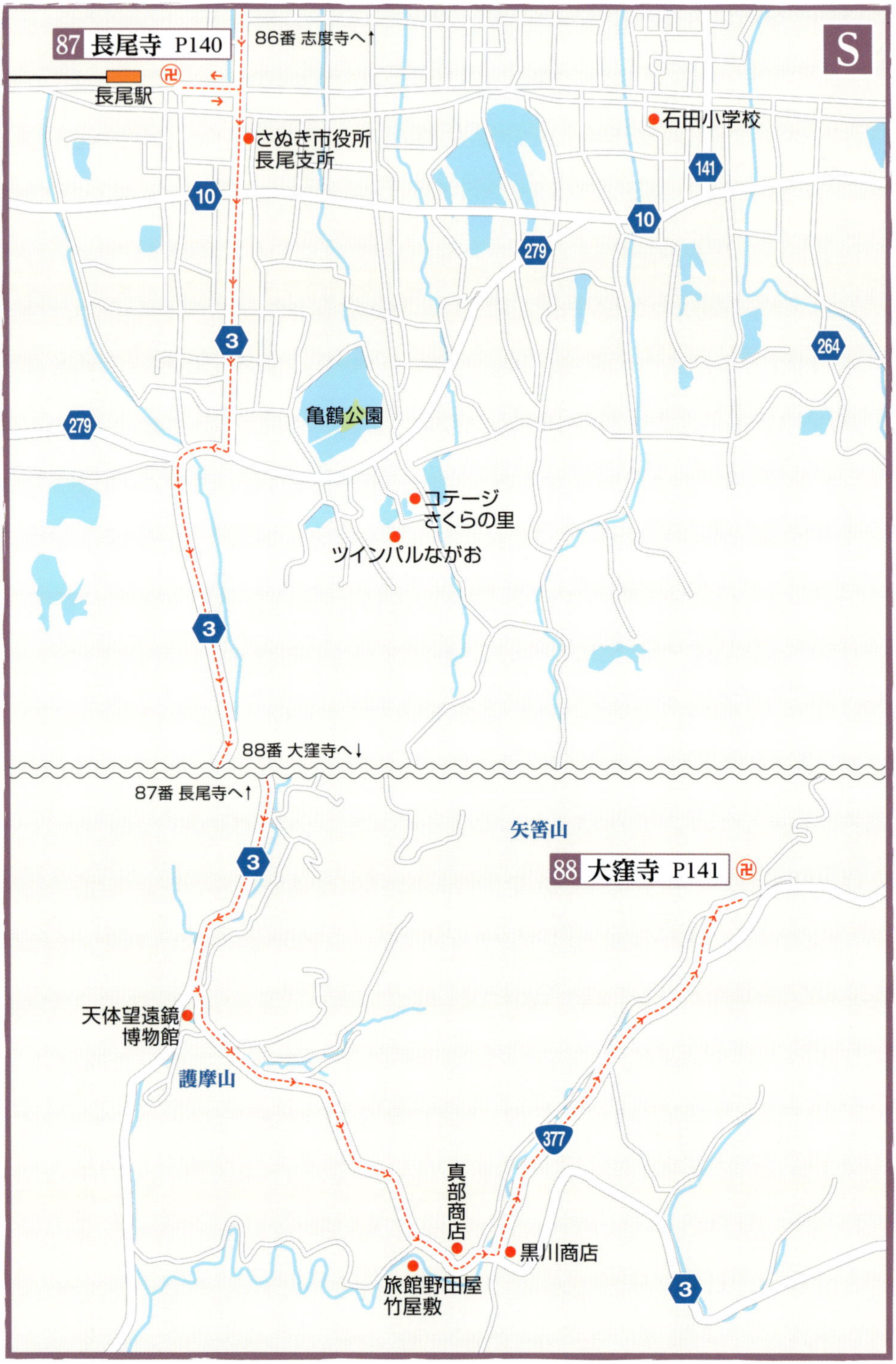
S
87 長尾寺 P140
86番 志度寺へ↑
長尾駅
さぬき市役所
長尾支所
石田小学校
141
10
279
264
3
亀鶴公園
コテージ
さくらの里
ツインパルながお
88番 大窪寺へ↓
87番 長尾寺へ↑
矢筈山
88 大窪寺 P141
天体望遠鏡
博物館
護摩山
377
真部商店
黒川商店
旅館野田屋
竹屋敷

第66番

巨鼇山《きょごうざん》 千手院《せんじゅいん》

雲辺寺《うんぺんじ》

雲辺山（標高927m）の頂上に建つ、大師堂

「おたのみなす」に腰掛けて祈願する

地図 P114-A

桓武天皇の延暦八年（789）、弘法大師が十六歳の時に善通寺の建築材を求めて入山したところ、霊気を感じ、霊山の趣に引かれて堂宇を建立したことに始まるといわれる。

大同二年（807）、大師三十四歳の時、嵯峨天皇の勅願を奉じて再び登山し、本尊の千手観世音菩薩を刻んで安置。護摩修法を行い、仏舎利と毘盧遮那法印を山中に納めて開基したと伝えられている。千手観音は、重要文化財の指定を受けている。貞観年間（859〜877）には、清和天皇の勅願寺にもなっている。鎌倉時代には七堂伽藍が整備され、十二坊、末寺八ヶ寺を有した。四国高野ともいわれ、阿波、土佐、伊予、讃岐の各坊があり、多くの学僧が勉学に励んだ記録も残されている。

天正年間（1573〜1592）には、土佐の豪族長宗我部元親が当山に登り、眼下に横たわる讃岐平野・瀬戸の島々、はるかに望まれる伊予・阿波の国々を大観して、四国統一の野望を募らせた。この時の四十八代住職俊崇坊に「あなたの器は土佐一国で充分、それが四国平定の野望を抱くとは茶釜の蓋で水桶の蓋をするのと同じだ。今すぐ兵を引いて土佐へ帰り、領土を愛するが良い」とその野望をたしなめたという。

弘法大師が入唐の際、初めて土を踏んだ赤岸鎮福健省の五百羅漢院の羅漢像を模して造られた五百羅漢像が境内に安置されている。鐘楼の手前には、手で回すとお経を一巻唱えるのと同じ功徳があるといわれる摩尼車がある。

本尊 千手観世音菩薩
真言 おん ばざら たらま きりく
宗派 真言宗御室派
住所 三好市池田町白地ノロウチ763-2
電話 0883・74・0066
宿坊 なし

駐車場から境内まで徒歩7分

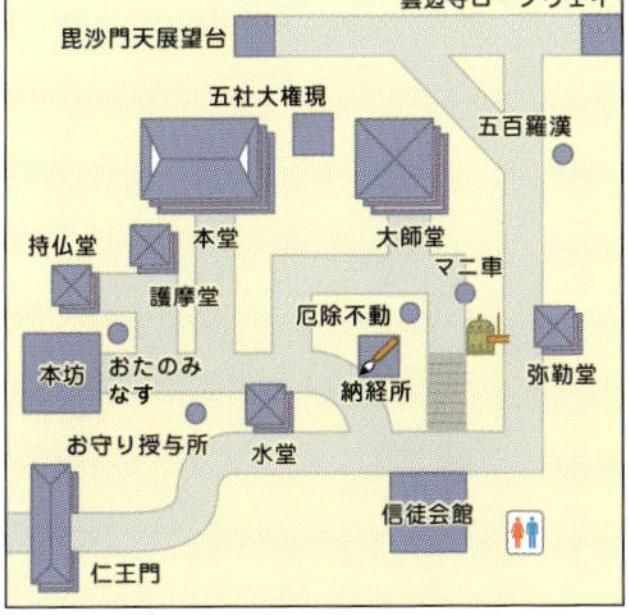

← 67番大興寺まで9.5キロ

第67番

小《こ》松《まつ》尾《お》山《ざん》 不《ふ》動《どう》光《こう》院《いん》

大《だい》興《こう》寺《じ》

地図 P115-B

石橋を渡ると仁王門、修行大師が迎えてくれる

4月第3日曜に催される「百菜うどん接待」

天平十四年（742）に、奈良・東大寺の末寺として建立。その後、火災に遭い灰燼に帰したが弘仁十三年（822）、嵯峨天皇の勅命により、弘法大師が熊野三所権現鎮護の霊場として再興された。本尊の薬師如来、脇寺の毘沙門天・不動明王ともに大師一刀三礼の尊像といわれている。寺は、真言宗と天台宗の二大宗派によって管理され、最盛期には七堂伽藍、真言宗二十四坊、天台宗十二坊の僧坊が甍を並べる修行の道場として栄えた。天正年間（1573～1592）に、土佐の長宗我部元親軍による四国平定の兵火に見舞われ本堂を残して焼失。伽藍は慶長年間（1596～1615）の再建と伝えられる。

仁王門をくぐり、石段を上る途中に弘法大師お手植えのカヤの巨木が目に入る。境内正面に本堂があり、何本もの赤いロウソクの炎がゆらめいている。これは「七日燈明」と呼ばれる秘法で、赤い大ロウソクに願い事を書いて奉納すると、七日間ロウソクを灯して祈願してくれる。本堂の右手に建つのが天台宗第三祖天台大師智顗を祀る天台大師堂。智顗は、仏像を八十万体刻んだといわれ、中に納められている大師座像は、寄木造りで鎌倉時代の作。境内には寺領の菩提山に自生していた三鈷の松が移植され、その落葉を持っているとご利益があるという。仁王門の金剛力士像二軀（像高三・十四m）は、彩色を施した桧材の寄木造りで、四国最大級。鎌倉時代の仏師、運慶の作と伝えられている。

本尊 薬師如来
真言 おん ころころ せんだり まとうぎ そわか
宗派 真言宗善通寺派
住所 三豊市山本町辻4209
電話 0875・63・2341
宿坊 なし

駐車場から境内まで徒歩3分

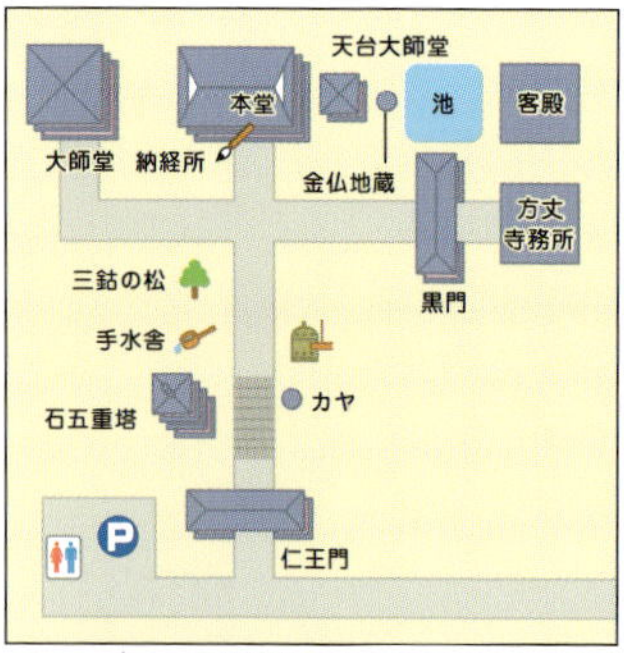

← 68番神恵院まで10.5キロ

第68番

七宝山《しっぽうざん》 神恵院《じんねいん》

観音寺と共に琴弾山の中腹に建つ

琴弾山山頂で修行していた日証上人に、海の彼方の神船で琴を弾く翁が「われは八幡大菩薩なり、宇佐より来る。この地風光明媚なり、去りがたしと覚ゆ」と告げた。日証上人は大変驚いて、神船と琴を山上に引き上げ、社殿を建立して神宝を奉安し琴弾八幡宮と号した。大同年間（806～810）に弘法大師が当寺に巡錫、八幡神の本地仏阿弥陀如来像を描き安置し霊場に定めた。

地図 P115-C

本尊 阿弥陀如来
真言 おん　あみりた　ていせい　からうん
宗派 真言宗大覚寺派
住所 観音寺市八幡町1-2-7
電話 0875・25・3871
宿坊 なし

駐車場は山門前に隣接

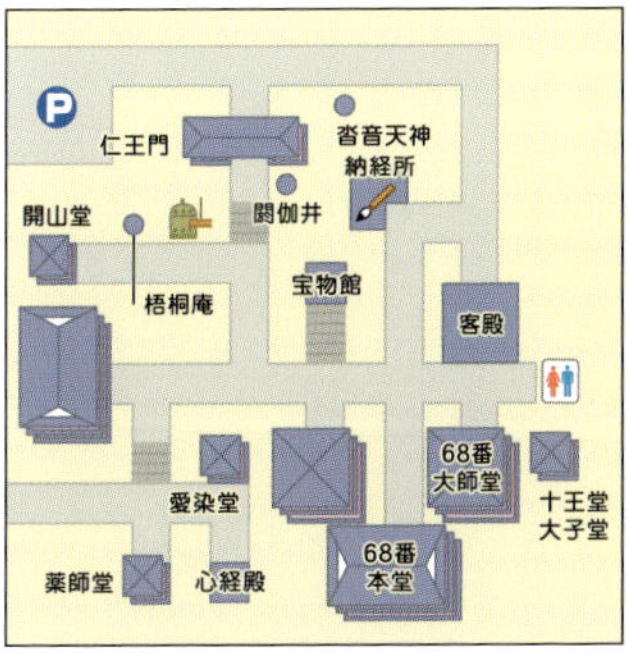

← 69番観音寺は境内に隣接

第69番

七宝山《しっぽうざん》 観音寺《かんおんじ》

室町時代の雅びな面影が漂う本堂

大宝年間（701～704）に、日証上人により開山され神宮寺宝光院と号した。大同年間（806～810）に唐から帰国した弘法大師が第七世となる。南都興福寺に倣い、七堂伽藍を造営して中金堂に聖観世音菩薩像を彫刻安置し、神宮寺を観音寺と改める。七種の珍宝を地鎮し七宝山と号した。本堂は、国の重要文化財に指定。室町時代初期の建築で雑木林の緑を背景に朱塗りの柱が鮮やか。神恵院と同一境内にある。

地図 P115-C

本尊 聖観世音菩薩
真言 おん　あろりきゃ　そわか
宗派 真言宗大覚寺派
住所 観音寺市八幡町1-2-7
電話 0875・25・3871
宿坊 なし

駐車場は山門前に隣接

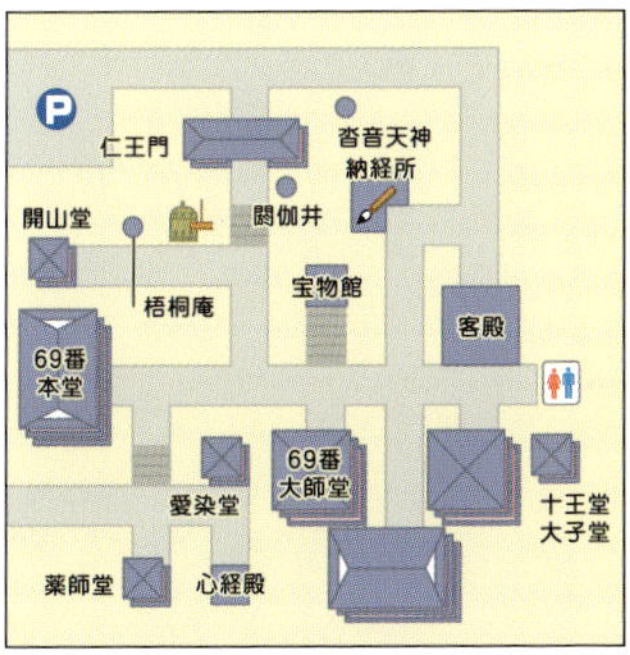

← 70番本山寺まで4.5キロ

第70番

七宝山《しっぽうざん》 持宝院《じほういん》

本山寺《もとやまじ》

広々とした境内に五重塔、本堂などの堂塔が軒を連ねる

弥勒堂、祖師堂とも呼ばれていた大師堂

地図 P116-D

大同二年(807)平城天皇の勅願で、弘法大師が鎮護国家のために堂宇を建立。徳島県井ノ内の山中より伐採した材木を、香川県財田村で組み立ててこの地へ運んだという。本尊として、大師の一刀三礼になる三面八臂の馬頭観世音菩薩、阿弥陀如来と薬師如来の二脇士を安置。馬頭観音を本尊としているのは、八十八ヶ所でこの札所が唯一。境内には実物大の二頭の馬の像も立っている。戦国時代に讃岐を襲った長宗我部元親軍の兵火を免れた数少ない寺院の一つでもある。本堂は正安二年(1300)建立。寄棟造りで本瓦葺きの重厚な建物。外観は京都風、内観は奈良風と鎌倉時代の折衷様式の傑作とされ、国宝に指定されている。弘法大師が大同四年(809)に建立し、天暦二年(948)に修理した。損傷が激しく、見る影もない有様だったのを、明治四十三年(1910)に住職・頼富実毅僧正が復興させた。八脚門と呼ばれる仁王門は、唐風の絵模様の彫刻が見事。柱は全て円柱、切妻造り、本瓦葺き。久安三年(1147)の建立で、国の重要文化財に指定。

桧皮葺きの美しい傾斜を見せる、室町時代末期の様式を残す鎮守堂には、天文十六年(1547)建立の墨書が保管されている。安置されている善女竜王像は、南北朝時代から室町時代初期のもので、請雨秘法を司る霊神だ。弘法大師が雨請いの修法を行った折に、その勧進によって姿を現したという。

本尊	馬頭観世音菩薩
真言	おん あみりとう どはんば うんぱった そわか
宗派	高野山真言宗
住所	三豊市豊中町本山甲1445
電話	0875・62・2007
宿坊	なし

駐車場は境内に隣接

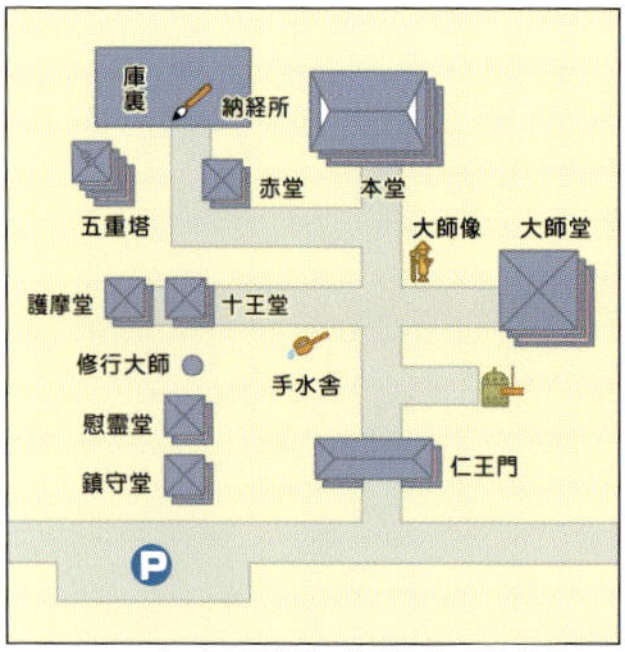

← 71番弥谷寺まで12キロ

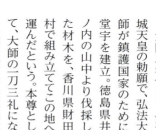

第71番

剣五山《けんござん》 千手院《せんじゅいん》

弥《いや》谷《だに》寺《じ》

岩壁に埋め込まれたように建つ本堂

地図 P116-E

聖武天皇の勅願所で、天平年間（729~749）に行基菩薩が釈迦如来・阿弥陀如来の二仏を泥土で作り、皇后光明子の書写になる大方広仏華厳経を奉納して寺を草創したのが始まり。嶺谷が蓮の花萼に似ているところから蓮華山と名づけ、登頂すれば四国をはじめ備前、備中、備後、安芸、合わせて八国が眺められたので、八国寺と号した。後に、弘法大師が「真魚」と呼ばれる幼少の頃、天応一年（781）~延暦五年（786）まで、大師堂の奥に残されている獅子の岩屋で学問されたという。この獅子が口を開いた形の岩窟は、曼荼羅壇を三方に囲み奥壁に阿弥陀如来像の坐像が二躰、側壁に金剛界の大日如来一躰、胎蔵界の大日如来一躰、地蔵菩薩の坐像一躰が大日如来の像に並んで左右対称的に陽刻されている。

大同二年（807）、大師は当山を再訪し虚空蔵求聞持法を勤修すると、五柄の宝剣が天から降りてきて金剛蔵王権現のお告げがあった。そこで千手観世音菩薩を刻んで安置し、五柄の剣と唐から持ち帰った金銅五鈷鈴を納めて伽藍を再興した。五剣を中央の峰に納めたので剣五山、寺名を弥谷山にちなんで弥谷寺に改めた。弥谷山は信仰遺跡として県の史蹟に指定され、死霊が帰る「仏の山」として昔から民間信仰を集めてきた。札所へ続く石段の脇には、死者の霊魂を祀るためか五輪塔が数多く置かれ、樹木の影には古い墓が並ぶ。本堂は大師堂のある境内から、さらに百七十段の石段を登ったところにある。

浮き彫りにされた阿弥陀三尊像・磨崖仏

本尊 千手観世音菩薩
真言 おん　ばざら　たらまきりく
宗派 真言宗善通寺派
住所 三豊市三野町大見乙70
電話 0875・72・3446
宿坊 なし

駐車場から境内まで徒歩10分

72番曼荼羅寺まで4キロ

第72番

我拝師山《がはいしざん》　延命院《えんめいいん》

曼荼羅寺《まんだらじ》

地図 P117-F

大日如来を中央に安置、曼荼羅世界を具現化している本堂

石橋を渡ると延命地蔵像が立つ

　当山は、讃岐国の領主であった弘法大師の先祖・佐伯家一族の氏寺として、推古四年（596）に創建され、当時は世坂寺と呼ばれていた。大師が唐から帰国した翌年の大同二年（807）、請来の金剛界・胎蔵界の両界曼荼羅を安置供養し、本尊に大日如来像を祀った。殊に亡き母・玉依御前の仏果菩提を弔うために、唐の青龍寺に模して金堂などの七堂伽藍を三年がかりで建立し、寺名を曼荼羅寺に改号された。この記念に植えられたという「不老の松」は、松食い虫に浸食され惜しくも平成十四年（2002）に枯死した。採取された幹に刻まれた「笠松大師」が客殿前の小堂で佇んでいる。

　仁王門をくぐり、小さな池にかかる石橋を渡ると、右に延命地蔵像と修行大師像が迎えてくれる。正面には風格ある本堂が建つ。堂内の三百七十枚で構成されている内陣格天井は、天空を意味する「二十八宿」の星座を描き、星座中央には「法輪」、四隅には守り役の「羯磨」が配されている。外陣は緑色を基調に仏の世界の荘厳花である「暈繝の花」が一面に散らばる。平安末期の漂泊の歌人、西行法師は諸国を行脚中、この近くに滞在し、寺の境内でしばしば休息していたという。本堂前には、この平石の上で昼寝をしたという「昼寝石」がある。旅の僧が忘れた笠を見て詠んだ歌碑がその傍らに佇む。往時の桜は枯れたが、何代目かになる「笠掛桜」が元気に花を咲かせている。

本尊	大日如来
真言	おん　あびらうんけん　ばざら　だとばん
宗派	真言宗善通寺派
住所	善通寺市吉原町1380-1
電話	0877・63・0072
宿坊	なし

駐車場は境内に隣接

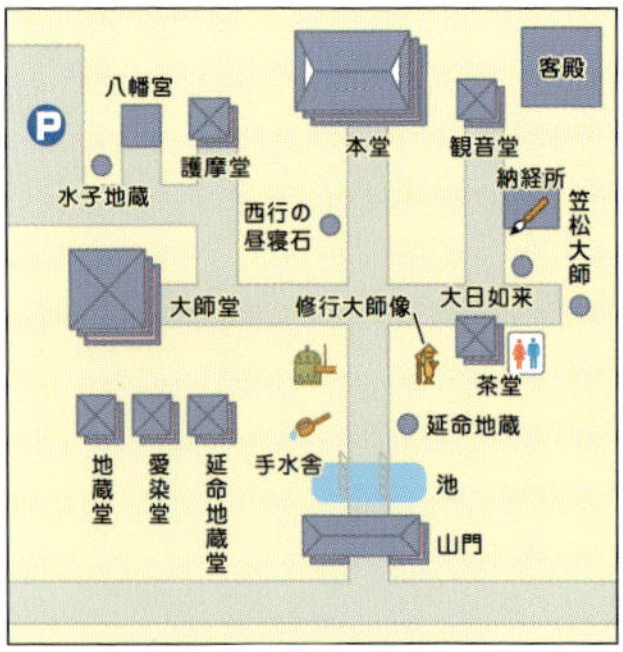

73番出釈迦寺まで0.5キロ

第73番

我拝師山《がはいしざん》 求聞持院《ぐもんじいん》

出釈迦寺《しゅっしゃかじ》

地図 P117-F

弘法大師作と伝えられる本尊・釈迦如来が祀られる本尊

弘法大師は幼少の頃、八葉蓮華の中に座って諸仏と語らう夢をよく見ていたという。真魚と呼ばれていた七歳の時に、仏道に入って救世の大誓願を立てようと倭斬濃山の山頂に立ち、「我れ、仏門に入りて一切の衆生を救わんと欲す。我が願い成就するなら釈迦如来よ、姿を現したまえ、もし願い叶わぬならこの身を諸仏に捧げる」と念じ、断崖から身を投じた。すると真魚を包むように紫雲がたなびき、蓮華の花に座した釈迦如来が、羽衣をたなびかせた天女と舞い降り、幼い真魚は天女に抱きとめられて「一生成仏」と告げられ大願を叶えられた。

我拝師山に建つ奥の院、七夕の縁日

弘法大師は四国を巡錫した折、捨身ヶ嶽山頂で虚空蔵菩薩像を彫造して安置し、虚空蔵求聞持法を修された。院号の求聞持院はこれに因んでいる。以来、「捨身ヶ嶽禅定」と呼ばれ、衆生済度発願の根本道場として奥の院となっている。後に、釈迦如来像を刻み、これを本尊として堂宇を建て出釈迦寺と称して、倭斯濃山を我拝師山に改めたという。

山門を入ると、境内の正面に納経所と庫裡が見える。右手に本堂と大師堂が軒を連ね、石段を上がった所に虚空蔵菩薩堂が東向きに並ぶ。菩薩堂の傍らには我拝師山の遙拝所があり、寺の縁起を物語るレリーフが立つ。捨身ヶ嶽禅定は境内から急坂を歩いて約四十分、我拝師山の頂上に建つ奥之院。さらに鎖を頼りに岩場を登れば、捨身誓願之聖地と記された行場の前に護摩壇があり、稚児大師像が祀られている。

本尊 釈迦如来
真言 のうまく さんまんだ ぼだなん ばく
宗派 真言宗御室派
住所 善通寺市吉原町1091
電話 0877・63・0073
宿坊 なし

駐車場から境内まで徒歩2分

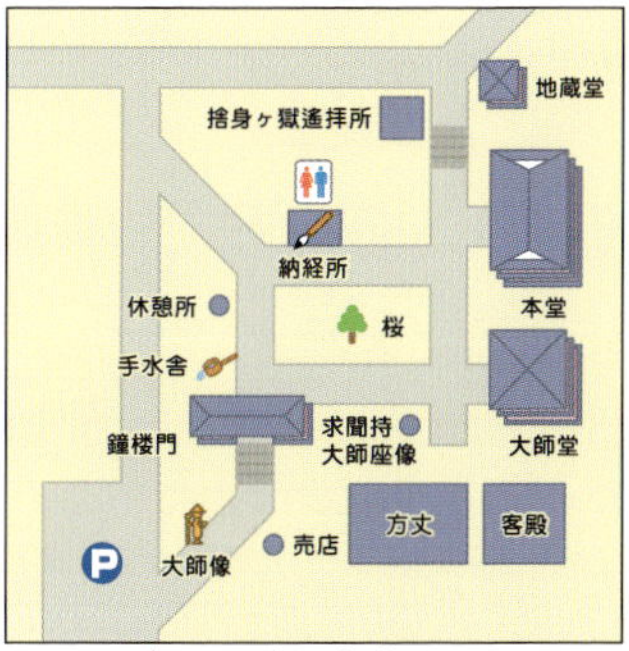

74番甲山寺まで3.5キロ

黒衣をまとった大師像が祀られている大師堂

第74番

医王山《いおうざん》　多宝院《たほういん》

甲山寺《こうやまじ》

地図 P117-F

平安時代の初期、弘法大師が善通寺と曼荼羅寺の間に伽藍建立の霊地を探していた。甲山周辺を歩いていた時、岩窟より現れた老聖者が、「私は昔からこの地に住み、人々に限りない福徳を与え、仏の教えを広めてきた。ぜひこの地に堂塔と寺を建立すると良い。そうすれば、その寺は私がいつまでも守護するであろう」と告げたという。歓喜した大師は、すぐに石を割って毘沙門天の尊像を造り、山の岩窟に安置したのが甲山寺の始まりである。甲山周辺は弘法大師の故郷で、幼少の頃は泥土の仏像や草木の小堂を作り、小石を重ねて塔にして遊んだ場所だ。

弘仁十二年（821）、満濃池築造の別当に任ぜられた大師が帰郷して、甲山の岩窟で薬師如来像を刻み工事の成就を祈願。大師が赴任するや、その徳を慕って数万の群衆が工事に駆けつけ、三ヶ月で修築工事を完了。朝廷はこの功績を称えて報奨金を授けた。その一部で堂宇を建立して、薬師如来像を本尊として安置。そして甲山の形が毘沙門天の甲冑に似ていることから「甲山寺」とし、薬師如来にちなんで「医王山」と号した。

山門を入ると正面が本堂で、左側に大師堂があり、その間に子安地蔵尊が立っている。子安地蔵尊は、子供に恵まれない女性がお参りし、地蔵の前掛けを持って帰ったところ、めでたく子供に恵まれたという。お礼に新しい前掛けを奉納するのが慣わしだ。石段を上がると鐘楼があり、その向いには毘沙門天・吉祥天を安置している岩窟もある。

願かけ不動尊に手を合わせる

本尊	薬師如来
真言	おん　ころころ　せんだり　まとうぎ　そわか
宗派	真言宗善通寺派
住所	善通寺市弘田町1765-1
電話	0877・63・0074
宿坊	なし

駐車場は境内に隣接

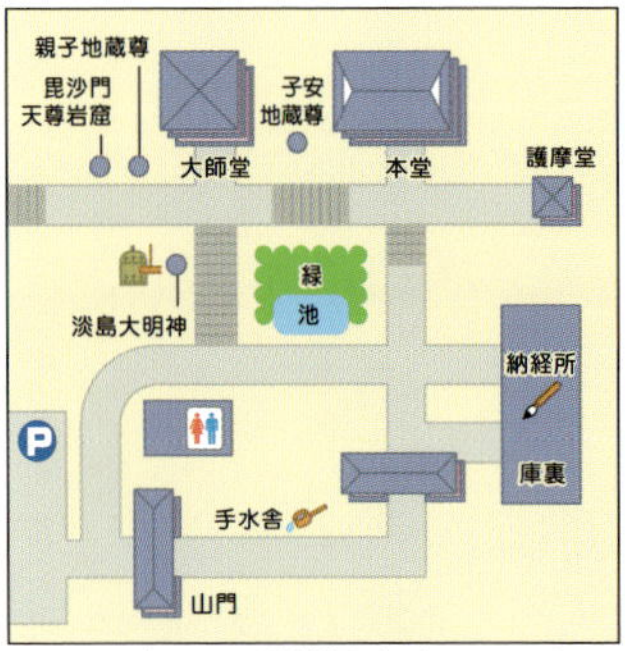

75番善通寺まで1.5キロ

第75番

五岳山《ごがくざん》　誕生院《たんじょういん》

善《ぜん》通《つう》寺《じ》

地図 P117-F

金堂・大宝楼閣陀羅尼の額は、有栖川宮熾仁親王殿下の御筆

弘法大師誕生を記念して催される大師市

高野山の金剛峯寺、京都の東寺とならぶ、弘法大師ゆかりの三大霊跡の一つで、屏風ヶ浦五岳山誕生院総本山善通寺と称し、真言宗善通寺派の総本山である。大師は宝亀五年（774）六月十五日に善通寺御影堂（大師堂）の奥殿で誕生されたと伝えられ、奥殿には大師自筆の自画像「瞬目大師」を安置している。誕生院とも称される御影堂には、産湯井が残されている。地下には戒壇廻りがあり、「悪行のある者は出られない」と伝わる。

大同元年（806）、唐から帰国した大師が、同二年（807）に藤原藤嗣卿から真言宗弘通の勅許を得て佐伯氏一族の菩提を弔うために氏寺建立を発願した。弘仁四年（813）に七堂伽藍を完成し、大師が刻んだ薬師如来像を本尊として安置。父の名から「善通寺」とし、山号は寺の背後に五峰があることから「五岳山」と名付けられた。金堂と呼ばれる本堂は東院にある。大師創建の金堂は永禄の兵火で焼失したが、貞享二年（1685）に再建。本尊の薬師如来は、運長の作と伝えられる。東院には五重塔、常行堂、三帝御廟などがあり、東に赤門、西に中門、南に大門がある。寺宝の大師が書を、母の玉衣御前が仏像を描いたという「一字一仏法華経序品」や留学中に唐の恵果和尚から真言宗第八祖の証として授けられた「三国伝来金銅錫杖」は国宝指定。平成十八年（2006）の善通寺創千二百年祭を記念し、出開帳本尊を安置した四国霊場お砂踏み道場を遍照閣に常設。

本尊　薬師如来
真言　おん　ころころ　せんだり　まとうぎ　そわか
宗派　真言宗善通寺派（総本山）
住所　善通寺市善通寺町3-3-1
電話　0877-62-0111
宿坊　1泊2食6100円

駐車場は境内に隣接

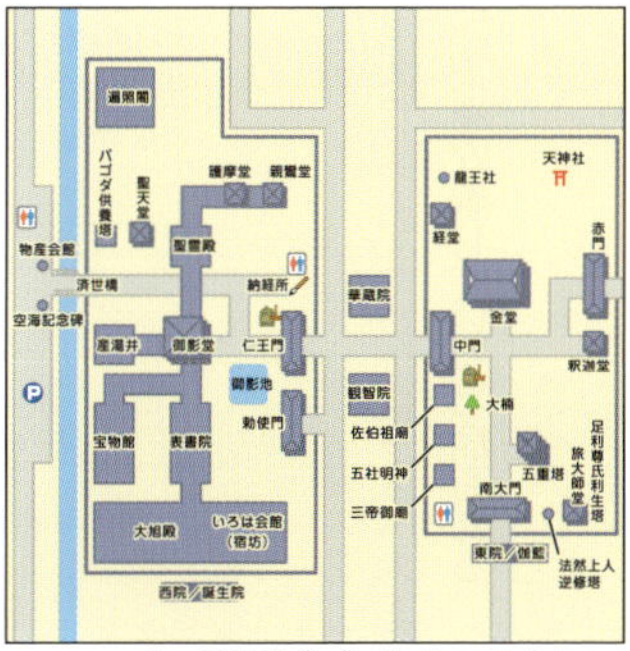

← 76番金倉寺まで4.5キロ

第76番

鶏足山《けいそくざん》 宝幢院《ほうどういん》

金倉寺《こんぞうじ》

巨大な願供養念珠がパチパチと響く本堂

弘法大師の甥、智証大師誕生の地。弘法大師が先祖の菩提を弔うため、唐の青龍寺を模して伽藍を建立し、薬師如来を大師自ら刻み本尊として安置した。大師堂には、智証大師像と弘法大師像が祀られる。延長六年（928）、醍醐天皇の勅命により鶏足山金倉寺と改められた。明治三十一年（1898）から三年間、乃木希典将軍が善通寺第十一師団長を務めた頃、金倉寺の客殿を仮住居とした。

本尊　薬師如来
真言　おん　ころころ　せんだり　まとうぎ　そわか
宗派　天台寺門宗
住所　善通寺市金蔵寺町1160
電話　0877・62・0845
宿坊　なし

地図 P117-G

駐車場は境内に隣接

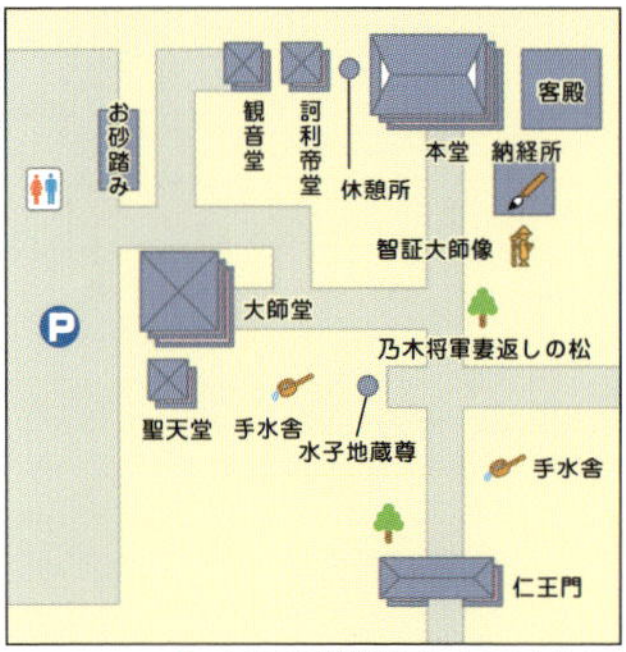

77番道隆寺まで4キロ

第77番

桑多山《そうたざん》 明王院《みょうおういん》

道隆寺《どうりゅうじ》

本堂の床は瓦敷きになっている

桑園の中に夜毎怪光を放つ大木があり、道隆親王がその桑で薬師如来像を刻み草堂に安置。道隆の子朝祐は、唐から帰国した弘法大師に師事し二代目住職となる。大師は自ら薬師如来像を刻み、道隆の薬師像をその胎内に納め、胎内仏本尊として祀った。寺宝の智証大師が刻んだ五大尊、弘法大師自筆の五大尊画像を保管している。境内には、全国の霊場ゆかりの観音像が並ぶ。

本尊　薬師如来
真言　おん　ころころ　せんだり　まとうぎ　そわか
宗派　真言宗醍醐派
住所　仲多度郡多度津町北鴨1-3-30
電話　0877・32・3577
宿坊　なし

地図 P118-H

駐車場は境内に隣接

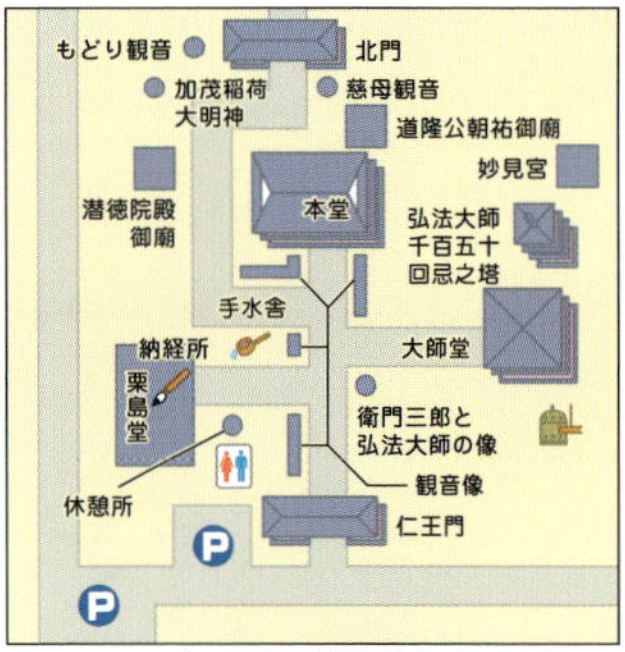

78番郷照寺まで7キロ

第78番

仏光山《ぶっこうざん》 広徳院《こうとくいん》 郷照寺《ごうしょうじ》

二層の屋根が趣をそえている本堂、右手に庚申堂がある

地図 P118-I

本堂で寄進の銅板に記帳

奈良時代神亀二年(725)に行基菩薩が阿弥陀如来を刻んで本尊とし、仏光山・道場寺とした。大同二年(807)に弘法大師が訪れ、青野山に瑞雲たなびくを見て仏法有縁の地であると感得。自作の尊像を刻み、厄除けの誓願をして本堂に納め、荒廃していた伽藍を改築し、寺号を道場寺と改めて霊場にしたと伝えられる。讃岐で生まれて、弘法大師の実弟・真雅のもとで出家、そして京都・醍醐寺を開山した理源大師(832~909)が、この寺に籠山し弥陀三昧の修行をしたという。また、平安時代中期の天台宗の高僧・恵心僧都(942~1017)が釈迦如来の絵を奉納し、釈迦堂を建立した。

その後、時宗の開祖一遍上人が正応元年(1288)、全国遊行の折に三ヶ月ほど逗留され、踊り念仏の道場として中興。浄土の教えを広め、多くの民衆の帰依を受けた。この法縁にて、真言宗と時宗の両宗が伝わる霊場となる。室町時代には守護大名細川家の庇護を得て栄えたが、天正年間(1573~1592)に、長宗我部元親軍の兵火により堂塔伽藍を焼失。寛文四年(1664)高松藩主・松平頼重公が本堂や客殿の観海楼などを建立し、宗派を時宗に改め寺号も郷照寺とした。「厄除うやづ大師」として信仰を集めている郷照寺は、宇多津港を見渡す高台にあり、遠くに瀬戸大橋を望む。民間信仰を支えた庚申堂には、本尊の六本の手を持ち病魔を降伏させる青面金剛と三猿が祀られている。

本尊	阿弥陀如来
真言	おん あみりた ていせい から うん
宗派	時宗
住所	綾歌郡宇多津町1435
電話	0877·49·0710
宿坊	なし

駐車場は境内に隣接

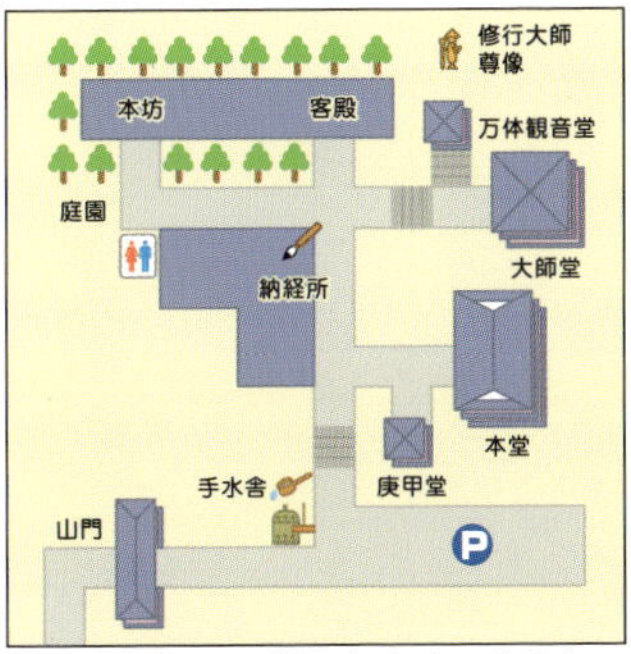

79番天皇寺まで6.5キロ

第79番

金華山《きんかざん》 高照院《こうしょういん》

天皇寺《てんのうじ》

高照院さんとも呼ばれる山里の寺

天平年間(729~749)に行基菩薩によって開創。弘仁年間(810~824)に、この地を巡錫中の弘法大師が八十場の霊泉に光を放つ一本の霊木を見付け、十一面観音菩薩、愛染明王、阿弥陀如来の三体の尊像を刻み、宇堂を建立し妙成就寺と名付けた。長寛二年(1164)崩御された崇徳天皇の霊を祀るため、二条天皇は崇徳天皇社を建立。後に天皇寺と改号された。

本尊 十一面観世音菩薩
真言 おん まか きゃろにきゃ そわか
宗派 真言宗御室派
住所 坂出市西庄町天皇1713-2
電話 0877・46・3508
宿坊 なし

地図 P118-J

駐車場は境内にある

← 80番国分寺まで7キロ

第80番

白牛山《はくぎゅうざん》 千手院《せんじゅいん》

国分寺《こくぶんじ》

本堂前で正座し、読経する団体遍路

天平十三年(741)聖武天皇の勅命により全国に建立された国分寺の一つ。行基作の十一面千手観世音菩薩像を安置して、国家安穏、五穀豊穣、万民豊楽を祈願して建立。弘仁年間(810~824)に弘法大師が本尊を修復。本尊には「弘治三丁六月二十八日四国中辺路同行二人」と室町時代の落書きがある。入母屋造りの本堂は、鎌倉中期の建築で重要文化財。大師堂は、遍路用品売場から拝む。

本尊 十一面千手観世音菩薩
真言 おん ばざら たらま きりく
宗派 真言宗御室派
住所 高松市国分寺町国分2065
電話 087・874・0033
宿坊 なし

地図 P119-K

駐車場は山門前に隣接

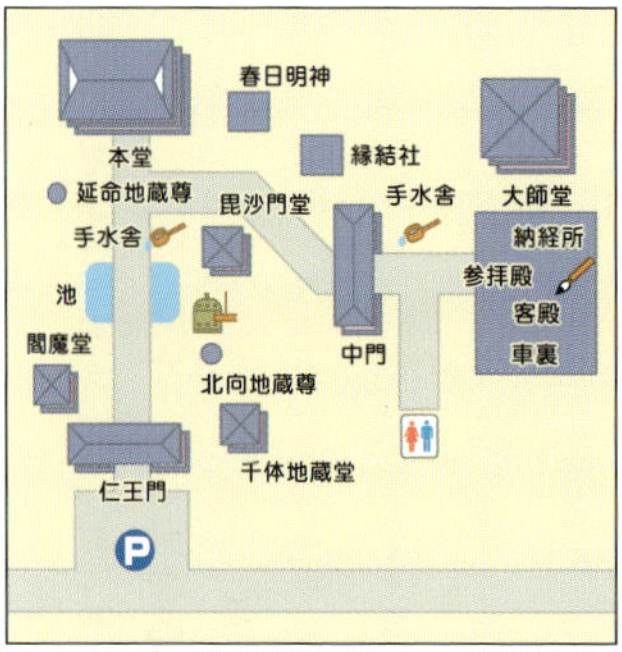

← 81番白峯寺まで13キロ

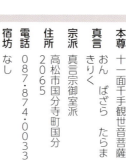

第81番

綾松山《りょうしょうざん》　洞林院《どうりんいん》

白峯寺《しろみねじ》

地図 P119-L

山門を入ると正面が護摩堂、お守り授与所と納経所を兼ねる

五つの瓦屋根を持つ七棟門

　弘法大師と大師の甥にあたる智証大師の開基と伝わる寺。弘仁六年（815）に弘法大師は白峰に登り、山頂に如意宝珠を埋めて仏に供える水を汲む阿伽井を掘られ、衆生済度を祈願して堂宇を建立した。次いで、貞観二年（860）瑞光に導かれて智証大師が白峰に登頂すると白髪の老翁（鎮守相模坊大権現）が現れ「我はこの山の地主神、和尚は正法弘通の聖者なり、この山は七佛法輪を転じ、慈尊入定の聖地なり。相供に佛堂を建て、佛法を興隆せん。かの流木は補陀洛山のいかだなり」と告げた。智証大師は、海上で瑞光を放ち漂っている霊木を引きあげ、山中に運んで千手観音の尊像を刻み安置した。

　保元元年（1156）の乱により、讃岐に配流された崇徳上皇は、現在の坂出市内にあった雲井御所に三年、府中鼓ヶ丘木丸殿に六年間幽閉され、長寛二年（1164）八月崩御。遺体は白峰で荼毘にふされ、山腹の白峰御陵に葬られた。仁安元年（1166）、歌聖西行法師が御廟に参詣し、一夜法施読経すると上皇の御霊が現れ歌を詠み交わしたという伝説がある。以後、都に変事が相次いだので、建久元年（1190）後鳥羽天皇が崇徳上皇の霊をまつる廟所として頓証寺殿を建立した。門に架かる勅額は後小松天皇が応永二十一年（1414）に奉納したもので、重要文化財。現在の建物は、延宝八年（1680）、松平頼重・頼常の再建による。

本尊　千手観世音菩薩
真言　おん　ばざら　たらま　きりく
宗派　真言宗御室派
住所　坂出市青海町2635
電話　0877・47・0305
宿坊　団体専用

駐車場は山門前に隣接

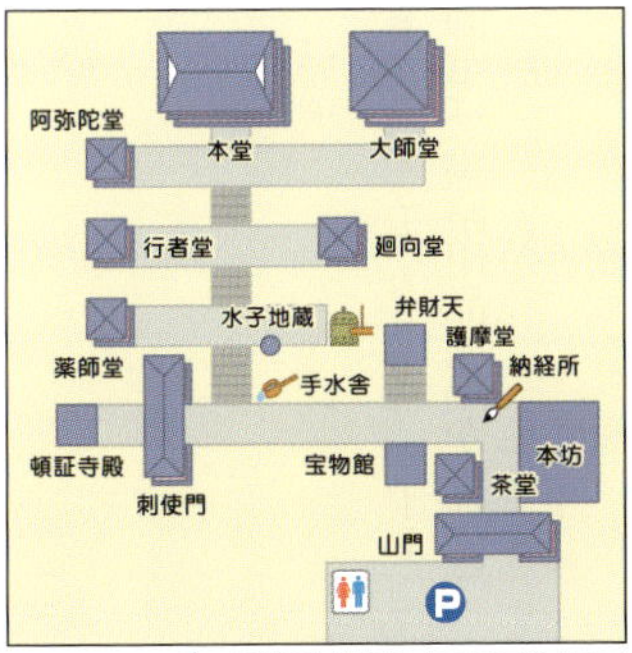

← 82番根香寺まで8キロ

第82番

青峰山《あおみねざん》　千手院《せんじゅいん》

根《ね》香《ごろ》寺《じ》

地図 P119-M

江戸時代、松平頼重により再建された本堂

開創1100年を記念し建立された役の行者像

　弘仁年間（810～824）に弘法大師が巡錫され、五色台の山々に金剛界曼荼羅の五智如来を感得。密教の修行にふさわしい台地として、五智如来の色別によって青峰、赤峰、白峰、黒峰、黄峰と名付けた。そして、首峰の青峰の山中に一院を創建して花蔵院と称し、五智如来の降三世夜叉明王・軍荼梨夜叉明王・大威徳夜叉明王・金剛夜叉明王・大日大聖不動明王の五尊五大明王を祀り、衆生の末代済度を祈願する護摩供を修法された。

　弘法大師の甥・智証大師は、天長九年（832）に青峰の麓を巡錫したとき、白い毛のサルを連れた白髪の老翁（市之瀬明神）に出会った。老翁は「ここは観世音の霊地で三つの谷がある。毘沙門谷に行場を、法華渓に本堂、後夜谷には法華三昧の道場をつくり、蓮華谷の霊木で本尊の観世音菩薩を刻みなさい」と告げた。市之瀬明神の神告により不思議な霊木で千手観音像を刻み、千手院を創建し尊像を安置。この本尊彫刻の根株が永く芳香を放つので、根香の寺名がつけられた。以降、花蔵院と千手院を総称して根香寺と号する。後白河上皇はこの本尊を深くご信仰になり、当寺を祈願所とされた。

　寛文四年（1664）に再建された本堂へは、観音様の並ぶ回廊式前堂「万体観音堂」を通る。堂内には三万躰余りの観音像が祀られ、荘厳な雰囲気が漂う。参道沿いや境内にはカエデの木が多く、紅葉のシーズンには全山が赤く染まる。

本尊　千手観世音菩薩
真言　おん　ばざらたらま　きりく　そわか
宗派　天台宗
住所　高松市中山町1506
電話　087・881・3329
宿坊　なし

駐車場は山門前に隣接

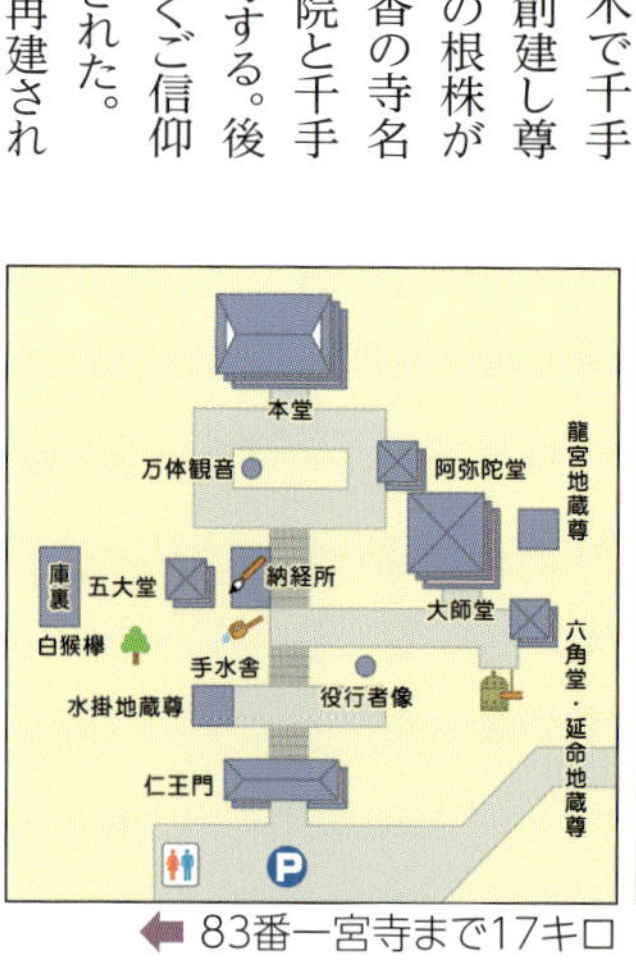

← 83番一宮寺まで17キロ

第83番

神毫山《しんごうざん》 大宝院《だいほういん》

一《いちの》宮《みや》寺《じ》

地図 P120-N

本堂の前では、クスノキが枝を広げ木陰をつくる

薬師如来の祠に頭を入れて耳を澄ます

大寶年間(701~704)に法相宗の高僧・義淵僧正によって開かれ、大宝院と称した。和銅年間(708~715)に、讃岐国一宮として田村神社が建てられたため大宝院はその別当寺とされた。そして、義淵僧正の弟子で別当職となった行基菩薩が堂塔を修築し、寺号も一宮寺に改めた。大同年間(806~810)に弘法大師が逗留、聖観音菩薩像を刻み本尊として安置し、法相宗から真言宗に改めた。その後兵火にかかり、第二別当職にあった弥勒寺と末寺は没収されたが、一宮寺は残される。天正年間(1573~1592)、長宗我部元親軍の戦火で堂塔は再度焼失したが、中興の祖とされる僧宥勢大徳によって再興された。

延宝七年(1679)には、初代高松藩主・松平頼重公によって、田村神社別当職を解かれ、神仏は分離した。境内は和銅二年(709)創建と言われる田村神社と隣接しており、仁王門は路地をはさんで田村神社の鳥居と向かい合っている。

元禄十四年(1701)松平家により再建された本堂近くの一宮御陵には、宝治元年(1247)の銘がある三基の石の宝塔が並んでいる。隣の田村神社の祭神である孝霊天皇・百襲姫命・五十狭芹彦命の供養塔と伝わる。境内の中央、大楠の根元には、薬師如来を祀る小さな石の祠があり、地獄の釜の音が聞こえるという。但し、心掛けの悪い人が頭を入れると、扉が閉まり頭が抜けなくなると伝えられる。

本尊 聖観世音菩薩
真言 おん　あろりきゃ　そわか
宗派 真言宗御室派
住所 高松市一宮町607
電話 087・885・2301
宿坊 なし

駐車場は境内に隣接

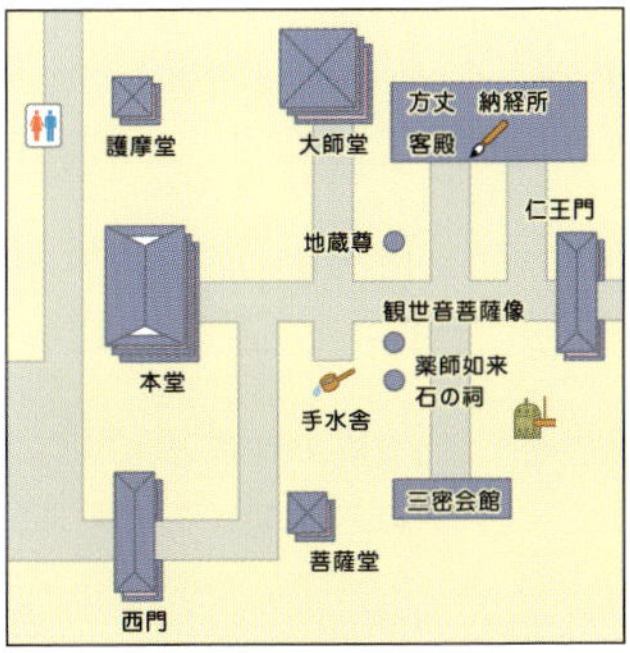

← 84番屋島寺まで14キロ

第84番

南面山《なんめんざん》 千光院《せんこういん》

屋島寺《やしまじ》

地図 P120-O

朱塗りの柱が美しい、鎌倉時代後期に建立された本堂

参道に千躰堂、三躰堂と並ぶ大師堂

天平勝宝五年（753）、中国の揚州龍興寺の名僧・鑑真和尚が、朝廷からの要請を受けて日本へ向かった。途中、屋島の沖で山頂から瑞光が立ち上るのを見て、屋島北峰中央に伽藍建立の霊地を開創したのが始まり。その後、鑑真和尚の弟子で東大寺戒壇院の恵雲律師がこの霊峰に精舎を構え、屋島寺と称し初代住職となった。弘仁六年（815）、弘法大師は嵯峨天皇の勅願を受けて屋島寺を訪ね北嶺の伽藍を現在地の南に移し、十一面千手観音像を刻み本尊として安置。南面山千光院と号し、蓑山大明神を鎮護の神としたと伝わる。

その後、山岳仏教の霊場として隆盛。天暦年間（947～957）には明達律師が来山し四天王像を奉納。鎌倉時代以降は衰退したが、江戸時代になると高松藩主の生駒家・松平家代々に庇護され再興された。本堂は、鎌倉時代後期に建てられたもので、本尊と共に重要文化財。江戸時代に数度の大修理が行われているが、昭和三十二年（1957）から二年間をかけて江戸時代の様式に復元された。本尊は十世紀頃、藤原時代初期の作。全身に漆を塗り金箔をおいた、カヤの木の一木造りで、光背と御手は制作当初のままに残されている。鐘楼の釣り鐘は鎌倉時代に作られたもので、「平家供養の鐘」と言われる。宝物館には、源平合戦にまつわる数々の宝物や雪舟画「滝見観音」、高松藩主松平頼重が寄進した「徳川家康所持太刀」などの寺宝が収納されている。

本尊 十一面千手観世音菩薩
真言 おん　ばざら　たらま　きりく
宗派 真言宗御室派
住所 高松市屋島東町1808
電話 087・841・9418
宿坊 なし

駐車場から境内まで徒歩3分

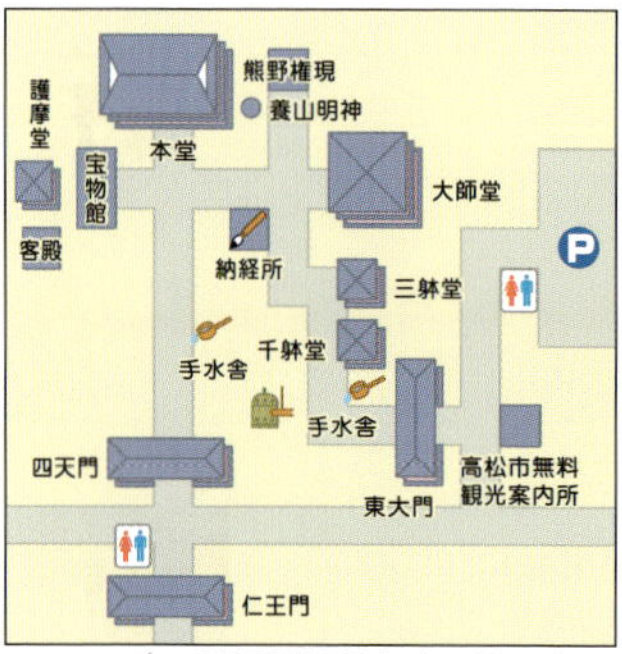

← 85番八栗寺まで7.5キロ

第85番

五《ご》剣《けん》山《ざん》 観《かん》自《じ》在《ざい》院《いん》

八《や》栗《くり》寺《じ》

松平家・葵の紋が入る本堂の屋根

天長六年（829）弘法大師が求聞持法を修していた時、五柄の利剣が天より降り、山の守護神蔵王権現が現れて守護の神託を告げられた。大師は五剣を中獄に埋め、大日如来の像を刻み鎮護としたので五剣山と号した。聖天堂は、延宝五年（1677）に建立され、本尊の歓喜天は木喰以空上人が東福門院から賜った。夫婦和合のご利益を授かる。

地図 P120-P

- **本尊** 聖観世音菩薩
- **真言** おん　あろりきゃ　そわか
- **宗派** 真言宗大覚寺派
- **住所** 高松市牟礼町牟礼3416
- **電話** 087・845・9603
- **宿坊** なし

駐車場から境内まで徒歩3分

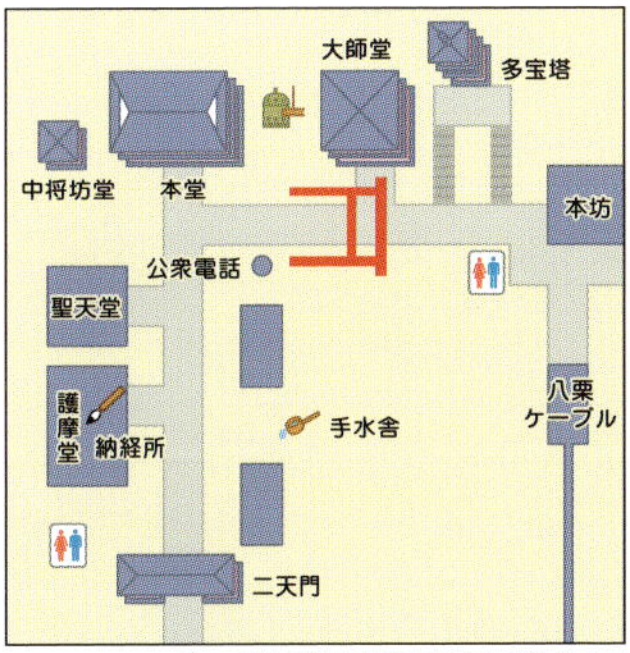

86番志度寺まで8キロ

第86番

補《ふ》陀《だ》洛《らく》山《さん》

志《し》度《ど》寺《じ》

本堂には脇侍の不動明王と毘沙門を祀る

推古天皇三十三年（625）凡薗子が薬師堂を建立した後、観音の化身が霊木で本尊を彫り、堂宇を建てたのが寺の始まり。天武天皇十年（681）、藤原不比等が妻だった海女の墓を建立して死渡道場と名付けた。次男の房前が持統天皇七年（693）に行基菩薩と共に堂宇を拡張し、僧侶の学問や信者の修行の場とした。本堂は仁王門と共に讃岐藩主・松平頼重が寄進。

地図 P121-Q

- **本尊** 十一面観世音菩薩
- **真言** おん　まか　きゃろにきゃ　そわか
- **宗派** 真言宗
- **住所** さぬき市志度1102
- **電話** 087・894・0086
- **宿坊** なし

駐車場は境内に隣接

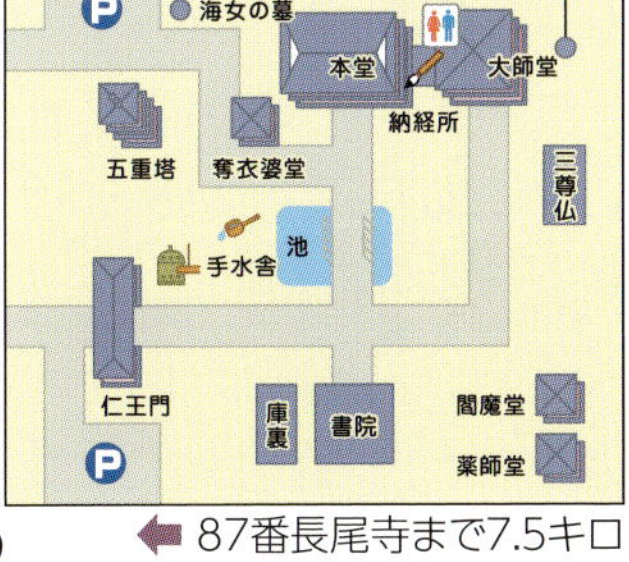

87番長尾寺まで7.5キロ

第87番

補陀洛山《ふだらくざん》 観音院《かんのんいん》

長尾寺《ながおじ》

地図 P121-R

本尊の聖観世音菩薩は、讃岐国七観音随一といわれる

静御前が得度した際、髪を埋めたという塚

天平十一年(739)、聖武天皇の勅願により、行基菩薩が楊柳の木で聖観世音菩薩の尊容を刻み、小堂を建てて尊像を安置したのが始まり。大同年間(806~810)に弘法大師が入唐にあたり訪れ、年頭七夜五穀豊穣、国土安穏を祈念。このとき集まった善男善女に護摩符を授けた。その伝統が「大会陽福奪」として毎年正月七日に行われている。

大師は帰朝後に再び訪れ、入唐の大願成就を感謝し、大日経を一字一石に書写した万霊の供養塔を建立。天長二年(825)に、左大臣冬嗣公の奏請により堂宇が改修された。永仁六年(1298)伏見天皇の勅により開扉法要が営まれている。その後、天正年間(1573~1592)に土佐の戦国武将・長宗我部元親軍の兵火で堂塔を焼失。慶長年間(1596~1615)生駒一正公の国守の時、新たに堂宇を建立し、「長尾の観音」と呼ばれるようになった。その後、天和三年(1683)高松藩主松平頼重公の命により天台宗に改宗。讃岐国の主な観音像七体の中でも随一だとして、「当国七観音随一」と指定した。今の堂塔、仁王門、御成門等は元禄七年(1694)に造営された。後、高松藩主松平頼重公により庇護され、松平家の祈願寺となった。境内には源義経の側室である静御前が、母の磯禅尼と共に当寺で得度した際、剃髪した髪を埋めたという静御前剃髪塚がある。仁王門の前には、元寇の役の犠牲者の菩提を弔うために立てられた経幢が立つ。正月には、三味線のリズムに合わせ一俵の餅をつきあげる「三味線餅つき」が行われる。

本尊 聖観世音菩薩
真言 おん あろりきゃ そわか
宗派 天台宗
住所 さぬき市長尾西653
電話 0879・52・2041
宿坊 なし

駐車場は境内にある

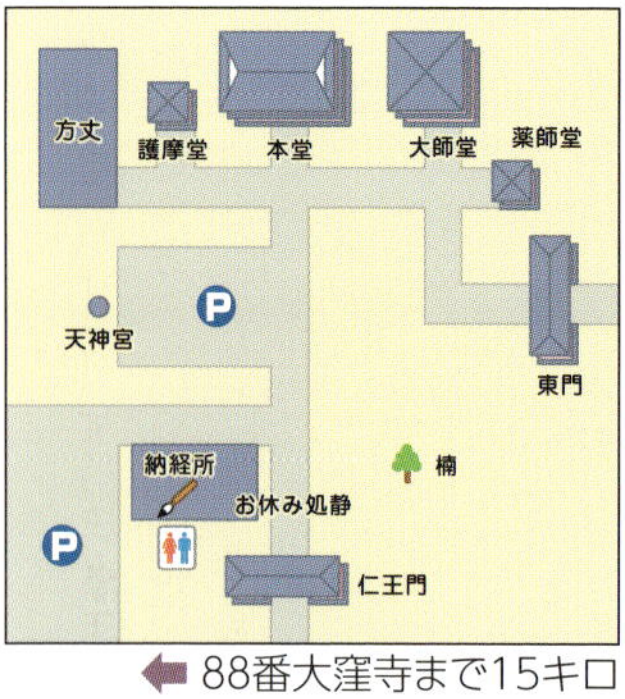

← 88番大窪寺まで15キロ

本堂は阿弥陀堂と並び、正面に礼堂、中殿、奥殿がある

第88番

医王山《いおうざん》　遍照光院《へんじょうこういん》

大窪寺《おおくぼじ》

地図
P122-S

豪壮な仁王門から入ると大師堂前にでる

元禄十年（1697）に書かれた『大窪密寺記』によると、養老元年（717）に元正天皇の御代行基菩薩が峰を開き、草庵を結び修行したのに始まるという。弘仁六年（815）に弘法大師が、胎蔵ヶ峯の岩窟で求聞持法を修し、薬師如来を刻んで本尊とし堂宇を整えた。この時大師は、唐の恵果阿闍梨から授かった、三国（インド、唐、日本）伝来の錫杖も本尊と共に納め、八十八番結願の霊場に定めたという。

天正の兵火に遭い、わずか一院を残して灰燼となるが、大師自作の本尊並びに錫杖は難を逃れた。江戸時代になり高松藩主松平頼重、頼常公は、大窪寺第四十世快遍和尚に深く帰依し、七堂伽藍を建立した。本堂はそそり立つ胎蔵ヶ峯を背景に建てられている。堂内は礼堂、中殿、奥殿からなり、本尊の薬師如来は奥殿の二重多宝塔に安置されている。弘法大師一刀三礼の作と伝えられる本尊は、薬壷の代わりに法螺貝を持った珍しい姿の薬師如来。この法螺貝で一切衆生の心と身体の厄難諸病を吹き払ってくれると伝わる。弘法大師が求聞持法を修した奥の院の岩窟には、大師が独鈷で加持すると、大きな杉の根元からたちまち湧き出したという独鈷水と呼ばれる清水が湧く。金・銀水とも呼ばれ、加持用、薬用にと持ち帰る人もいる。大師堂は本堂手前から石段を登った所にある。地下には札所の本尊が祀られ、納経所で申し込むと四国八十八ヶ所のお砂踏みが体験できる。

本尊　薬師如来
真言　おん　ころころ　せんだり　まとうぎ　そわか
宗派　真言宗
住所　さぬき市多和兼割96
電話　0879・56・2278
宿坊　なし

駐車場は山門前に隣接

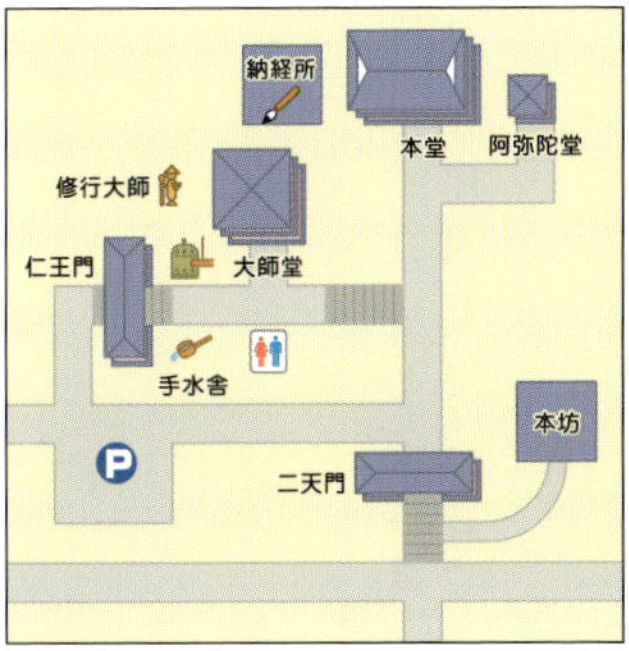

宿泊先一覧

67番札所 大興寺	**ワカマツヤ** TEL 0875-25-4501 観音寺市観音寺町甲3331-1 1泊4,200円～、14室 67番大興寺から車で**15分** 68番神恵院へ車で**5分**
	観音寺グランドホテル TEL 0875-25-5151 観音寺市坂本町5丁目18-40 1泊5,400円～、131室 67番大興寺から車で**15分** 68番神恵院へ車で**15分**
70番札所 本山寺	**天然いやだに温泉 大師の湯 ふれあいパークみの** TEL 0875-72-2601 三豊市三野町大見乙74 1泊2食付9,396円～、17室 70番本山寺から車で**20分** 71番弥谷寺へ車で**1分**
75番札所 善通寺	**善通寺グランドホテル** TEL 0877-63-2111 善通寺市上吉田町8-8-5 1泊4,968円、40室 75番善通寺から車で**3分** 76番金倉寺へ車で**5分**
78番札所 郷照寺	**湯元さぬき瀬戸大橋温泉 せとうちそう** TEL 0877-45-6000 坂出市常盤町2-1-20 1泊2食付7,980円～、48室 78番郷照寺から車で**10分** 79番天皇寺へ車で**15分**
	ホテル入浜 TEL 0877-45-1112 坂出市西大浜北4-5-25 1泊2食付5,400円～、約100室 78番郷照寺から車で**10分** 79番天皇寺へ車で**20分**
81番札所 白峯寺	**休暇村讃岐五色台** TEL 0877-47-0231 坂出市大屋冨町3042 1泊2食付8,020円～、66室 81番白峯寺から車で**15分** 82番根香寺へ車で**15分**

83番札所 一宮寺	**栗林山荘** TEL 087-834-3000 高松市宮脇町2丁目31-27 1泊2食付6,804円～、32室 83番一宮寺から車で**15分** 84番屋島寺へ車で**20分**
	高松東急REIホテル TEL 087-821-0109 高松市兵庫町9-9 1泊8,000円～、191室 83番一宮寺から車で**20分** 84番屋島寺へ車で**20分**
	高松クレーターの湯 天然温泉きらら TEL 087-815-6622 高松市一宮町800-1 1泊4,850円、16室 83番一宮寺から車で**5分** 84番屋島寺へ車で**40分**
	喜代美山荘 花樹海 TEL 087-861-5580 高松市西宝町3-5-10 1泊2食付16,000円(税別)～、40室 83番一宮寺から車で**30分** 84番屋島寺へ車で**25分**
85番札所 八栗寺	**旅館 富士屋** TEL 087-894-1175 フリーダイヤル 0120-05-1175 さぬき市志度548-8 1泊2食付7,500円(応相談)、10室 85番八栗寺から車で**15分** 86番志度寺へ車で**5分**
87番札所 長尾寺	**旅館 竹屋敷** TEL 0879-56-2288 さぬき市多和竹屋敷123-1 1泊2食付10,500円(税別)～、10室 87番長尾寺から車で**20分** 88番大窪寺へ車で**3分**

宿泊料金は、大人1人で平日に1室利用した場合の料金(税・サ込)です。季節や曜日による料金変動や、四国遍路に限り割引プランがある宿もあります。予約時にご確認ください。

札所迄の時間は目安です。道路事情や通行道の選択により変わります。

左枠内の寺名は、巡拝当日の打ち留め寺です。

※情報は、平成28年7月現在のものです。料金など変更になる場合があります。

お問い合わせ

四国へのアクセス&レンタカー

レンタカー

[ニッポンレンタカー]

徳島空港営業所
☎088・699・6170
高知空港営業所
☎088・863・0663
松山空港営業所
☎089・973・6811
高松空港営業所
☎087・879・2157

[マツダレンタカー]

徳島空港営業所
☎088・699・5658
高知空港営業所
☎088・804・6550
松山空港営業所
☎089・972・8371
高松空港営業所
☎087・879・0755

[オリックスレンタカー]

徳島松茂営業所
☎088・699・1110
高知空港営業所
☎088・804・6188
松山空港営業所
☎089・905・6388
高松空港営業所
☎087・840・5288

[トヨタレンタカー]

徳島空港営業所
☎088・699・6606
高知空港営業所
☎088・864・0707
松山空港営業所
☎089・972・6100
高松空港営業所
☎087・879・8100

[日産レンタカー]

徳島空港営業所
☎088・699・4623
高知空港営業所
☎088・864・2319
松山空港営業所
☎089・974・2341
高松空港営業所
☎087・879・8623

[駅レンタカー四国]

徳島駅営業所
☎088・622・1014
高知駅営業所
☎088・826・3022
松山駅営業所
☎089・941・5235
高松駅営業所
☎087・821・1341

航空会社

日本航空
☎0570・025・071
全日空
☎0570・029・222

鉄道

JR東日本(東京)
☎050・2016・1600
JR東海(名古屋)
☎050・3772・3910
JR西日本(神戸)
☎078・382・8686
JR九州(福岡)
☎050・3786・1717
JR四国(徳島)
☎088・622・7935
JR四国(高知)
☎088・822・8229
JR四国(松山)
☎089・943・5101
JR四国(高松)
☎087・825・1702

高速バス

小田急シティバス(新宿~高知)
☎03・5313・8330
京王高速バス(新宿~高松・松山)
☎03・5376・2222
JRバス関東(東京~徳島・高知・松山・高松)
☎03・3844・1950
名鉄バス(名古屋~徳島・高知・松山・高松)
☎052・582・0489
京阪高速バス(京都~徳島・高知・松山・高松)
☎075・661・8200
阪急バス(大阪~徳島・高知・松山・高松)
☎06・6866・3147
神姫バス(神戸~徳島・高知・松山・高松)
☎078・231・4892
九州高速バス(福岡~高知・松山・高松)
☎0120・489・939

フェリー

東九フェリー(東京~徳島)
☎03・3528・1011
東九フェリー(北九州~徳島)
☎093・481・7711
南海フェリー(和歌山~徳島)
☎073・422・2156
宿毛フェリー(佐伯~宿毛)
☎0972・22・7345
四国開発フェリー(大阪~東予)
☎06・6612・1811
瀬戸内海汽船(広島~松山)
☎082・253・1212
防予汽船(柳井~松山)
☎0820・22・3311
宇和島運輸(別府~八幡浜)
☎0977・21・2364
高松ジャンボフェリー(神戸~高松)
☎078・327・3322

観光・札所

徳島県観光協会
☎088・652・8777
高知県観光コンベンション協会
☎088・823・1434
愛媛県観光物産協会
☎089・961・4500
香川県観光協会
☎087・832・3377

クルマでお遍路
四国八十八ヶ所　札所めぐり　ドライブ巡礼ガイド

2016年 9 月 30 日　第1版・第 1 刷発行
2024年 10 月 25 日　第1版・第11刷発行

著　者　四国おへんろ倶楽部（しこくおへんろくらぶ）
発行者　株式会社メイツユニバーサルコンテンツ
代表者　大羽 孝志
〒102-0093 東京都千代田区平河町一丁目1-8
印　刷　株式会社厚徳社

ISBN978-4-7804-1786-9 C2026 Printed in Japan.

ウェブサイト https://www.mates-publishing.co.jp/
企画担当：堀明研斗

この書籍は2009年発行の『クルマで札所めぐり　四国八十八ヶ所　ルートガイド』を基に加筆・修正・追加取材を行ったものです。